中华人民共和国海船船员培训合格证考试培训教材

交通运输类“十四五”创新教材

符合《海船船员培训大纲（2021版）》《海船船员考试大纲（2022版）》要求

CHUANBO GAOJI XIAOFANG

船舶高级消防

中国海事服务中心 组织编审

大连海事大学出版社
DALIAN MARITIME UNIVERSITY PRESS

图书在版编目(CIP)数据

船舶高级消防 / 中国海事服务中心编. — 大连 : 大连海事大学出版社, 2022.12(2024.7 重印)
中华人民共和国海船船员培训合格证考试培训教材
ISBN 978-7-5632-4366-2

Ⅰ. ①海…　Ⅱ. ①中…　Ⅲ. ①船舶-消防-技术培训-教材　Ⅳ. ①U698.4

中国版本图书馆 CIP 数据核字(2022)第 246424 号

大连海事大学出版社出版
地址:大连市黄浦路523号 邮编:116026 电话:0411-84729665(营销部) 84729480(总编室)
http://press.dlmu.edu.cn　E-mail:dmupress@dlmu.edu.cn
大连金华光彩色印刷有限公司印装　　大连海事大学出版社发行

2022 年 12 月第 1 版　　2024 年 7 月第 4 次印刷
幅面尺寸:184 mm×260 mm　　印张:13.75　　字数:318 千

出版人:刘明凯

责任编辑:刘若实　　责任校对:张　华
封面设计:解瑶瑶　　版式设计:解瑶瑶

ISBN 978-7-5632-4366-2　　定价:74.00 元

中华人民共和国海船船员
培训合格证考试

编写委员会

主　　任：刘正江　赵友涛

执行主任：王　勇

副 主 任：（按姓氏笔画排序）

丁振国	万　红	马洪涛	王　琪	王　磊	王进博	王松明
王明雨	方　磊	邓志华	曲　涛	朱耀辉	刘月鹏	刘芳武
刘金华	刘宗朴	刘宪珍	许　亮	李　志	李　翼	李先强
李江华	李明阳	杨延存	杨志勇	杨神化	何　毅	何江华
闵金卫	汪益兵	张　洋	张玉波	张世峰	陈东水	邵国余
林叶锦	林杰民	周兆欣	郑学贵	赵丽君	赵宏革	俞万能
俞文胜	贾宝柱	徐　攀	徐立华	徐言民	徐得志	翁石光
唐　锋	黄党和	盛　君	盛进路	章文俊	隋江华	蒋更红
曾冬苟	黎冬楼	滕宪斌				

委　　员：（按姓氏笔画排序）

王方金	王立军	王希行	王建军	卢艳民	田学军	田海涛
史　言	代　锐	冯海龙	邢博君	吕二广	吕建明	朱永强
刘　雨	刘长青	刘沁源	刘新亮	关长辉	江建华	许媛媛
杜　新	杜金印	李继凯	李道科	李富玺	杨　林	杨　栋
吴叶平	沈荣欣	张　竹	张　磊	张芳亮	张春阳	张选军
陆宝成	陈永利	陈依梁	陈福洲	武　斌	林　郁	罗宏富
金建元	宗永刚	赵志强	赵贵竹	郝振钧	胡贤民	姜广丰
聂　涛	奚　瑞	高世有	高增云	席建龙	黄兴旺	阎　义
葛　帆	蒋　龙	程　欣	温秀萍	裴景涛	熊正华	黎鹭丹
戴　武						

前　言

《中华人民共和国海船船员培训合格证书签发管理办法》已于 2019 年修订并于 2019 年 10 月 1 日起施行。交通运输部 2021 年发布的《海船船员培训大纲(2021 版)》,对海船船员培训合格证的适任要求,培训的理论知识、实践技能,评价标准及学时等作出了详细规定;中华人民共和国海事局根据《中华人民共和国海船船员适任考试和发证规则》和《海船船员培训大纲(2021 版)》编制并发布的《海船船员考试大纲(2022 版)》,对海船船员培训合格证理论考试大纲、实操评估大纲作出了详细规定。

为更好地实施高素质船员队伍建设,在新形势、新要求下推进并完善海船船员培训工作,增强海船船员的个人安全意识,进一步提升海船船员适任能力,中国海事服务中心组织具有丰富培训教学经验和航海实践经验的专家编写并审定了本套"中华人民共和国海船船员培训合格证考试培训教材"。

本套教材满足《1978 年海员培训、发证和值班标准国际公约马尼拉修正案》、《海船船员培训大纲(2021 版)》和《海船船员考试大纲(2022 版)》对海船船员培训合格证的各项要求,紧密结合我国有关船员职业培训的最新规定,知识点全面,图文并茂,易于学习、理解,可作为海船船员培训合格证培训用书,亦可作为船上人员解决工作中实际问题的工具书。

本套教材包括:

Z01	《基本安全——个人求生》
	《基本安全——防火与灭火》
	《基本安全——基本急救》
	《基本安全——个人安全与社会责任》
Z02	《救生艇筏和救助艇操作与管理》
Z03	《快速救助艇操作与管理》
Z04	《船舶高级消防》
Z05	《船舶精通急救》
Z06	《船上医护》
Z07、Z08	《船舶保安意识与职责》
Z09	《船舶保安员》
T01	《油船和化学品船货物操作(基本培训适用)》
T02	《油船货物操作(高级培训适用)》

（续表）

T03	《化学品船货物操作（高级培训适用）》
T04	《液化气船货物操作（基本培训适用）》
T05	《液化气船货物操作（高级培训适用）》
T06	《客船操作与管理》
T07	《大型船舶操纵》
T081、T082	《高速船操作与管理》
T09、T10	《船舶装载包装及散装固体危险和有害物质操作与管理》
T11、T12	《使用气体或其他低闪点燃料船舶操作与管理》
T13、T14	《极地水域船舶操作与管理》

在本套教材的编写、出版过程中，得到了各直属海事局、航海教育培训机构、航运企业及大连海事大学出版社等单位的大力支持，特致谢意。

中国海事服务中心
2022 年 10 月

扫码学习《深入学习贯彻党的二十大精神　加快建设交通强国　当好中国式现代化开路先锋》

编者的话

《船舶高级消防》依据《海船船员培训大纲(2021版)》和《海船船员考试大纲(2022版)》对海船船员培训合格证的各项要求,紧密结合我国有关船员职业培训的最新规定编写,适用于海上所有船员(适用对象)Z04高级消防的考试培训,也可作为船上人员解决工作中实际问题的工具书。

本书共分为八章,内容包括:第一章船舶高级消防培训概述,第二章船舶防火,第三章船舶消防设备,第四章船舶消防组织与消防训练,第五章控制船舶火灾的战术与指挥,第六章船舶灭火中的危险与应对措施,第七章船舶灭火程序与火灾扑救,第八章船舶火灾事故调查。

本书由宫玉广、刘书平、熊海生、胡锋担任主编,时冬生、刘长青担任主审,戴树龙、孝建伟担任副主编,王丹、张厚钉、韦国栋、王海洋、孙大威、乔志、孙健、任振振、孙康、吴泽亮、李勃、吴勇、张铜墙、李博、邹熙康、林杰民、高庆泽参与了本书的编写。全书由宫玉广统稿。

航海类培训教材的编写需要注重理论联系实际。因此,开发建设质量高、资源丰富、适应现代化航运发展的立体化教材是非常必要的。本书在编写过程中,立足于船舶生产实践,借助最新的虚拟现实理论、多媒体技术等,配套开发了仿真设备操作、二/三维动画、视频、AR资源、教学课件等,同时提供多媒体、三维漫游以及三维实操等训练方式,旨在打造国内首套融合文本、VR、AR、视频、音频、动画、线上资源、仿真训练等多种资源于一体的海船船员培训合格证立体化教材,将课堂理论教学与实训实习等环节有机结合起来,丰富了教学内容。本书的立体化教学资源开发,得到了中国海事服务中心王希行船长、大连海事大学任鸿翔教授和段雅婷博士、福建船政交通职业学院李翼副教授和张明船长等的鼎力帮助,在此表示衷心的感谢。

需要说明的是,本书中每一个立体化教学资源均对应一个二维码,读者可以采用微信扫码的方式来使用资源(本书一书一码,需要刮开封底二维码涂膜,微信扫描并注册成功后方可使用),也可以PC端登录 http://www.vrship.vip 网站获得更好的交互体验(首次访问网站时,需要刮开封底的验证码涂膜,在网站登录界面上输入8位验证码,注册成功后方可使用)。

航海科技日新月异,相关国际公约、各国法律法规、行业标准和规定也在不断进步和完善,本书未尽之处请广大同人和读者批评斧正。

编者

2022年10月

目　录

第一章　船舶高级消防培训概述 …… 1

第二章　船舶防火 …… 3

第一节　船舶防火的重点区域及管理 …… 3

第二节　结构防火 …… 5

第三节　船舶通风与控制 …… 14

第四节　船舶燃料和电气系统的控制与防护 …… 18

第五节　液货船防火 …… 23

第六节　船舶脱险通道 …… 26

第七节　船舶防火的特殊要求 …… 29

第八节　明火作业及储物间防火 …… 33

第九节　船舶消防安全管理 …… 36

第三章　船舶消防设备 …… 39

第一节　船舶消防设备的配备 …… 39

第二节　水灭火系统 …… 43

第三节　固定灭火系统 …… 48

第四节　消防员装备 …… 61

第五节　船舶探火和失火报警系统 …… 65

第六节　便携式气体检测仪 …… 69

第七节　船舶防火控制图 …… 71

第八节　船舶消防设备的维护与检查 …… 75

第九节　船级检验和法定检验 …… 84

第四章　船舶消防组织与消防训练 …… 89

第一节　船舶消防应急预案 …… 89

第二节　船舶消防应变组织 …… 91

第三节　船员的消防技能训练和消防战术训练 …… 95

第四节　探火与救助 …… 106

第五节　船上培训 …… 109

第六节　船舶消防演习 …… 111

第五章 控制船舶火灾的战术与指挥 …… 116
第一节 船舶灭火基本战术 …… 116
第二节 船舶灭火指挥 …… 121
第三节 火灾中船舶通信与协调 …… 125
第六章 船舶灭火中的危险与应对措施 …… 128
第一节 人员面临的危险 …… 128
第二节 船舶火灾中的危险 …… 130
第三节 危险货物消防 …… 134
第四节 化学反应及船舶货物火灾 …… 138
第五节 水灭火对船舶稳性和强度的影响 …… 141
第六节 机舱重要的设备与设施失火 …… 144
第七章 船舶灭火程序与火灾扑救 …… 148
第一节 海上灭火程序 …… 148
第二节 港内灭火程序 …… 156
第三节 液货船和船舶装运危险货物时的灭火程序 …… 157
第四节 船舶各部位火灾的扑救 …… 159
第五节 客船火灾的扑救 …… 168
第六节 滚装船和集装箱船火灾的扑救 …… 170
第七节 危险货物火灾的扑救 …… 173
第八章 船舶火灾事故调查 …… 177
第一节 船舶火灾事故原因调查概述 …… 177
第二节 船舶火灾事故报告与调查报告 …… 183
第三节 船舶火灾案例分析 …… 185
附录 …… 192
附录 1 热工作业许可 …… 192
附录 2 可免除固定式气体灭火系统或固定式气体灭火系统对之无效的固体散装货物清单 …… 193
附录 3 IMO 防火控制图标识 …… 195
附录 4 客船火灾事故中主要人员的查询 …… 199
附录 5 船舶火灾事故报告格式 …… 202
参考文献 …… 207

第一章
船舶高级消防培训概述

一、国际海事组织对船舶高级消防培训的要求

1995 年国际海事组织(IMO)通过了《1978 年海员培训、发证和值班标准国际公约》马尼拉修正案(简称“STCW 公约 95 修正案”),在 STCW 公约第 A-Ⅵ/3 节中增加了针对高级船员的高级消防培训的强制要求,要求被指定控制消防作业的海员应圆满地完成侧重于消防组织、战术和指挥方面的消防技术的高级培训,并表明在控制船舶消防作业、消防队的组织和训练、检查和保养烟火探测和灭火系统及设备、调查和编写涉及火灾的事故报告方面承担的任务、职责和责任等方面的适任能力。各缔约国政府依照 STCW 公约表 A-Ⅵ/3 中的船舶高级消防的最低适任标准制订培训大纲、培训计划、培训机构的设备设施及师资标准、考试及评估标准等内容,对本国海员展开培训。

2010 年《1978 年海员培训、发证和值班标准国际公约》马尼拉修正案中,又对海员提出了新的要求,即“按照高级消防培训第 4 段具备资格的海员应按要求每 5 年提供证据,表明其保持了所要求的适任标准,以承担表 A-Ⅵ/3 中第 1 栏所列的任务、职责和责任”。对于无法以船上培训和资历作为保持表 A-Ⅵ/3 中所要求的适任标准,应在陆基的培训机构完成其培训项目。

为了支持 STCW 公约的有效实施,推广航海新技术、新技能和新观念,国际海事组织开发一系列 IMO 培训示范课程,其内容主要介绍了课程的目的、使用、实施、开发以及教学人员指南、培训方面的内容。IMO 在 2000 年开发《高级消防培训》(2.03)示范课程,因船舶科技发展、SOLAS 公约有关消防规则的变化等原因,IMO 组织已于 2020 年完成对其的修订工作。

二、我国对船舶高级消防培训的要求

STCW 公约 95 修正案于 1997 年 2 月 1 日起生效,其将船舶消防培训划分为两个部分,即船舶防火与灭火和船舶高级消防,前者是对所有船员的专业培训,后者是对船上高级船员的专业培训。

船舶高级消防专业培训是中华人民共和国海事局为履行 STCW 95 公约而强制要求

的，是针对上船任职的高级船员而开设的课程，培训侧重于船舶防火、消防组织、战术和指挥方面的消防技术，通过培训使学员具备相应的防火与灭火的适任能力。

交通运输部办公厅颁布的《海船船员培训大纲(2016版)》(以下简称"新培纲")于2017年4月1日起正式施行，在2020年完成对其修订的工作。新培纲对高级消防的适任要求和评估标准，以及理论和实践学时都提出了明确要求，并对理论知识和实践技能提出了具体的要求。

三、船舶高级消防培训的重要性

船舶消防是一门综合性很强的学科，它的内容涉及物理、化学、电子学、经济学、运筹学、社会学、管理学、心理学、行为学等许多领域。随着世界贸易量的增多，海上商船队伍得到巨大的发展，船舶类型多样化、专业化，船舶数量剧增，船舶大型化趋势明显，如2017年最大集装箱船可载21 143个标准箱(船舶总长399.9 m，宽58.8 m，型深32.5 m)。船舶运输货物量大、品种多，货船总价值高，大型船舶可达十几亿美元，船舶火灾风险是威胁船舶安全最主要因素之一。根据2017年安联保险报告，船舶火灾是造成船舶全损的主要威胁，排在船舶沉没、触礁/搁浅之后，处于第三位。

近年来，我国船舶、港口发生多起火灾事故，其中包括多起特别重大事故，如2018年1月6日，巴拿马籍油船"桑吉"轮与中国香港籍散货船"长峰水晶"轮在长江口以东约160 n mile处发生碰撞，造成"桑吉"轮爆炸起火，全船32人死亡，最后此船舶沉没；2015年8月12日，天津港瑞海公司集装箱仓库发生的重大火灾爆炸事故，造成165人遇难；2010年7月16日，一艘30万吨级外籍油船在大连港内卸油的过程中，由于操作不当引发港口输油管线爆炸，造成重大的安全事故和海上污染事故。

船舶一旦发生火灾，船员如果采取的措施不得当，或扑救不及时，便极有可能造成火灾蔓延至其他区域，危及船上人员和船舶的安全，甚至造成船毁人亡的严重事故。船舶由船上海员操作及管理，船员综合素质和船舶管理能力是保证船舶安全与否最基本的要素，船员能力是通过船员培训这一环节来提高的，因此，海事主管机构通过各项培训规则及要求，对船员进行高级消防培训，使其满足STCW公约的适任标准。同时，航运企业对船员进行船上培训，保持其适任的能力。

随着海运业的不断发展和变化，船舶设备不断更新，对船员的知识和技能水平要求也相应提高，以前的知识和技能水平已不适应当今船舶运输业的发展。航运企业对船员的消防能力提出了更高的要求，船员应具备更高的素质和能力，适应船舶运输业的发展。但目前仍存在很多船员由于对新公约内容不熟悉，对有关消防知识匮乏和消防技能差，导致船舶火灾事故发生的情况。很多船员对SOLAS公约等法规内容理解不够，缺乏消防安全检查能力，设备保养工作做得不到位，导致PSC官员因消防安全原因滞留船舶，此情况多年来一直占据第一位。正因如此，船舶消防培训具有它的特殊性和重要性，一直受到国际海事组织和各个国家政府的高度重视。

第二章 船舶防火

第一节 船舶防火的重点区域及管理

一、机舱

机舱内由于储存大量的可燃液体，安装主机、辅机、锅炉等热源设备，有许多与其相连的燃油管路且修理设备时多需要明火作业，同时内部通风强、空间大、没有有效的结构分隔，因此，其发生机舱火灾概率高于船舶其他处所，发生火灾后容易蔓延。机舱是船舶动力的心脏，一旦失火，易导致主机停车和电力供应中断，甚至使机舱烧毁，动力尽失，在海上无法自主修复。

据统计，机舱火灾占75%，其中有52%的火灾蔓延至无法控制，其火灾起因中占主要因素的有油管路漏油和高压油路破损喷油[燃油(FO)占43%，润滑油(FO)占11%，污油占3%]；因电气设备故障引起的占26%；因涡轮增压装置故障引起的占7%；因进行明火作业等修理工作失误引起的占10%。机舱一旦失火，船舶很少能自行供电续航，终将产生高额的救助费、拖船费、维修费、停工损失、船舶停租等，损失可达数百万美元。

船舶具体起火原因如下：

1. 油类起火。燃油从设备及其燃油管系破损处渗漏，积聚在机舱内而未及时清理，遇火源起火。

2. 高温热表面起火。由于高温热表面上隔热材料或防护套破损，燃油喷洒或滴到其上引起受热自燃。

3. 绝缘层起火。燃油渗透运转温度超过150 ℃的管道的绝缘层，渗入油将在绝缘层内部缓慢氧化，分解绝缘层，久而久之则发生自燃，最终引燃漏油。

4. 污油槽和分油机承滴盘起火。污油槽和分油机承滴盘内存有污油、废棉和破布，类似油灯一样。如果其接触到焊接火花或随意丢弃未熄灭的烟头，可能引起火灾，会直接导致油柜阀门和液位观察镜失灵，继而演变成大火。

5. 违规进行明火作业时引起火灾。在进行明火作业(包括使用角磨机和无齿锯切割)时,火花可飞溅至10 m外,甚至可水平弹落至他处,作业周围没有有效隔离时,会引起可燃物着火,焊接存有油气的管路时,会引起爆炸。

6. 气体燃料引起火灾。明火作业时,机舱内常见的气体燃料包括乙炔和丙烷,也有的船舶使用天然气作为推进燃料,当气体泄漏达到爆炸极限时,遇火花会发生爆炸。

7. 电气火灾。电路通过主配电盘和分配电盘,延伸至船舶各个部位,因电气设备过载、短路、电缆绝缘老化等原因引起火灾。

8. 机器设备故障或保养不好引起火灾,如扫气箱起火、废气锅炉/节能器烟灰起火、锅炉和焚烧炉、曲轴箱火灾。

9. 机舱内管理不善,如废弃棉纱头没有放在指定的带盖金属桶内,自燃起火;机舱内吸烟。

因此,机舱应时刻保持干净整洁。机舱内的机械和应急设备,应按照《国际海上人命安全公约》(简称SOLAS公约)和国际海事组织指南的要求,进行安装和操作。确保设备定期使用并处于良好的工作状态,并定期进行检查,如因设备维护不当或系统维护不到位而引发火灾。

二、货舱

因船舶载运大量的货物,种类繁多,其中包含危险货物。液货船装载油类、化学品、天然气等货物。特别是船舶发展大型化后,所载货量多达十几万吨,超级油船达到四十几万吨。一旦发生火灾,难以扑救,其损失巨大。具体起火原因如下:

1. 装卸货时,工人在货舱内吸烟。夜间,货舱照明灯放置位置不正确,被装卸货物碰坏的灼热灯丝掉入舱内,造成货舱内可燃货物燃烧。

2. 因通风不良,易燃货物发热而自燃,如煤炭、鱼粉、种子饼等。

3. 货舱内有危险货物,也有遇水产生可燃气体的货物,在甲板上进行明火作业时,导致爆炸,特别是液货船。

4. 装运危险货物时,在装卸和航行期间,因积载、隔离和管理不当而发生火灾。

5. 海上船舶之间发生碰撞事故,也会引发货舱火灾或爆炸。

三、生活处所

生活区人员日常活动频繁,火源点多且不易控制,船员房间内存有大量可燃物品(如衣物),一旦发生火灾,房间内火势蔓延快。生活处所主要的起火原因如下:

1. 吸烟者乱扔烟头,特别是在床上吸烟。

2. 棉麻衣物靠近散热器或灯具。

3. 电气短路或使用电气设备不当。

4. 冬季,使用电炉取暖,周围衣物靠近。

5. 在洗衣间,烘干机操作失误或未能保持清洁。

6. 手提电脑、手机、充电宝等船员个人电子设备,使用或充电操作不当。

四、厨房

厨房是为船员和旅客供应食物的烹饪处所,是防火中的重点区域。

1. 厨房的炉灶种类

厨房的炉灶分为四种：燃油灶、电灶、液化气灶、汽灶。

(1)燃油灶是使用船用煤油或柴油作为燃料，将燃料加压进入雾化炉灶燃烧；

(2)电灶是以船电作为电源，通过电加热管对灶体加热；

(3)液化气灶是使用罐装液化气作为燃料，将液化气通过管道输送至液化气灶燃烧；

(4)汽灶是使用船舶锅炉内的蒸汽作为能源或使用电将灶内水加热，将蒸汽通过管系进入汽锅对锅内的水加热。

2. 引起厨房火灾的原因

(1)加热食用油的温度太高，自燃或点燃起火；

(2)油锅内的油喷洒或洒落在炉灶上；

(3)燃油灶内的积油过多且未及时清理，遇火发生火灾；

(4)电设备和电路的故障；

(5)厨房排烟管路内积油太多；

(6)液化气的管路破损或汽灶上的小火熄灭，造成液化气在厨房内积聚，遇明火爆炸。

五、船舶其他舱室

1. 油漆间

船舶油漆间存放大量油漆和稀释剂，属于易燃品，吸烟或遇火花容易造成火灾。

2. 氧气和乙炔气瓶储存间

氧气和乙炔气瓶属于危险品和高压容器，应分开存放。

3. 蓄电池间和报务室

蓄电池在充电期间，会产生氢气，遇火或火花发生爆炸燃烧。报务室设备超负荷用电和短路、绝缘体缺陷、插头断裂和松动等都会造成电气火灾。

六、潜在火灾危险的物料

潜在火灾危险的物料有油漆和清漆及涂料稀释剂；润滑油、清洗液、液状石蜡、机动救生艇和应急发动机使用的燃油；氧气和乙炔气瓶。

第二节 结构防火

一、主要名词定义

1. 标准耐火试验

标准耐火试验系指将需要试验的舱壁或甲板的试样置于试验炉内，加温到大致相当于下面标准时间–温度曲线公式的一种试验。标准时间–温度曲线公式如下：

$$T=345\lg(8t+1)+20$$

式中：T——平均炉温（℃）；t——时间（min）。其中，在标准时间-温度曲线上满 5 min、10 min、15 min、30 min、60 min 时的温度分别是 556 ℃、659 ℃、718 ℃、821 ℃、925 ℃。

2. “A”级分隔

“A”级分隔系指由符合以下要求的舱壁与甲板所组成的分隔：以钢或其他等效的材料制造；有适当的防挠加强；它们的构造经 1 h 的标准耐火试验至结束时，能防止烟及火焰的通过；它们用经认可的不燃材料隔热，使在下列时间内，其背火一面的平均温度较原始温度增高不超过 140 ℃，且包括任何接头在内的任何一点的温度较原温度增高不超过 180 ℃。

“A-60”级　　60 min

“A-30”级　　30 min

“A-15”级　　15 min

“A-0”级　　0 min

3. “B”级分隔

“B”级分隔系指由符合下列要求的舱壁、甲板、天花板或衬板所组成的分隔：由认可的不燃材料制成，其构造应在最初 0.5 h 的标准耐火试验结束时，能够防止火焰通过；它们具有这样的隔热值，使在下列时间内，其背火一面的平均温度较原始温度增高不超过 140 ℃，且包括任何接头在内的任何一点的温度较原始温度增高不超过 225 ℃。

“B-15”级　　15 min

“B-0”级　　0 min

4. “C”级分隔

“C”级分隔系指以认可的不燃材料制成的分隔。不燃材料系指某种材料加热至约 750 ℃时，既不燃烧，也不产生足量的造成自燃的易燃蒸气，根据《耐火程序试验规则》确定。

5. 主竖区

主竖区系指由“A”级分隔分成的船体、上层建筑和甲板室区段，其在任何一层甲板上的平均长度和宽度一般不超过 40 m。

6. 机器处所

机器处所系指 A 类机器处所和其他装有推进机械、锅炉、燃油装置、蒸汽机和内燃机、发电机和主要电动机、加油站、冷藏机、防摇装置、通风机和空调机的处所，以及类似的处所和通往这些处所的围蔽通道。

7. A 类机器处所

A 类机器处所系指装有下列设备的处所和通往这些处所的围蔽通道：

(1)用作主推进的内燃机；

(2)用作非主推进的合计总输出功率不小于 375 kW 的内燃机；或

(3)任何燃油锅炉或燃油装置，或锅炉以外的任何燃油设备，如惰性气体发生器、焚烧炉等。

8. 控制站

控制站系指船舶无线电设备、主要航行设备或应急电源所在的处所，或者系指火警指示器或失火控制设备集中的处所。火警指示器或失火控制设备集中的处所亦称为消防控制站。

9. 中央控制站

中央控制站系指具有下列集中控制和显示功能的控制站：

(1)固定式探火和失火报警系统；

(2)自动喷水器、探火和失火报警系统；

(3)防火门位置指示板；

(4)防火门锁闭；

(5)水密门位置指示板；

(6)水密门锁闭；

(7)通风机；

(8)通用/失火报警；

(9)包括电话在内的通信系统；

(10)公共广播系统的扩音器。

10. 设有限制失火危险的家具和设备的房间

设有限制失火危险的家具和设备的房间系指设有限制失火危险的家具和设备的房间：

(1)框架式家具(如书桌、衣橱等)除其表面可采用不超过 2 mm 的可燃表面装饰板片外,完全由不燃材料建造；

(2)可移动的家具(如椅子、沙发等),其骨架由不燃材料建造；

(3)帷幔、窗帘以及其他悬挂的纺织品材料,其阻止火焰蔓延的性能不次于 0.8 kg/m^2 的毛织品；

(4)地板覆盖物具有低播焰性；

(5)舱壁、衬板及天花板的外露表面具有低播焰性；

(6)装有垫套的家具具有阻止着火和火焰蔓延的性能；

(7)床上用品具有阻止着火和火焰蔓延的性能。

11. 燃油装置

燃油装置系指准备为燃油锅炉输送燃油或准备为内燃机输送加热燃油的设备,且包括用于处理油类而压力超过 0.18 N/mm^2 的任何压力油泵、过滤器和加热器。

12. 货物处所

货物处所系指用作装载货物的处所、货油舱、装载其他液体货物的液货舱和通往这种处所的围蔽通道。

13. 特种处所

特种处所系指在舱壁甲板以上或以下围蔽的车辆处所,车辆能够驶进驶出,并设有乘客进出的通道。若用于停放车辆的总净高度不超过 10 m,特种处所可以布置于超过一层甲板。

14. 滚装处所

滚装处所系指通常不予分隔并通常延伸至船舶的大部分长度或整个长度的处所,能以水平方向正常装卸油箱内备有自用燃料的机动车辆和/或货物[在铁路或公路车辆、运载车辆(包括公路或铁路槽罐车)、拖车、集装箱、货盘、可拆厢柜或在类似装载单元或其他容器之内或之上的包装或散装货物]。

15. 事故中的安全区域

事故中的安全区域系指从可居住性角度而言,任何未进水或发生火灾的主竖区之外的区域。该区域可安全地容纳船上所有人员,使其不受生命或健康威胁,并向他们提供基本的服务。

16. 安全中心

安全中心系指处理紧急情况的控制站,其中安全系统的运作、控制和/或监测是安全的组成部分。

二、客船的结构防火简介

1. 主竖区和水平区

客船结构的特点设有多个主竖区分隔。载客超过 36 人的客船,一般其船体、上层建筑和甲板室应以“A-60”级分隔分为若干主竖区。若载客不超过 36 人的客船,在起居处所和服务处所的船体、上层建筑及甲板室应以“A”级分隔分为若干主竖区。

如果某一主竖区以水平“A”级分隔再分为若干水平区,用以在船上设有自动喷水器系统区域与未设有自动喷水器系统区域之间提供一个适当的屏障时,此项水平分隔应延伸至相邻两个主竖区舱壁,并延伸至该船的壳板或外部限界面,同时应按公约要求的耐火隔热性和完整性的等级予以隔热。

为特殊用途而设计的船舶,例如汽车或铁路车辆渡船,如果设置主竖区舱壁将影响船舶预期的用途,应以能限制和控制火灾的等效措施来代替,并应经主管机关专门认可。除根据适用的规则予以保护外,服务处所和船舶储物舱不得位于滚装甲板。

2. 主竖区内的舱壁

以载客超过 36 人客船的舱壁为例,为了保证舱壁和甲板的耐火完整性,将主竖区内的处所按失火危险等级分为下列 14 类。具体如下:

(1)控制站。该处所设有应急电源和应急照明电源、船舶无线电通信设备、失火报警设备、消防控制站、应急广播系统,具有驾驶室和海图室功能,位于推进机械处所外面。

(2)梯道。乘客和船员用的内部梯道、升降机、完全封闭的紧急脱险围井、自动扶梯(完全设在机器处所内者除外)以及通往上述处所等的环围。

(3)走廊。乘客及船员用的走廊和门厅。

(4)撤离站和外部脱险通道。救生艇筏存放区;作为救生艇和救生筏登乘与降落站的开敞甲板处所和围蔽游步甲板处所;内部和外部集合站;用作脱险通道的外部梯道和开敞甲板;最轻载航行水线之上的舷侧和位于救生艇筏和撤离滑道的登乘区域下方且相邻的上层建筑和甲板室舷侧。

(5)开敞甲板处所。救生艇和救生筏登乘与降落地点以外的开敞甲板处所和围蔽游步甲板处所。

(6)较小失火危险的起居处所。设有限制失火危险的家具和陈设的住舱、办公室和诊疗室以及公共处所(甲板面积小于 50 m^2)。

(7)中等失火危险的起居处所。上述第(6)类的处所,但其内有未限制失火危险的家具和陈设，或有限制失火危险的家具和陈设的公共处所，且其甲板面积等于或大于 50 m²；起居处所内面积小于 4 m² 的独立小间及小储物间（不储存易燃液体）、小卖部、电影放映室和影片储藏室、厨房（没有明火）、清洁用具储物柜（不存放易燃液体）、实验室（不存放易燃液体）、药房、小干燥间（面积等于或小于 4 m²）、贵重物品保管室、手术室。

（8）较大失火危险的起居处所。设有未限制失火危险的家具和陈设的公共处所，且其甲板面积等于或大于 50 m²；理发和美容室、桑拿房。

（9）卫生间及类似处所。公共盥洗设施、淋浴室、盆浴室、厕所等；小洗衣间；室内游泳场所；起居处所内没有烹调设备的单独配膳室；个人盥洗室设施应视为所在处所的一部分。

（10）极少或没有失火危险的舱、空舱及辅机处所。构成船体结构部分的水舱；空舱及隔离空舱；不设置具有压力润滑系统的机器的辅机处所，且在该处所内禁止储存可燃物品，例如通风机和空调机室、锚机室、舵机室、减摇装置设备室、电力推进电动机室、设有分区配电板和除浸油式电力变压器（10 kVA 以上）以外的纯电气设备舱室、轴隧及管隧、泵及制冷机处所以及为上述处所服务的围井等。

（11）具有中等失火危险的辅机处所、货物处所、货油舱和其他油舱以及其他类似处所。液货舱；货舱、货舱围蔽通道及舱口；冷藏室；燃油舱（设在没有机器的单独处所内）；允许储存可燃物的轴隧和管隧；第（10）类中所述的辅机处所，在处所内允许设置具有压力润滑系统的机器或储藏可燃物；燃油加油站；设有浸油式电力变压器（10 kVA 以上）的处所。设有由涡轮机及往复式蒸汽机驱动的辅机发电机，输出功率为 110 kW 及以下由小型内燃机驱动的发电机、自动喷水器用泵、喷射泵或消防泵、舱底泵等的处所。

（12）机器处所和主厨房。主推进机舱（电力推进电动机舱除外）及锅炉舱；第（10）和（11）类以外的设有内燃机或其他燃油、加热或泵送装置的辅机处所；主厨房及其附属间；上述处所的围井及舱篷。

（13）储藏室、工作间、配膳室等。不属于厨房的主配膳室；主洗衣间；大干燥间（甲板面积大于 4 m²）；杂物间；邮件和行李室、垃圾间；工作间（不作为机器处所、厨房等的一部分）；面积大于 4 m² 的储藏柜和储物间，存放易燃液体的处所除外。

（14）储藏易燃液体的其他处所。油漆间；存放易燃液体的储物间（包括染料、药品等）；实验室（室内存放易燃液体）。

在上述各个不同类别之中，应用相应的等级进行分隔。表 2-1 中适用于不作为主竖区或水平限界面的舱壁。

表 2-1　不作为主竖区或水平限界面的舱壁

处所	(1)	(2)	(3)	(4)	(5)	(6)	(7)	(8)	(9)	(10)	(11)	(12)	(13)	(14)
控制站(1)	B-0	A-0	A-0	A-0	A-0	A-60	A-60	A-60	A-0	A-0	A-60	A-60	A-60	A-60
梯道(2)		A-0	A-0	A-0	A-0	A-0	A-15	A-15	A-0	A-0	A-15	A-30	A-15	A-30
走廊(3)			B-15	A-60	A-0	B-15	B-15	B-15	B-15	A-0	A-15	A-30	A-0	A-30
撤离站和外部脱险通道(4)					A-0	A-60	A-60	A-60	A-0	A-0	A-60	A-60	A-60	A-60

（续表）

处所	(1)	(2)	(3)	(4)	(5)	(6)	(7)	(8)	(9)	(10)	(11)	(12)	(13)	(14)
开敞甲板处所(5)						A-0	A-0	A-0	A-0	A-0	A-0	A-0	A-0	A-0
较小失火危险的起居处所(6)						B-0	B-0	B-0	C	A-0	A-0	A-0	A-30	A-0
中等失火危险的起居处所(7)							B-0	B-0	C	A-0	A-15	A-60	A-15	A-60
较大失火危险的起居处所(8)								B-0	C	A-0	A-30	A-60	A-15	A-60
卫生间及类似处所(9)									C	A-0	A-0	A-0	A-0	A-0
极少或没有失火危险的舱、空舱及辅机处所(10)										A-0	A-0	A-0	A-0	A-0
具有中等失火危险的辅机处所、货物处所、货油舱和其他油舱以及其他类似处所(11)											A-0	A-0	A-0	A-15
机器处所和主厨房(12)												A-0	A-0	A-60
储藏室、工作间、配膳室等(13)													A-0	A-0
储藏易燃液体的其他处所(14)														A-30

在主竖区内不形成阶层也不作为水平区限界面的甲板，采用不同结构进行分隔，内容参见 SOLAS 公约第Ⅱ-2 章第 9 条的相关部分。

起居处所的梯道一般应位于“A”级分隔形成的环围之内，并在一切开口处设有可靠的关闭装置。

升降机围井的设置，应能防止烟和火焰从一个甲板间通至另一个甲板间，并应设置关闭，以能控制气流和烟气的流通。

客舱阳台的布置中，分隔相邻客舱阳台的非承重局部舱壁应能够由船员从每侧打开以便灭火用。

三、货船结构防火简介

1. 起居处所和服务处所

由于人为因素或电气设备老化等原因，货船的起居处所和服务处所也存在着较大的失火危险。货船在船舶建造时根据其起居和服务处所采用耐火分隔、不燃材料的不同，将其划分为三个等级，分别采用ⅠC法、ⅡC法、ⅢC法进行防护。ⅠC法、ⅡC法、ⅢC法的主要要求如表2-2所示。

表2-2 ⅠC法、ⅡC法、ⅢC法的主要要求

类别 项目	ⅠC法	ⅡC法	ⅢC法
耐火分隔	以“B”级或“C”级分隔作内部的分隔舱壁；未要求为“A”级或“B”级的舱壁，至少应为“C”级	除个别情况规定为“C”级舱壁外，其余不予限制	除个别情况规定为“C”级舱壁外，其余不予限制，但用“A”级或“B”级分隔的起居处所群的面积不得大于50 m^2。对公共处所面积可放宽至73 m^2
不燃材料	在起居处所、服务处所和控制站内所有的衬板、风挡、天花板、衬挡，均应为不燃材料	走廊和梯道环围中的天花板、衬板、风挡、衬挡，均应为不燃材料	走廊和梯道环围中的天花板、衬板、风挡及其衬挡，均应为不燃材料
自动喷水器、探火和失火报警系统	一般不设	除空舱和卫生处所等实际无火灾危险者外，在起居处所和服务处所均需设置	一般不设
固定式探火和失火报警系统	走廊、梯道和脱险通道设置，且必须为感烟式和手动报警按钮	走廊、梯道和脱险通道设置，且必须为感烟式和手动报警按钮	在可能发生火警的所有起居处所及服务处所设置

2. 机器处所、控制站、服务处所等限界舱壁的构造和隔热使用不燃材料的要求，以及对以上处所的梯道环围和走廊的保护要求可按上述三种办法办理。

3. 舱壁和甲板的耐火完整性

将船舶处所按其失火危险程度分为11类，分别是控制站、走廊、起居处所、梯道、较小失火危险的服务处所、A类机器处所、其他机器处所、货物处所、较大失火危险的服务处所、开敞甲板、滚装和车辆处所。各处所之间的舱壁和甲板的耐火完整性应符合SOLAS公约的有关规定。

四、耐火分隔上的贯穿及防止热传递

1. 贯穿“A”级分隔，该贯穿件应根据《耐火试验程序规则》进行试验。对于通风管道的贯穿套管系由厚度3 mm及以上，长度不小于900 mm（以该分隔两侧各450 mm为宜）的钢或等效材料制成，且无开口，不要求进行试验。该贯穿件应通过延伸与该分隔同样级别的隔热材料来适当隔热。

2. 贯穿“B”级分隔，用于电缆、管道、围蔽通道、导管等的通过，或安装通风端口、照明灯具和类似装置，做出适当布置，以确保其耐火性不被削弱。应通过以下两者之一对贯穿“B”级分隔的钢管或铜管以外的管道加以保护：

（1）一个经过耐火试验的贯穿装置，具有适合于被穿透的分隔和所用管道类型的耐火性能。

（2）厚度不小于 1. 8 mm 的钢质套管，对直径为 150 mm 及以上的管道，长度不短于 900 mm；对直径小于 150 mm 的管道，长度不短于 600 mm（以该分隔两侧的长度相等为宜）。管道应通过法兰或管箍与套管的两端连接；或套管与管道之间的空隙不得超过 2. 5 mm；或管道和套管之间的任何空隙应用不燃材料或其他合适的材料填实。

3. 贯穿“A”级或“B”级分隔的未经隔热的金属管，其材料的熔点对“A-0”级分隔应超过 950 ℃，对“B-0”级分隔应超过 850 ℃。

五、耐火分隔上开口的保护

1. 客船舱壁和甲板

1）“A”级分隔上的开口

为了船舶的防火，防止火灾发生蔓延，开口应设有永久附连于其上的关闭装置，其耐火性能应至少与其所在的分隔相等（除货物处所、特种处所、储藏间和行李室之间的舱口以及这些处所与露天甲板之间的舱口外）。“A”级分隔上所有门和门框应为钢质结构，其结构及其在关闭时的锁紧装置，其耐火和阻止烟气及火焰通过的性能应与其所在舱壁的此种性能等效，一人就能开启和关闭舱壁每一面的每扇门。水密门不必隔热。

（1）对一般防火门的主要要求

①门应为自闭型，并应在门朝关闭的反方向倾斜至 3. 5°时仍能自动关闭。

②在船舶处于正浮状态时，铰链式防火门的大致关闭时间从动作开始至关闭，应不超过 40 s，但不少于 10 s。在船舶处于正浮状态时，滑动式防火门的大致平均关闭速率应不超过 0. 2 m/s，但不少于 0. 1 m/s。

③所有防火门（除紧急脱险通道的门之外）应能从连续有人值班的集中控制站同时或成组遥控释放关闭，并应能从门两侧的位置单独释放关闭。释放开关应具有通−断功能，以防止系统自动复位。

④连续有人值班的集中控制站内的防火门显示屏上应显示出每扇门是否都已关闭，禁止使用不能由集中控制站脱开的门背钩，从集中控制站遥控关闭的门应能从门的两侧通过就地控制重新开启。释放装置在控制系统或主电源出现故障时，门将自动关闭。

⑤对于动力操纵的防火门，应在紧靠门的位置设有局部蓄能器，以使该门能在控制系统或主电源出现故障后，通过就地控制至少可操作（全开和关闭）10 次；遥控释放关闭的滑动门或动力操纵的门应装有听觉报警装置，在门由集中控制站释放后和门开始关闭前至少 5 s，但不超过 10 s，发出听觉报警并持续至门完全关闭。

除上层建筑和甲板室面对救生设备、登乘站和外部集合站区域、外部梯道和用作脱险通道的开敞甲板的外门，其他船舶外部限界面的门不必满足耐火完整性的要求。

（2）所有位于梯道、公共处所和脱险通道内主竖区舱壁上的“A”级门，应装有一个自闭式消防水管通道。

(3)通风导管必须通过主竖区分隔，应在分隔邻近处装设故障安全型自动关闭挡火闸。该挡火闸还应能从分隔的每一侧都可手动关闭。其操作位置应易于到达，并用红的反光颜色标出。挡火闸应至少在分隔的一侧装设显示器，指明挡火闸是否处于开启的位置。

2)“B”级分隔上的开口

“B”级分隔的门和门框及其锁紧装置的关闭方式所达到的耐火性能应等效于“B”级分隔的耐火性能，允许在门的下部设置通风开口。“B”级分隔上的居住舱室的门应为自闭型，不允许使用门背钩。

3)窗和舷窗

起居处所、服务处所和控制站舱壁上的窗和舷窗，其构造应能保持对其所在舱壁类型的完整性要求。分隔起居处所、服务处所和控制站与露天处所的舱壁上的窗和舷窗，应配有用钢材或其他适宜材料建造的框架。窗的玻璃应用金属镶边或镶角加以固定。

面向救生设备、登乘和集合点、外部梯道和用作脱险通道的开敞甲板的窗以及位于救生筏和撤离滑道登乘区以下的窗，应满足耐火完整性。

2. 货船耐火分隔上的门

门的耐火性能应与其所装配处所的分隔的耐火性能相当。在“A”级分隔上的门及门框应为钢质结构。在“B”级分隔上的门应为不燃材料。装设在A类机器处所限界面舱壁上的门，应适当气密和能够自闭。自闭的门不应装设门背钩，但可以使用装有故障安全型遥控释放设备的门背钩装置。水密门不必隔热。

在走廊舱壁上，只允许在起居处所和公共处所的门上及门以下开设通风开口。还允许在通往盥洗室、办公室、厨房、储物柜和储藏室的“B”级分隔上的门设有通风开口。

3. A 类机器处所限界面上开口的保护

机器处所限界面上开口的天窗、门、通风筒、烟囱上供排气通风用的开口以及机器处所的其他开口的数量应减少到符合通风和船舶正常安全工作所需要的最低数目。

天窗应为钢质，且不应含有玻璃框。在机器处所的限界面上不应设窗，机器处所内的控制室可使用玻璃。

对设有控制装置来关闭动力操纵门或起动除动力操纵水密门以外的门的释放装置，其控制装置应设在处所的外部，且在其所服务的处所失火时不致被切断的位置。在客船上，控制装置应位于一个控制位置或集中于尽可能少的位置内，具有通往开敞甲板的安全通道。

4. 货物处所限界面的保护

载客超过36人的客船，特种处所和滚装处所的限界面舱壁和甲板应隔热至“A-60”级标准，应在驾驶室内设有指示器，该指示器应能指示出任何通往特种处所的门是否已关闭。

在液货船上，为了保护装载闪点不超过60 ℃的原油和石油产品的液货舱、阀门、附件、液舱开口封盖、货物透气管道和液货管道，不得使用遇热易于失效的材料，以防止火灾蔓延到货物。

第三节 船舶通风与控制

一、通风系统概述

船舶为了确保机电设备的正常运转、货物的安全运载、改善旅客和船员的生活和工作条件,驱散舱室内油气等有害气体,船上的大部分舱室需要进行通风。通风系统对船内舱室进行有效的通风,排除废气和有害气体,调整舱内的湿度,补充新鲜空气。船舶一旦失火时,四通八达的通风导管就可能成为导热、导烟,甚至直接传播火焰的途径。为了防止这种情况发生,SOLAS 公约对船舶的通风系统提出了明确的防火要求。

常见的通风方式有:自然通风、机械通风和空调系统。

1. 自然通风

自然通风的原理是依靠空气自身的性质,热空气上升,冷气补充。利用设置在舱室顶部甲板上的通风筒和自然风力进行通风,有排气通风和循环通风两种。

2. 机械通风

机械通风是利用安装在舱室内的进气与排气通风管道口的风机进行强力通风的一种通风方式。风机根据船舶设置不同,分别安装在进气、排气管道上,或在进气和排气管道上。

3. 空调系统

空调系统可调节室内的温度与湿度。全船生活区内共有一个中央空调系统,由通风机从新风口及回风口分别吸入外界新鲜空气和回风,两者混合后经空气调节器处理(加热或降温),然后由主风管、支风管送至舱室的布风器进入房间,舱室中多余空气通过房门下部的隔栅或留出的空隙流入走廊,空气再回到回风口,形成空气的循环。

二、船舶通风系统的防火基本要求

船舶通风系统的防火基本要求,主要体现在以下几个方面:

1. 应按处所失火危险程度和使用人数的多少设置若干个独立的通风系统。

2. 应能对通风系统进行有效控制,包括通风机的停止和主要通风口的关闭。

3. 通风筒导管应由钢或等效材料制成。

4. 通风筒穿过耐火分隔时,其贯穿件不应损坏分隔的耐火性,对截面积较大的通风导管等应设置挡火闸。

三、船舶通风系统的布置与控制

1. 布置

一般来说,A 类机器处所、车辆处所、滚装处所、厨房、特种处所和货物处所的通风系统一般应彼此独立并与服务于其他处所的通风系统分开。

船舶外部通风口用于处所的自然通风,防止雨水或杂物进入,关闭时能满足风雨密或防火完整性要求。常见的通风装置有钢制百叶窗式、菌形、鹅颈式,如图 2-1 所示。

（a）钢制百叶窗式　（b）菌形　（c）鹅颈式

图 2-1　通风装置

2. 通风的关闭和停止装置

所有通风系统的主要进口和出口都应能从被通风处所的外部予以关闭。关闭装置操作位置应易于到达，有显著的永久性标志，且应指示出关闭装置是处在开启位置还是处在关闭位置。

起居处所、服务处所、货物处所、控制站和机器处所的动力通风，应能从其所服务的处所外面易于到达的位置将其停止。此位置在其服务的处所失火时应不易被切断。

对于载客超过 36 人的客船，除机器处所和货物处所的通风以及可根据第 8.2 条要求的任何替代系统外，动力通风应有集中控制装置，以便在两个尽可能彼此远离的位置均可停止所有通风机。服务于货物处所动力通风系统的风机应能从该处所外的安全位置予以关闭。

机器处所应设有供天窗开启和关闭、在烟囱上正常排气通风开口关闭和通风挡火闸关闭用的控制装置。

四、通风管系要求

1. 通风导管

一般来说，通风导管应由不燃材料制造。其布置应符合通风系统的防火基本要求，服务于 A 类机器处所、厨房、车辆处所、滚装处所或特种处所的通风导管不应穿过起居处所、服务处所或控制站。

2. 挡火闸

挡火闸是指装设在通风导管上的一种装置，在正常情况下保持其开启使气流进入导管，在火灾时关闭挡火闸防止气流进入，限制火灾蔓延。挡火闸有如下几种形式：单叶圆形挡火闸、单叶矩形挡火闸、多叶圆形挡火闸、多叶矩形挡火闸；其关闭方式有自动、手动关闭，挡火闸上装有能指示挡火闸开闭状态的指示器；执行方式有手动、电动、气动等。

挡火闸装置的要求：

（1）当截面积大于 0.075 m^2 的通风导管穿过“A”级分隔时，应设自动挡火闸，还能够从舱壁或甲板的两侧手动关闭。如果挡火闸位于天花板或衬板的后面，应设有检修门，在检修门上应设有标明挡火闸识别号的标牌。挡火闸的识别号还应在所要求的任何遥控装置上标明。

（2）A 类机器处所、厨房、车辆处所、滚装处所或特种处所的通风导管穿过起居处所、服务处所或控制站时，应设自动挡火闸。

(3)在厨房通风导管靠近通风装置处应装设自动挡火闸。

自动挡火闸是平时呈开启状态,火灾时当导管内气体温度达到 72 ℃左右时,自动挡火闸温度传感器将挡板释放,挡板就将通风导管内气流截断。

3. 挡烟闸

挡烟闸是指装设在通风导管上的一种装置,在正常情况下保持挡烟闸开启使气流进入导管,在火灾时关闭挡烟闸防止气流进入,从而限制烟气和炽热气体蔓延,其不能保证通风导管穿过耐火分隔的完整性。其关闭方式有自动、手动关闭;执行机构方式有手动、电动、气动等。

4. 厨房炉灶的排气管道的特殊要求

对载客 36 人以上的客船的要求:

(1)排气导管用符合要求钢材制造和整个起居处所、服务处所或控制站内的导管均隔热至“A-60”级标准。

(2)一个易于拆下清洗的集油器,除非采用认可的油垢清除装置作为替代装置。

(3)一个位于排气导管下段的自动和遥控操作的挡火闸,此外,还应有一个遥控操作的挡火闸位于排气导管上端。

(4)用于扑灭排气导管道内火灾的固定式失火装置。

(5)对于切断排气风机和送风机、操作挡火闸和操作灭火系统的遥控装置应布置在接近厨房入口的位置。

(6)适当分布的检查和清洁孔。

对货船和载客不超过 36 人客船的要求:

如果厨房的排气导管穿过起居处所或内含可燃材料的处所,该导管应按“A”级分隔制造。每一排气导管应设有:

(1)1 个易于拆下清洗的集油器。

(2)1 个位于导管下端的挡火闸。

(3)能够在厨房内操纵关闭排气风机的装置。

(4)用于扑灭排气导管内火灾的固定式灭火装置。

五、火灾中的通风控制

在火灾事故中,据不完全统计,80%以上的伤亡人员是由缺氧窒息或吸入致命的一氧化碳和其他有害气体造成的。通风在整个灭火过程中都是非常重要的,尤其在援救受困人员时,要根据具体情况采取适当的通风方式。

在火灾中控制通风的目的是提高火场的能见度,减少高温和毒气对人的危害性,有效控制火势蔓延,提高救人和灭火效率。在火场中,浓烟使能见度降低,舱内温度高,含有有毒气体,应根据当时具体情况进行通风将烟雾和高温气体排出,人员能安全地进入火场进行救人、探火与扑救。船舶舱室内火灾烟雾如图 2-2 所示。

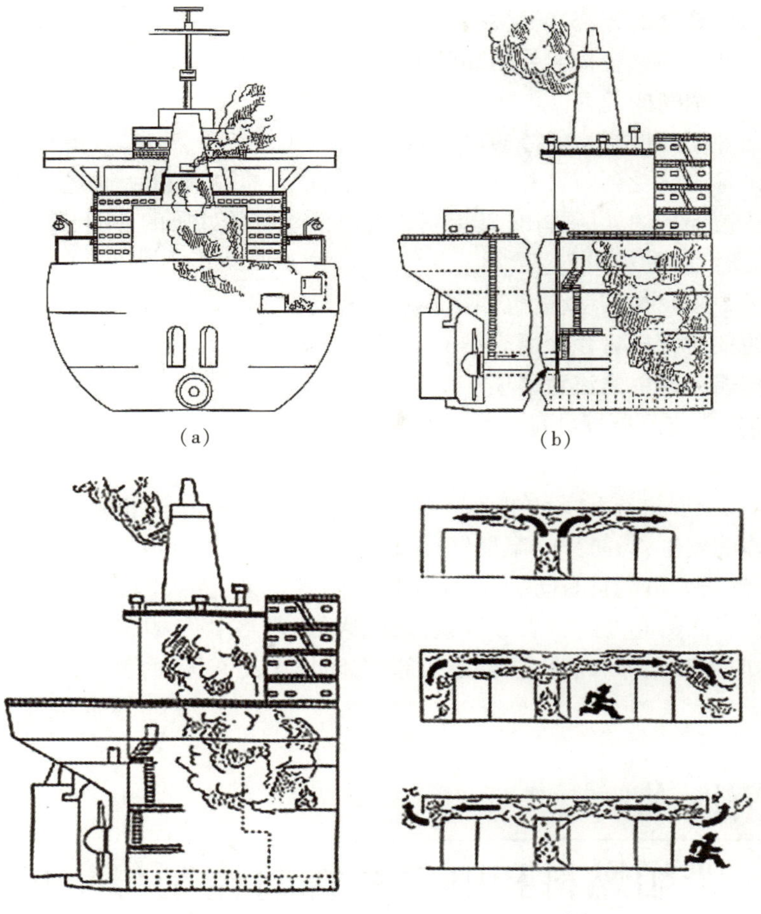

(a) (b) (c) (d)

图 2-2 船舶舱室内火灾烟雾

1. 控制通风的方法

控制通风的方法有下列几种:

(1)垂直通风。火灾产生的浓烟和灼热的气体,通过火灾垂直上方的开口,开口应尽量选择在火点的正上方,将烟雾和热空气排出,应控制空气的流量,减少新鲜空气进入量,避免火灾快速蔓延。其好处是为人快速进入火场提供保障,避免烟雾对人的影响。对于机舱上部火灾或甲板以下处所可采取此方式。

(2)横向通风。打开上风和下风的门,使舱室内的烟雾顺着空气流动方向排出,即可获得横向通风。使用此法应先打开下风门,后打开上风门。一般使用在主甲板以上处所。

(3)垂直和横向复合通风。当火灾发生在甲板下面时,将烟和热从船舶上部直接排走可能是比较困难的,需要进行垂直和横向复合通风。烟雾和热通过横向和垂直通道安全排出,由于通道比较长,路径曲折,使用此法通风时,通道内必须远离危险物和易燃物品,紧闭其他舱室和通道。

(4)机械通风。通过船舶机械通风设备,将烟雾通过通风管道排出。

排烟过程中会有火势蔓延的潜在危险,应注意排烟温度,如温度过高,应停止通风排烟,以免火势蔓延到其他场所。

2. 控制烟气蔓延的方法

在船舶天井、控制站、机器处所和隐蔽处所装设控制装置，其目的是控制烟气的蔓延，以最大限度减少烟气的危害。

机器处所外面的控制站保持通风和能见度，且不受烟气影响，以便在失火时，位于其中的机械和设备可以受到监管并继续有效地运转。A 类机器处所通过适当布置，允许在失火时烟气从被保护的处所排出，其控制装置应位于有关处所的外面，从而在其所服务的处所发生火灾时不致被隔断。

客船的天井装设抽烟系统，感烟探测系统起动，并能够手动控制。风机的容量应能在 10 min 或更短的时间内将该处所容纳的全部烟气排出。

3. 通风排烟控制中的注意事项

(1)现场指挥与总指挥进行研究，确定通风方式、方法和时间，人员行动任务明确，方可实施。

(2)消防人员要进行相关的准备。在开启通风口时进行排烟时，应以开花水流掩护，注意防止爆炸的发生；为防止高温烟气排出时造成火势蔓延，应对易燃部位应预先做好射水准备；加强消防人员的自身防护，除了佩戴消防装备外，其余协助人员尽量穿着防护服装，不要使皮肤外露，必要时将衣服浸湿，做好通信、联络工作；排烟通风开口不应在着火层以下开启，应在其顶部和着火层以上的部位，防止火灾下移。

第四节

船舶燃料和电气系统的控制与防护

一、船用燃料

船舶的主机、辅机、锅炉等设备及应急发电机是依靠燃料而工作的。船用燃料有燃油、润滑油和其他易燃油类，它们是可燃或易燃液体。船舶应采取有效措施防止可燃材料或可燃液体被引燃①，其措施有：控制易燃液体渗漏；限制油气的集聚；限制可燃物质被引燃；限制着火源；将着火源与可燃材料和易燃液体隔离开。

二、燃油、润滑油和其他燃油油类的布置

1. 燃油的闪点应受到的限制

(1)机舱内不得使用闪点低于 60 ℃的燃油②，应急发电机可使用闪点不低于 43 ℃的燃油；若符合验船部门的要求，可以使用闪点低于 60 ℃但不低于 43 ℃的燃油(如为应急消防泵发动机和位于 A 类机器处所以外的辅机供油)。

(2)在燃油泵的吸油管上设有油温测量装置；燃油滤净器的进口侧和出口侧均设有

① 参见《机舱和货泵舱防火措施指南》(MSC. 1/circ. 1321 通函)。

② 参见国际海事组织 A. 565(14)决议通过的《关于防止非法或意外使用低闪点货油作为燃料的建议程序》。

截止阀和/或旋塞;尽可能使用焊接结构的、圆锥形的或球形的管接头。

2. 燃油的布置

使用燃油的船舶,其燃油储藏、输送和使用的布置应能保证船舶和船上人员的安全,其主要规定如下:

(1)在燃油系统中凡含有压力超过 0.18 N/mm^2 的加热燃油的任何部件,应尽可能不布置在隐闭处所,以免不易察觉其缺陷和渗漏。

(2)应有充分的通风,以防止油气聚集。

(3)燃油舱柜的要求如下:不得在艏尖舱内装载燃油、润滑油和其他易燃油类,尽可能是船体结构的一部分,并位于 A 类机器处所之外。燃油舱柜不得设在从燃油舱柜溢出或渗漏的燃油能落于热表面而构成火灾或爆炸危险的地方。在双层底上方的容积 500 L 及以上的储存柜、沉淀柜和日用柜溢出的燃油管上装直接设旋塞或阀门(又称快速截止阀),能在油柜所在处所失火时从处所之外的安全位置处加以关闭。这些阀门一般可在防火控制站内进行遥控关闭,其遥控装置有气动装置、钢丝遥控装置、电动装置。

(4)对于燃油舱内油量的测量装置应设有安全有效保护装置。

3. 防止油舱超压

油舱柜或燃油系统的任何部分,应设有防止超压的设施。空气管和溢流管以及安全阀应排向不会由于油和蒸气的存在而导致失火或爆炸危险的位置,且不得排向船员处所和乘客处所,也不得排向特种处所、闭式滚装处所、机器处所或类似处所。空气管的出口部位设有防火网。

4. 燃油管路

高压燃油泵与燃油喷油器之间的外部输送管路应使用能容纳高压管线破裂而漏出的燃油的套管系统加以保护。套管系统应包括收集漏油的装置,以及在燃油管故障时发出警报的装置。

燃油管路不应位于紧靠高温装置的上方和附近,尽可能使燃油管路的布置远离热表面、电气装置或其他着火源,并应予以围罩或采取其他适当保护措施,以避免燃油喷到或渗漏到着火源上。

5. 高温表面的保护

大量漏油或微量但持续性漏油接触邻近的高温表面时,若温度超过油类的最低自燃温度,即可引发火灾。一般柴油和燃料油的最低自燃温度为 250 ℃,但也出现过在 225 ℃环境下起火的情形。因此,燃油系统故障而可能接触到的温度超过 220 ℃的表面应进行妥善的隔热,应采取预防措施防止在压力作用下可能从任何油泵、过滤器或加热器溢出的任何油类接触热表面。

三、润滑油的布置

压力润滑系统的滑油的储藏、输送和使用的布置,应保证船舶和船上人员的安全。容积 500 L 及以上油柜应装设快速截止阀。

四、周期性无人值班的机器处所的燃油布置

周期性无人值班的机器处所的燃油和润滑油系统除应符合上述的要求外,还应符合

以下规定：

若燃油日用柜能自动或遥控注油，则应有防止溢油的措施。其他自动处理易燃液体的设备（如燃油净油机），在可行情况下，应安装在专供净油机及其加热器使用的处所内，并应有防止溢油的设备；日用或沉淀燃油舱柜设有加热装置时，如果可能会超过燃油的闪点，则应装设高温警报。

五、其他燃料和热源

1. 生活用气体燃料系统应经主管机关认可。气瓶应存放于开敞甲板或开口仅朝向开敞甲板的通风良好的处所。

2. 电取暖器。如果使用电取暖器，应予以固定装设，其构造应能最大限度地减少失火危险。不得使用因暴露的电热元件的热度而使衣服、帷幔或其他类似物件被烤焦或起火的电取暖器。

3. 废物箱。所有废物箱应由四周和底部无开口的不燃材料制成。

4. 保护隔热表面防止油类渗透。在油类产品可能渗透的处所，隔热表面应能防止油类或油气的渗透。

六、机舱内防火措施

1. 降低火灾风险的措施

（1）保持机舱内部的干净整洁。

（2）确保机器和紧急控制装置的安装和操作符合 SOLAS 公约和国际海事组织指南的要求，确保定期使用和维护，保持正常工作状态，并定期进行测试。

（3）确保高温表面根据 SOLAS 公约的要求加装遮蔽或护罩。

（4）确保油罐快速截止阀等紧急设备、消防泵、遥控切断装置以及灭火设备等保持随时可用状态。

2. 良好的做法

（1）确保及时对漏油处进行永久性维修。

（2）确保根据 SOLAS 公约第Ⅱ-2 章的要求，油管加装套筒管道接头处安装护罩，所有燃油管道应使用卡箍充分固定。

（3）定期对遮蔽或加罩的高温表面进行温度测试，确保无任何裸露部位。可使用红外线测温枪进行测温。

（4）确保发电机的漏油警报处于正常运作状态。

（5）确保机舱物料整洁，包装材料不得靠近灯具。

（6）确保机舱车间整洁，地板无易燃物，废棉应丢弃在带盖金属垃圾箱内，棉布条应存于金属橱柜内。

（7）确保油柜承滴盘的排泄管道保持清洁，承滴盘干爽洁净，无废棉或布条等固体材料。

（8）确保油柜的液位观察镜自动阀门活动不受限制并运作正常。

（9）确保油柜快速截止阀配备良好并定期测试。

（10）确保火灾探测装置维护得当并处于正常运作状态。

(11)确保机舱内部或相邻的所有消防门的自动关门装置操作正常。

(12)确保挡火闸能正常使用,视觉检查无蚀坏,密封合理。

(13)确保手持灭火设备正确放置并可使用。

(14)确保所有消防出水口可接通和使用。

(15)确保固定式灭火装置维护得当并可即时使用。

(16)针对机舱的不同起火部位定期进行模拟消防演习。

(17)确保相关负责人完全熟悉二氧化碳或泡沫灭火系统的正确操作程序,避免浪费救火的"黄金时间"。

(18)确保氧气、乙炔和丙烷气瓶安全存储于甲板上通风良好的室内,并提供可正常工作的调节器、回火保险器以及截止阀。确保系统未使用时气瓶阀门保持紧闭。

(19)确保舱内各层甲板箭头清楚标示逃生路线,逃生门醒目标示。

3. 不安全的做法

(1)在机舱内吸烟。有的船舶可在机控室内吸烟,因为集控室设有吸烟垃圾处理装置。

(2)没有对燃油管道进行有效防护下,进行临时性维修。

(3)对燃油系统中存有压力管线和部件进行作业。

(4)将油柜的液位观察镜自动阀门固定在常开位置。

(5)使用外力将油柜快速截止阀固定在常开位置。

(6)机舱内部或邻近消防门固定常开。

(7)未经明火作业的许可且在未采取防范措施的情况下在机舱内进行明火作业。

七、船舶电气的防火控制

电路通过主配电盘和分配电盘,延伸至船舶各个部位。当电气设备的元器件老化,通风不畅,违章操作,线路松动时,电能就会转化为热能,温度升高而自燃。

1. 电气火灾的原因

(1)电气短路

当发生短路时,其导线的发热量会骤增44 000倍,使导线温度迅速升高,导线的绝缘层破坏,甚至损坏电源设备,绝缘层燃烧,引起邻近的易燃物、可燃物质的燃烧或爆炸,造成火灾。发生的主要原因有导线质量差、绝缘层老化或受损、施工人员疏忽或机械损伤、鼠害等。

(2)电气断路和电气设备接触不良

电气设备在运行时,电气回路中流过一定的负载电流,回路的任何一个部位发生断路,在断路点处会出现电弧或电火花。

导线接触不良或氧化,接触电阻大,在电流的作用下,接点会产生较大的热量,从而加速了接触部位的氧化过程,使接触电阻增加,导致热量成比例地增加,最终导致导体熔化,产生高温的熔珠滴落,同时造成断路,出现电弧或电火花。

(3)超负荷用电

一般导线的最高允许工作温度为60~95 ℃,当过载的温度超过允许温度值时,会使绝缘层加速老化,甚至龟裂剥落,引起短路火灾事故。电缆装有保险丝或断路器。保险丝和断路器的负荷电压与电缆的尺寸和荷载相匹配。

在电源插座上加设临时的分线路,特别是在船员舱室内和生活区内其他场所,使用不符合要求的电线,或接入功率过大的电气设备,或乱拉电线,过多地接入负载。

(4)无防护的灯泡、保养不好的电机、蓄电池的充电等

一个没有防护的点亮的灯泡,靠近易燃物,就会燃烧。如船员离开房间时未关闭的台灯,与纸张等靠近会加热纸张至自燃;在冬季,有的船员使用的无保护的电取暖器,在睡觉时,靠近衣物太近也会引起火灾;在装完货后,货舱内的舱灯未关,舱灯靠近可燃货物致使货物自燃。

电机由于保养和使用不当,或异步电机的频繁起动和电机的铁损过大,出现机体温度过高,绝缘能力降低,导致烧毁。在蓄电池间内,蓄电池在充电时会产生氢气,在舱室内长时间积聚,遇火源就会发生爆炸。

(5)配电盘

主配电盘火灾的产生原因有:三相负载电流不平衡;汇流排或导线接触电阻过大;仪表内部的互感器质量不好,出现过热现象;金属异物或动物进入配电板造成短路,短路电流引起火花;长期受热使绝缘强度下降造成短路。

分配电盘火灾的产生原因有:接线接触不良;熔断丝选择额定电流过大,或空气开关保护额定值过大,造成过流;因潮湿、盐雾及其腐蚀作用致使绝缘下降,造成短路。

2. 船舶电气的防火控制

(1)防止电路短路

检查移动的电气设备的电缆绝缘材料老化程度,如电焊电缆线,发现电缆绝缘材料破损及时更换或绝缘包扎;船员按规程操作,避免不按安全规程操作、作业时未设防掉落工具或误使带电导体相互接触等,最终不仅造成人身伤亡,还会引发火灾。

(2)防止电路超负荷

不得使用负荷电压更高的保护装置作为替代。主配电盘和分配电盘应正确标记所有电路。若电路走线有变动,应永久性更改保险丝或断路器的电路标记,并更新电路图。避免用胶布标记或便签标注的方式覆盖原标记,因为这些标记可能会出现磨损或脱落,从而混淆供电电路。

(3)配电盘的防护

严禁在配电盘周围堆放包装材料,地面不得堆放杂物。配电盘机箱内部需保持清洁,及时清理灰尘、污垢和其他易燃物,保证所有的开关装置清爽无垢,断路器正常运转。保证接线端子正确接入电缆,还要尽可能多检查。主配电盘的汇电板需定期检查,包括接触器等开关装置的触头是否老化腐蚀,一旦出现触头无法正常开合或局部发热,应对设备进行维修或更换。

(4)定期检查电缆和电气设备

应定期对电缆和其他设备进行绝缘性能测试,包括电机绕组绝缘层。视觉检查终端连接处以及使用红外线测温枪测试接线端子的温度,检查电缆绝缘材料老化程度。

第五节 液货船防火

液货船是指专门载运散装液态货物的运输船舶。按照运载货物的不同,液货船分为三类:油船、液化气船、液体化学品船。从 IMO 统计资料看,液货船的液货舱火灾或爆炸绝大多数发生在空载时碰撞、搁浅、触礁等海上事故以及洗舱、装卸、海上航行操作中。

一、液货船防火要求

液货舱爆炸的危害最大,舱室内必须同时具备以下三个条件才发生爆炸:(1)可燃气体的浓度在爆炸极限范围内;(2)维持可燃气体(蒸气)燃烧的最低含氧量;(3)具有一定能量的火源。根据货油舱营运特点,采取有效措施使上述条件之一消除,即可达到防爆目的。

为了防止液货船火灾,SOLAS 公约从以下几个方面来防止火灾/爆炸的发生。

1. 货油舱的分隔与防护

货油泵舱、货油舱、污油舱和隔离空舱应位于机器处所的前方,货油主控制站、控制站、起居处所和服务处所(不包括独立的起货设备小间)应位于货油舱、污油舱以及将货油舱或污油舱与机器处所隔开的处所的后方。

在总管区域的管子和软管的接头部位,应设有收集液货管路和软管中液货残余物的滴盘。液货软管和洗舱软管应在其整个长度上具有导电连续性,包括管箍和法兰(通岸接头除外),并应接地以消除静电荷。

2. 限界面开口的限制

一般通往起居处所、服务处所、控制站和机器处所的出入门、空气进口和开口,均不应面向货物区域。它们应位于不面向货物区域的横舱壁上,或位于上层建筑或甲板室外侧,距离上层建筑或甲板室面向货物区域的端壁,至少为船舶长度的 4%,但不少于 3 m 位置处。此距离不必超过 5 m。

面向货物区域的窗和舷窗应为永闭(不能开启),满足“A-60”级标准要求(驾驶室的窗除外)。

3. 液货舱透气

液货舱的透气系统应完全区别于船舶其他舱室的空气管。凡液货舱甲板上能散发出可燃蒸气的开口,其布置和部位应使可燃蒸气进入含有着火源的围蔽处所,或最大限度降低聚集在可能构成着火危险的甲板机械和设备附近的可能性。

每一液货舱的透气装置可以是独立的,亦可以同其他液货舱连在一起,还可以与惰性气体管系并为一体。透气系统应设有防止火焰进入液货舱的装置。

4. 通风

液货泵舱应采用机械通风,从通风机排出的气体应引至开敞甲板上的安全地点。其通风能力应足以最大限度降低可燃蒸气聚集的可能性。换气次数应至少为每小时 20 次,根据该处所的总容积确定。通风管道的布置应使该处所的所有空间均能得到有效通风。应采用抽吸式通风并使用无火星型风机。

5. 惰性气体系统

对于载重量 20 000 t 及以上的液货船,其液货舱的保护应通过一个符合《消防安全系统规则》要求的固定式惰性气体系统来完成。

(1)降低每个货油舱内大气含氧量,并保护其舱内任何部位的大气含量(体积)不超过 8%,从而使舱内惰化而无法燃烧和爆炸。

(2)处于正压状态的惰性气体,在正常作业中,使得外界空气无法进入液货舱。

(3)驱散空货油舱内的炭氢气,使得除气过程中货油舱内的气体不至于构成危险。

(4)向货油舱输送的惰性气体至少能以船舶最大卸油率的 125%供气。

(5)确保惰性气体总管上的气体含氧量(体积)不超过 5%。

6. 气体测量

液货船应至少配备 1 台用于测量可燃蒸气浓度的便携式仪表及足够的备件,包括仪表的校准装置。

7. 液货泵舱的保护

(1)温度传感装置。温度传感装置装在液货泵舱内并由穿过泵舱舱壁的轴驱动的液货泵、压载泵和扫舱泵,其舱壁轴、填料函、轴承和泵壳,在货物控制室或泵控制站内应能自动激发连续视听报警信号。

(2)照明与通风联锁。在开启照明时即开始通风,通风系统失灵不应使照明熄灭。

(3)固定式碳氢化合物气体浓度探测系统。采样点或探测头应设置在适当位置,以随时探测到潜在的泄漏危险。如果可燃气体浓度达到预先设定的水平(应不高于可燃气体爆炸下限的 10%),应在泵舱、轮机控制室、货物控制室和驾驶室内自动激发连续视听报警信号,以引起有关人员对潜在危险的警觉。

(4)舱底水位监测与报警。应在所有泵舱安装舱底水位监测装置,以及布设在适当位置的报警装置。

二、惰性气体系统

惰性气体系统系指通过向装有危险物品舱室或容器输送惰性气体,以降低这些场所环境大气含氧量,而营造一个不可燃环境的系统。液货船的惰性气体系统是在液货船正常营运循环中,即在装油—载油航行—卸油—压载航行—洗舱的全过程中,可使货舱内气体始终处于惰性状态的系统,它是保证船舶防火安全的最有效措施。

1. 惰性气体系统的组成

(1)烟气隔离阀。烟气隔离阀用于隔断锅炉烟气,并有显示关闭状态的指示。

(2)洗涤塔。通常有填充式和喷雾式两种,用于有效地冷却高温烟气,并将烟气中的固体杂质和硫的氧化物等去除。通过除湿器将进入惰性气体风机烟气中的水分减至最少。

(3)惰性气体风机及进、排气口阀。应至少配备 2 台惰性气体风机,每台风机的风量至少为总风量的 50%,为了风机故障维修不影响系统工作,每台风机进、排气口都设有截止阀。

(4)惰性气体调节阀。装于惰性气体总管穿过的最前面的安全处所的前壁,在洗涤塔或风机发生异常时,阀能自动关闭。

(5)透气阀。为保证环流水风管不至于被吸成真空,在甲板水封管的顶部安装止回阀。

(6)甲板水封装置。在船舶所有装载条件下的正常纵、横倾和航行情况下,为防止货油舱内可燃气体逆流到安全处所的洗涤塔和锅炉内,船上设置此水封装置。其原理为风机工作时,惰性气体经甲板水封输送至各货油舱。当风机停止工作时,水封水表面受货油舱油气压力的作用而使进气管内的水柱压力升高至水柱静压与油气压力平衡,这时进气管完全被水注满而起到封闭作用。

(7)止回阀。止回阀作为第二个防止油气或液体倒流的措施。

(8)甲板隔离阀。甲板隔离阀防止可能惰性气体甲板总管倒流来的油气或液体的附加措施。

(9)压力真空保护装置。当货油舱与惰性气体总管隔离时,每个舱装有保护设施以免受温度变化而引起的过压或真空。

(10)装有通向货舱支管上的隔离阀。

(11)报警装置和仪表装置。其对整个系统的惰性气体的含氧量、温度、压力、洗涤塔的供水压力及水位、甲板水封装置水位的监测,对风机运转和惰性气体调节阀的自动控制及动力供应进行监测。

2. 系统工作流程

空气进入锅炉后将其中的氧气已基本上被燃烧掉,产生的烟道气体,留下的主要是氮气和二氧化碳,具有优良的惰性。其系统流程是:锅炉烟道内的烟气被抽出,先通过烟气抽气阀进入洗涤塔进行冷却、脱硫和除尘;干净的烟气再经过除湿器去除烟气中的水份;然后烟气被风机打入货油舱,进入货油舱之前的管路中设有调节阀、甲板水封装置、单向阀等。烟气是从主或辅助锅炉产生的烟道气体中抽取。惰性气体系统示意图如图 2-3 所示。

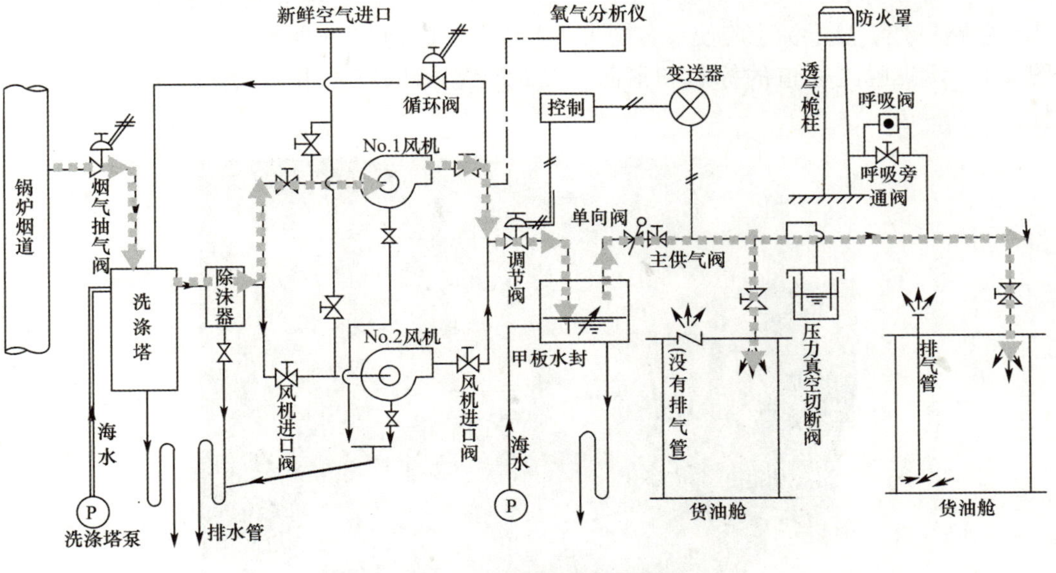

图 2-3 惰性气体系统示意图

第六节
船舶脱险通道

船上配有一套通用应急报警系统和一套公共广播系统将失火情况通知船员和乘客，以便安全撤离。船上脱险通道是使船上人员能够安全迅速撤向救生艇和救生筏登乘甲板，为各处所提供至少 2 条尽量分开并随时可用的脱险通道（升降机不能视为脱险通道）。脱险通道内应保持安全状态、无障碍物及提供其他辅助逃生设施，确保其易于到达、标志清晰、设计能满足紧急情况需要。

一、控制站、起居处所和服务处所的脱险通道

1. 脱险通道应布置有提供梯道和梯子到达救生艇和救生筏登乘甲板的脱险通道，脱险通道上的门一般应向逃生的方向开启。

2. 客船的脱险通道

（1）在舱壁甲板以下的处所应有 2 条脱险通道，其中至少 1 条应是独立的水密门。经主管机关许可只有一条脱险通道，其能提供安全逃生，梯道的净宽不得小于 800 mm，且在梯道两侧设有扶手。

（2）在舱壁甲板以上的处所应至少设有 2 条脱险通道，其中至少有 1 条垂直脱险通道的梯道。通常有应急照明、防滑地面、保持耐火分隔完整性等要求。

（3）梯道环围应设有直接通向走廊的出入口，为避免在紧急情况下出现人员拥挤状况，且应考虑可能使用此出入口的人数而有足够的面积。

（4）脱险通道的标志，除应急照明外，包括梯道和出口在内的脱险通道应布置灯光或荧光条形显示标志，并设在甲板以上不超过 300 mm 的高度，遍布脱险通道各点，包括拐弯和岔路口处。显示标志应使乘客能辨认出整个脱险通道并迅速断定脱险通道出口，如图 2-4 所示。脱险通道的标志和消防设备的位置标识应采用荧光材料制成或用照明标示。

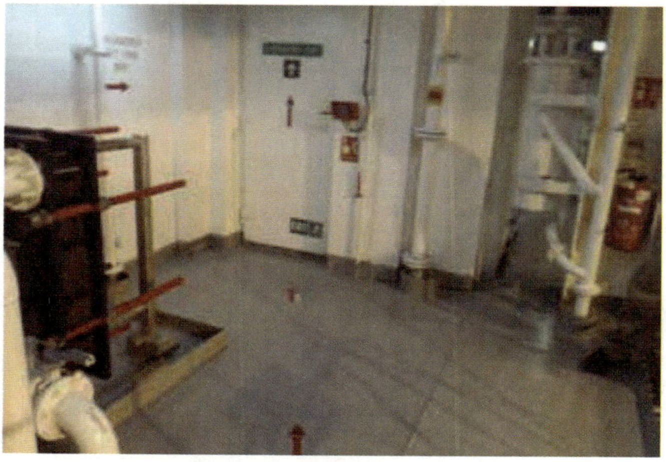

图 2-4　正确标识脱险通道

(5)构成脱险通道部分通常闭锁的门

客舱和特别舱室的门应不用钥匙即可从舱室内打开。沿着任何指定的逃生路线向逃生方向运动时,途中的任何门也都不需钥匙即可打开。通常闩扣着的公共处所通往脱险通道的门应装有快速松开装置。

3. 货船的脱险通道

(1)最低开敞甲板以下处所的脱险通道应为梯道,次要的脱险通道可为围井或梯道。

(2)最低开敞甲板以上处所的脱险通道应为梯道或通往开敞甲板的门或两者的组合。

(3)不允许设有长度超过 7 m 的端部封闭的走廊。

二、机器处所的脱险通道

1. 客船的脱险通道

(1)舱壁甲板以下的机器处所

应设有 2 条脱险通道,其脱险通道符合下述两者之一的要求:

①2 部彼此尽可能远离的钢梯,通往该处所上部同样远离的门,从该门至救生艇和救生筏登乘甲板设有通道。其中 1 部钢梯应位于一个受到保护的环围内,从处所的下部到处所以外的安全位置对其所服务的地方进行保护,在周围应布设具有相同耐火完整性的自闭式防火门,并应设有应急照明。

②1 部钢梯通往该处所上部的门,从该门至登乘甲板设有通道,此外,在该处所下部和远离上述钢梯的位置,设有 1 扇能从两面操纵的钢门,以提供从该处所下部通往登乘甲板的安全脱险通道。

(2)舱壁甲板以上的机器处所

2 条脱险通道应尽可能彼此远离,且应在该脱险通道的门处设有通往救生艇和救生筏登乘甲板的通道。

(3)机控室

机控室位于机器处所的机器控制室应设有 2 条脱险通道,其中至少 1 条能提供一直到机器处所外部安全位置的连续防火遮蔽。

2. 货船的脱险通道

(1)A 类机器处所的脱险通道

应设有 2 条脱险通道,除通道通往至开敞甲板外,其他要求与上述客船舱壁甲板以下的机器处所类似。

(2)A 类机器处所以外的脱险通道

应设有 2 条脱险通道,但对于只是偶尔进入的处所和到门的最大步行距离为 5 m 或以下的处所,可以使用 1 条脱险通道。

三、紧急逃生呼吸装置

紧急逃生呼吸装置(EEBD)仅用于从危险气体、烟雾、缺氧环境和处所的逃生,不得用于灭火、进入缺氧或液货舱等封闭处所,也不得作为消防员装置的呼吸器来替代使用。紧急逃生呼吸装置由一个能遮盖头部、颈部、肩部的防火焰头罩,头罩上有一个清晰、宽阔、明亮的观察视窗。它由压缩空气瓶、减压器、压力表、输气导管、头罩、背包等组成，能提供个人至少 10 min 以上的呼吸用气体。

所有船舶应在起居处处所内配备至少 2 套紧急逃生呼吸装置，客船应在每个主竖区内配备至少 2 套紧急逃生呼吸装置。

所有船舶机器处所内的紧急逃生呼吸装置，应位于易于看见的位置①，处于随时可用状态，其配备数量满足船级社的要求。一般在机控室内、工作间、每层甲板或平台的靠近脱险通道处应各配有 1 具。

客船应备有 2 具，货船应备有 1 具备品，同时，还有 1 具供训练用。

四、脱险通道标志

国际海事组织(IMO)第 30 次会议(A30)于 2017 年通过了“脱险通道标志和设备位置标识”[A. 1116(30)]决议，在对 2019 年 1 月 1 日及以后建造的船舶和 2019 年 1 月 1 日及以后在 SOLAS 公约第Ⅱ-2 和/或Ⅲ章框架内进行修理、改装、改建和舾装船舶(如适用)生效，在制定 SOLAS 公约第Ⅱ-2/15. 2. 4 条要求的船舶防火控制图时视具体情况与 A. 952(23)决议共同使用。脱险通道标志如表 2-3 所示②。

表 2-3 脱险通道标志

名称	图形符号	名称	图形符号
船上集合站		应急出口(左手)	
应急出口(右手)		向右滑动开启门	
向左滑动开启门		逆时针旋转开启	

① 参见《紧急逃生呼吸器装置性能、位置、使用和保养指南》(MSC/Circ. 849 通函)。

② 国际海事组织 A. 952(23)决议《船舶防火控制图识别符号》。

（续表）

名称	图形符号	名称	图形符号
顺时针旋转开启		向左手边拉开启门	
向右手边拉开启门		向右手边拉推启门	
向左手边拉推启门		主脱险通道	
副脱险通道			

第七节 船舶防火的特殊要求

一、直升机设施

对设有直升机甲板的船舶，应足以保护船舶免受与直升机作业有关的火灾危险，配备足以保护船舶免受与直升机作业有关的火灾危险的消防设备，以及应备有操作手册并提供培训。船舶直升机设施如图 2-5 所示。

图 2-5 船舶直升机设施

1. 脱险通道

直升机甲板应设有 1 条主通道和 1 条应急通道，供逃生、消防和救助人员进出使用。2 条通道应尽可能彼此远离，且以位于直升机甲板上相对的两侧为宜。

2. 消防设备

在紧靠直升机甲板处，应设有下列消防设备，并存放在直升机甲板的通道口附近：

(1) 至少 2 具干粉灭火器，总容量不小于 45 kg。

(2) 二氧化碳灭火器，总容量不小于 18 kg，或等效灭火装置。

(3) 1 个由泡沫炮或泡沫发生支管组成，能在直升机可作业的所有气候条件下向直升机甲板各部位喷射泡沫的适用的泡沫喷射系统。

(4) 至少 2 具经认可的两用型（水柱/水雾）水枪和足以到达直升机甲板任何部位的水带。

(5) 另备 2 套消防员装备和专用设备。

3. 操作手册和灭火培训

船舶应备有直升机操作手册，包括 1 份对安全预防措施、程序和设备要求的介绍和 1 份核查清单。此手册可以为船舶应急反应程序的一部分。

在直升机作业时，应有至少 2 名受过救生和消防职责及消防设备培训的消防人员在场，准备好相应的消防设备，如接好消防水带和灭火器材。携带相应的通信设备与驾驶台保持通信联络。

二、危险货物运输

船舶载运危险货物时，应配备防火系统以保护船舶免受因载运危险货物而带来的额外火灾危险，将危险货物与着火源充分隔开。针对因载运危险货物而带来的危险，配备适当的人员保护设备。

对不同方式载运危险货物（露天甲板、集装箱货物处所、闭式和开式滚装处所、固体散装处所、船载驳船）、载运不同类别散装危险货物、除固体散装危险货物外其他不同类别危险货物做出了特别的防火要求①。

① 具体参见 SOLAS 公约第Ⅱ-2 章第 19 条“危险货物运输”。

1. 供水

通过固定加压或通过位于适当位置的遥控装置起动消防泵，确保能够立即从消防总管按所要求的压力供水，水量应满足 4 具水枪使用，当空舱时能射到货物处所的任何部分。

应设有固定式喷雾器设备或用水浸入货物处所的设备，以使指定甲板下的货物处所通过按货物处所水平区域面积计每平方米至少 5 L/min 的水量得到有效冷却。排水系统的尺度所达到的排量应不低于水雾系统泵和所要求数量的消防水枪的组合容量的 125%。排水系统的阀门应能从所保护处所的外部靠近灭火系统控制装置的位置进行操作。

2. 着火源控制

电气设备和电线不应安装在围蔽的货物处所或车辆处所内。如果电气设备安装在这种处所内，其应为可以暴露在危险环境中使用的合格防爆型设备，但能完全隔离电气系统者（例如通过拆除系统内除保险丝外的连接线）除外。电缆穿过的甲板和舱壁应予以密封，以防止气体或蒸气通过。穿通电缆和货物处所内部的电缆应予以保护，以防止被碰损。禁止使用任何其他可能构成易燃蒸气着火源的设备。

3. 探测系统

滚装处所应装设 1 个固定式探火和失火报警系统。所有其他类型的货物处所应装的 1 个固定式探火和失火报警系统或 1 个抽烟探火系统。如果安装了 1 个抽烟探火系统，应防止有毒烟气泄漏到有人区域。

4. 通风

应向围蔽货物处所提供足够的机械通风。货物处所的通风布置，应以空货物处所为基础每小时至少换气 6 次，并从货物处所的上部或下部相应位置排除蒸气。风机应能避免易燃气体和空气混合物着火的可能性。通风系统的入口和出口处应设有适宜的金属丝网保护。

用于载运固体散装危险货物的围蔽货物处所如果未提供机械通风，应自然通风。

5. 人员保护

除按配备消防员装备外，还应配备 4 套抗化学侵蚀的全面防护服，用于覆盖全部皮肤，使身体的所有部分都得到保护。

除按配备呼吸器外，还应配备至少 2 套自给式呼吸器。对所要求的每个呼吸器应配备 2 个适合于其使用的备用充气瓶。载客不超过 36 人的客船和货船，如在适当位置装有为所有气瓶重新充满洁净空气的设备，则所要求的每套呼吸器只需配备 1 个备用气瓶。

6. 手提式灭火器

货物处所应配备总容量至少为 12 kg 干粉或与其等效的手提式灭火器。

此外，货物处所和 A 类机器处所限界面的舱壁应隔热至“A-60”级标准，滚装处所的分隔要求，开式滚装处所设有水雾系统要求。

三、车辆处所、特种处所和滚装处所的保护

设有车辆处所、特种处所和滚装处所的船舶应配备能充分保护船舶免受与车辆处所、特种处所和滚装处所有关的火灾危险的防火系统；着火源应与车辆处所、特种处所和滚装

处所隔开；车辆处所、特种处所和滚装处所应充分通风。

1. 预防易燃蒸气引燃

（1）通风系统

通风系统应设有效的动力通风系统，其足以提供满足要求的换气次数。通风系统换气要求如表 2-4 所示。

表 2-4 通风系统换气要求

船舶种类	场所	每小时换气次数
客船	特种处所	10 次
	载客超过 36 人的客船上除特种处所以外的闭式滚装处所和车辆处所	10 次
	载客不超过 36 人的客船上除特种处所以外的闭式滚装处所和车辆处所	6 次
货船	货物处所	6 次

客船的动力通风系统应与其他通风系统分开，并且当车辆处于这类处所时，通风系统应一直工作。当船上有车辆时，货船的风机通常应连续运转。驾驶室应设有显示所要求的通风能力任何损失的装置。结合气候情况和海况，设有在发生火灾时可从处所外部快速关闭和有效封闭通风系统的装置。

2. 火灾探测和报警

设有符合《消防安全系统规则》要求的一个有效的固定式探火和失火报警系统。能够迅速探知火灾的出现。除开式滚装处所、开式车辆处所和特种处所外，可使用抽烟探火系统。

在特种处所内应保持有效的消防巡逻制度。如果在整个航行期间能够保证通过连续的消防值班保持有效的消防巡逻，则不要求配备固定式探火和失火报警系统。手动报警按钮的间距应使处所内的任一部分到手动报警按钮的距离都不超过 20 m，且在靠近此类处所的每个出口处应布置 1 个手动报警按钮。

3. 固定式灭火系统

不是特种处所且能从货物处所外部某一位置加以密封的车辆处所和滚装处所，应装设固定式气体灭火系统，但下列情况除外：

（1）如装设了二氧化碳灭火系统，该系统所能获得的气体数量应至少足以释放出体积至少等于能被密封最大此类货物处所总容积 45% 的自由气体，其布置应确保在 10 min 内至少释放出相应处所要求气体的三分之二；

（2）如主管机关确信可达到等效的保护，则可装设任何其他固定式惰性气体灭火系统或固定式高倍泡沫灭火系统。

不能加以密封的滚装处所和车辆处所以及特种处所应装有经认可的手动操作固定式压力水雾系统，其保护此类处所的任何甲板和车辆平台的所有部分，在舱壁甲板以上处所，应设有泄水孔以确保这些水能被迅速直接排往舷外。舱壁甲板以下处所，主管机关可要求另装抽水和排水设备。

4. 手提式灭火器

在装载车辆的每个货舱或舱室的每层甲板应备有手提式灭火器，灭火器应布置在处所的两侧，间距不超过 20 m。此类货物处所的每一出入口处应至少有 1 具手提式灭火器。

用于装载油箱内备有自用燃料的机动车辆的车辆处所、滚装处所和特种处所内还应配备以下灭火设备：(1)至少 3 具水雾枪；(2)1 套手提式泡沫枪装置，但船上应至少备有 2 套用于这些处所的该装置。

第八节 明火作业及储物间防火

一、明火作业

船舶明火作业(也称为热工作业)是指电焊、气焊作业，喷灯或其他明火作业包括钻孔和研磨操作、电气作业和使用非内在安全电气设备的任何作业，这些作业产生的热量或火花会引燃工作区中或其邻近的可燃气体、液体或材料。明火作业引起多起重大火灾和爆炸事故，导致了人员死亡或严重伤害，甚至造成船舶全损。

1. 明火作业的危害

明火作业主要的危害是引起火灾、爆炸和不安全的空气(在封闭处所长时间工作后产生的)，如易引发运输煤船上的爆炸。某些潜在危险存在于所有船舶中并需要采取特别的戒备措施：在燃油舱附近热工作业；从受阴极保护的压载舱中析出氢气；易燃材料被点燃；热量通过钢铁从安全区域传导到不安全的区域。

2. 船舶区域限制明火作业

(1)在装运煤炭的散装船上、在集装箱船舶上，当运载第 3 和 4 类危险货物时，不准在装货区域和邻接处所中吸烟和使用明火作业。应当在显著地点张贴适当的警告标志。

(2)在载货处所和其他相邻处所的附近不准进行燃烧、切割、铲锈、烧焊或存在其他火源，除非这些处所已经进行了适当的通风而且甲烷气测试表明这样做是安全的。

(3)一般港口规定不允许船舶靠泊期间在船上进行明火作业。船舶在国外港内预进行明火作业之前，应核实相应的规定。

3. 明火作业安全技术要求

船舶进行明火作业，必须严格执行国家标准《海洋营运船舶明火作业安全技术要求》及其他有关规定，遵守有关安全操作规程。具体作业要求如下：

(1)可燃气体浓度不大于爆炸下限的 1%，相对风速小于 13.8 m/s。

(2)明火作业前的施工现场，须清除易燃易爆物品，备妥足够有效的消防器材，并有防止火花扩散的安全措施，应拆除作业现场内有影响的电缆或切断其电源并对其安全遮盖。

(3)在隔热舱壁或间架板上进行明火作业前，必须拆除距焊割边缘 0.5 m 内的一切可燃物。对 0.5 m 以外的可燃物,应采取防止焊割热传导的措施及有效遮盖。

(4)可以拆除的管子等机件,应移至电焊间或安全地点焊补,对无法拆除拆卸的油管、污水管等,应进行有效清洗,使管内可燃气体浓度达到上述要求,或充满惰性气体、水,或拆开管子接头,对作业点两端进行有效隔堵。

(5)在长期封闭的舱室或空间狭小通道明火作业前,必须提供足够的通风,使空气中含氧量达到 19.5%以上。

(6)明火作业前,必须查清作业面的反面和周围,并确认无易燃易爆物品。

(7)测爆合格的舱室或处所,明火作业必须在 4 h 之内开工,否则,应重新进行测爆认可。在明火作业前和作业中,应有专人对施工区域及有影响处所,随时复测可燃气体浓度。

(8)明火作业时,必须有专人负责监护。作业完毕后,必须彻底清理现场,在确认无残留火种时,监护人员方可撤离。

4. 我国港口内明火作业报备的要求

船舶港内安全作业应提前 24 h 向海事管理机构书面报备。拆修作业或明火作业在特殊情况下不能满足提前 24 h 报备要求的,船舶应不晚于作业前 2 h 向海事管理机构书面报备。作业完成后应及时向海事管理机构报告。明火作业报备内容应包括:船名、船舶经营人、停泊位置、船舶载货状况、作业种类、作业时间、安全防范措施、船长安全声明、作业单位名称及联系方式(联系人、联系电话)、报备人联系方式。同时应提供动火部位及项目、消防车(船)监护情况(适用时)、可燃气体清除证书、安全员及作业人员姓名。

5. 明火作业许可证

船舶安全管理体系中,船上明火作业实施明火作业许可证制度,船上任何部位进行明火作业,必须经船长审批。在开工之前,部门长应有申请单由船长批准,有的公司还需报请管理公司机务主管批准。

(1)作业准备

明火作业人员必须经过培训,持有合格操作证书。监督员必须认真按照明火作业许可单严格逐项进行安全检查。

(2)安全操作

明火作业的全过程,必须有一名作业监督员负责进行监督和防护,必须按照电焊、气焊操作规程进行作业,现场备有消防器材。

(3)作业结束

作业结束后必须认真检查,在确认无残留火种时,人员方可撤离,并且值班人员要定时对现场及其周围场所进行巡回检查确保安全,向部门长汇报。

6. 船舶明火作业的管理

(1)工作现场及四周的可燃物品在清理之前,不能进行明火作业。

(2)不得在未进行清除可燃气体并测爆合格的油舱柜内进行明火作业。

(3)在进行焊接工作时,必须根据施工区域燃烧物的特点准备相应的灭火器、水桶,以便随时取用。

(4)明火作业人员在进行切割或焊接工作前,应首先检查作业面的情形,以确保安全。

(5)以上工作经监督员检查并确认安全后才能进行明火作业。

(6)作业完工后,再次检查有无因进行明火作业而造成的危险。

(7)若船舶停泊在港口内,须经港口当局同意或备案后,才能进行明火作业。

二、储物间防火

1. 储物间内应严格禁止火种、火源,禁止吸烟。

2. 照明附具应布置成防止其温度升高而损坏电缆和电线,并能防止其周围的材料发生过热现象。一般采用白炽灯泡或日光灯,并用安全防护罩对其保护,不准使用大功率的碘钨灯照明,更不准随便拉设、吊接电缆进行照明。

3. 根据储物间的布局和储存物料的性质,必须在储物间内或门口附近放置必要的消防用具和器材。根据 SOLAS 公约的要求,凡面积超过 4 m^2 的油漆间和易燃液体储物间应安装下列固定灭火装置中的一种,或经验船部门同意的其他灭火系统,且能从被保护处所外部释放灭火剂,在布置上应能保证灭火剂均匀释放:

(1)二氧化碳灭火系统,其二氧化碳剂量按被保护处所的总容积的40%计算;

(2)干粉灭火系统,其剂量按被保护场所的总容积每立方米 0.5 kg 计算;

(3)水雾灭火系统,其水量按被保护处所水平面积每分钟每平方米 5 L 计算。

面积小于 4 m^2 的油漆间和易燃液体储物间可配备手提式二氧化碳或干粉灭火器一只或数只,视该处所的大小而定。

三、油漆作业和油漆间的防火措施

油漆组成中的稀释剂、溶剂、助溶剂、稀薄剂等物质具有燃点低、沸点低、易挥发等特点,且其蒸气能与空气形成爆炸性混合物,遇火星能发生燃烧或爆炸。针对以上特点,油漆作业和储存中的防火措施应包括以下几点:

(1)船舶油漆作业人员必须经过防火安全知识的教育培训,否则不许进行操作。学习操作时严格执行的安全操作规程和防火安全制度。

(2)油漆作业场所是防火防爆的重点部位,应勤检查,及时消除火源火险。不要在喷漆场所同时进行电气焊割作业;若喷漆设备没有静电接地装置,或在静电喷漆中喷枪离涂漆件太近会产生电火花,而引燃喷漆,从而发生火灾。

(3)在舱内作业,要使用防爆照明、通风设备,保持足够的通风,并随时使用测爆仪检测舱内的油气浓度。

(4)油漆作业场所内的安装、维修电气设备时,必须由专职的电气检修人员进行,同时停止油漆作业,并将带有和装有油漆的设备搬到安全的地方用不燃烧材料搭盖。

(5)油漆和溶剂等应储存在干燥、阴凉、通风、隔热、无阳光直射的专用库房内,应张贴“严禁烟火”标志,不准与普通物资混放。

(6)油漆储存库房内必须搭设木架,油漆桶放在木架上,要保证稳固,切不可堆码过高而发生倒垛,造成油漆桶互相摩擦、碰撞产生火星。太重的油漆桶,应将桶底垫高 10 cm 以上,使之通风。

第九节 船舶消防安全管理

船舶消防安全管理就是以预防为主，防患于未然，建立一整套科学的管理体系和规章制度，并保证措施落实。

一、消防安全职责

《中华人民共和国消防法》第二章第16、17条中要求企业、事业等单位的消防安全职责，单位的主要负责人是本单位的消防安全责任人，其主要内容如下：

(1)落实消防安全责任制，制定本单位的消防安全制度、消防安全操作规程，制定灭火和应急疏散预案。

(2)按照国家标准、行业标准配置消防设施、器材，设置消防安全标志，并定期组织检验、维修，确保完好有效。

(3)组织防火检查，及时消除火灾隐患。

(4)组织进行有针对性的消防演练。

消防安全重点单位还应当履行下列消防安全职责：

(1)确定消防安全管理人，组织实施本单位的消防安全管理工作。

(2)建立消防档案，确定消防安全重点部位，设置防火标志，实行严格管理。

(3)实行每日防火巡查，并建立巡查记录。

(4)对职工进行岗前消防安全培训，定期组织消防安全培训和消防演练。

二、船上的防火领导与组织

1. 船长

按照交通运输部《运输船舶消防管理规定》，船长为船舶防火责任人，其主要职责是：

(1)贯彻执行国家消防法规和各消防管理规定。

(2)落实船舶岗位防火责任制。

(3)认真执行各项防火制度和安全操作规程。

(4)对船员进行消防知识教育。

(5)进行防火安全检查，消除火险隐患。

(6)领导专、兼职防火员。

(7)制定船舶灭火应急方案，定期组织演练并认真做好记录。

(8)带领船员扑救火灾，保护火灾现场，协助调查火灾原因。

船长有责任执行《运输船舶消防管理规定》中船舶火灾预防中的相关规定，使全体船员树立对船舶安全防火的正确态度，随时检查本船防火工作，制止船员防火中的不安全行为并进行批评教育。

2. 部门长

部门长为部门防火责任人，负责本部门的防火工作，督促下级遵守各项防火制度和操作规程。在日常值班和修理工作中，负责安全检查并给予指导，增强船员防火安全意识，了解工作和生活中的火灾隐患，掌握使用各种消防设备的操作技能，将火灾危险因素减少到最低限度。

船舶应成立由船长和各部门领导以及船员代表组成的防火领导小组。船员代表可由船员大会选举产生，至少有 2 年的海上资历，并具有高度的责任心和良好的安全意识，覆盖各部门，如水手长、机匠长、大厨等，人数根据船舶大小不同确定，一般为 2~5 名，并将他们名字记录在有关 SMS 文件内。

防火领导小组人员按照船舶 SMS 管理要求，实施公司的有关防火制度，监督船上各部位的防火工作。

三、安全会议

每月举行安全会议，由船长主持，部门长负责。先由防火领导小组进行预备会议，讨论此次会议的内容，主要内容是针对本月工作中船员的事故和不安全做法，发表个人观点和意见，采取相应的预防措施，同时，结合本航次和下航次任务，提出船舶防火的注意事项。

使每个船员明白相关内容，全体船员树立和保持正确的态度，每一个船员都有责任消除或报告船舶各部位所出现的火灾隐患或危险情况。每个人能熟练地操作船舶上应急设备，在船上形成船舶“安全文化”。

四、消防安全培训与教育

对船员进行消防安全培训与教育，达到“四懂四会”。“四懂四会”是指：懂得岗位火灾的危险性，懂得预防火灾的措施，懂得扑救火灾的方法，懂得逃生的方法；会使用消防器材，会报火警，会扑救初起火灾，会组织疏散逃生。

通过消防安全培训与教育，不断提升“四个能力”，四个能力指的是：提高船舶检查消除火灾隐患的能力；提高船舶组织扑救初起火灾的能力；提高船舶组织人员疏散逃生的能力；提高船舶消防宣传教育培训的能力。

五、控制船员的不安全行为

船舶火灾、爆炸事故的形成，主要是由船员的不安全行为、船舶不安全状态、操作技术上缺陷这“三个要素”相互作用、连锁反应的结果。管理人员根据船员的心理和行为规律，掌握船员不安全心理和行为的影响因素。针对船舶不同位置、不同岗位、不同心理状态采取相应的对策，消除消极的因素和发挥主观能动性，控制船员的不安全行为。主要从以下几个方面入手：

1. 要从船员实际状况出发，结合船员本身特点

由于船员的年龄、社会经历、航海经验、工作态度各不相同，他们的安全意识和行为不一样。对于年纪轻、航海经验少的船员，工作中要重点关注，特别是在特殊操作和关键操作中。对同一船员而言，在船时间段不同，其安全行为也不同，应特别注意新上船和接近公休阶段的安全行为。

2. 严格执行船舶安全操作制度

在工作中，必须按照 SMS 中操作程序去做，不能违章作业，在危险场所中，一定要特别注意。

3. 提高船员对防火防爆的意识水平

通过定期组织学习和检查,特别是火灾案例的学习,去除船员侥幸的心理,在船员的技术操作、生活、学习等一切活动、行为表现中增强防火安全的认识,提高船员工作的认识深度,了解不安全行为的危害。

4. 善于发现船员不安全的行为

一旦发现船员的不安全行为要及时制止,并在全船安全会议中给予公布,制止同类行为的发生。在工作中,船长等管理人员不要只注重生产和缩短设备修理时间,而忽视防火。

六、防火有关的安全制度

船舶公司和船上制定防火有关的安全制度,使船员在工作中和休息中遵守它们,是防治船舶火灾的必备条件,也是每个船员的职责。在船长的领导下,各部门负责人积极配合,全体船员各尽其责,共同担负船舶防火的任务,落实船舶各项有效的防火措施,消除船舶不安全因素。

防火安全制度包括明火作业制度,吸烟管理制度,易燃易爆化学物品管理制度,蓄电池室管理制度,电、气焊设备使用保管制度,厨房防火管理制度,机(炉)舱防火管理制度,客区防火管理制度,电气设备使用管理制度,防火巡回检查制度。

七、消防培训与演习

(1)船员消防培训,对船员进行培训,应考虑结合本船状况、设备、航行区域。

(2)船员消防常识,对船员有关消防知识和技能考核,检查他们掌握的情况。

(3)消防演习,定期举行消防演习使船员熟悉船上应变部署、个人职责和行动等。

八、其他防火管理

对下列设备和事项进行管理:

(1)防火控制图。

(2)应变部署表、船员床头卡。

(3)电气设备、用电器具。

(4)氧气、乙炔气瓶。

(5)油舱(柜)孔、管、防火网。

(6)可燃气体检测仪。

(7)甲板、货舱、汽车舱排水和泄水装置。

(8)油船、甲板使用工具。

(9)油船船员穿着。

第三章
船舶消防设备

第一节
船舶消防设备的配备

为实现抑制火灾并将火灾迅速扑灭在起火地点的目的,船舶配备了大量的消防设备,并安装了相应的固定灭火系统。

一、船舶消防设备分类

1. 水灭火系统。

2. 固定式灭火系统:高压二氧化碳灭火系统;低压二氧化碳灭火系统;高倍泡沫灭火系统;自动喷水器、探火和失火报警系统;压力水雾灭火系统或等效细水雾灭火系统;甲板泡沫灭火系统(低倍,或中倍、F500);干粉灭火系统等。

3. 等效气体灭火系统:七氟丙烷、气溶胶、NOVEC1230 等。

4. 火灾报警系统:固定式探火和失火报警系统、自动喷水器、探火和失火报警系统、抽烟探火系统等。

5. 移动式灭火器:手提式灭火器、舟车式(推车式)灭火器等。

6. 其他消防设备:手提式泡沫枪装置、消防员装备、紧急逃生呼吸装置(EEBD)、水雾枪、沙箱等。

7. 局部灭火系统:局部水基灭火系统①、油漆间灭火装置、直升机设施灭火设备、深油烹饪设备灭火系统、厨房炉灶排气导管固定灭火装置、分油机/焚烧炉/应急发电机等设备的二氧化碳灭火装置、客舱阳台水雾/探火系统等。

二、船舶消防设备的配备

1. 消防系统配备因船舶种类、吨位大小不同而各异,不同船型灭火系统的配备要求如表 3-1 所示。

---

① 参见 MSC. 1/Circ. 1387 通函《适用于 A 类机器处所的固定式局部水基灭火系统认可导则》。

表 3-1　不同船型灭火系统的配备要求

<table>
<tr><th colspan="2" rowspan="2">船型
处所</th><th colspan="2">客船</th><th rowspan="2">货船</th><th rowspan="2">液货船</th></tr>
<tr><th>载客超过 36 人</th><th>载客不超过 36 人</th></tr>
<tr><td colspan="2">起居处所、服务处所和控制站</td><td>在所有起居处所、服务处所和控制站，包括走廊和梯道装设认可型式的自动喷水器、探火和失火报警系统</td><td>如果仅在起居处所的走廊、梯道和脱险通道设有固定式探火和失火报警系统，应安装自动喷水器系统</td><td>采用ⅡC 法的货船，应安装自动喷水器、探火和失火报警系统</td><td></td></tr>
<tr><td colspan="2">A 类机器处所</td><td colspan="4">(1)以下之一：①固定式气体灭火系统；②固定式高倍泡沫灭火系统；③固定式压力水雾灭火系统。
(2)500 总吨及以上的客船和 2 000 总吨及以上的货船，容积超过 500 m^3 的 A 类机器处所：固定式局部使用灭火系统</td></tr>
<tr><td rowspan="4">装货处所</td><td>一般货物</td><td colspan="2">1 000 总吨及以上的：
固定式二氧化碳灭火系统或固定式惰性气体系统，或能提供等效保护的固定式高倍泡沫灭火系统</td><td>2 000 总吨及以上：
固定式二氧化碳灭火系统或固定式惰性气体系统，或能提供等效保护的灭火系统</td><td></td></tr>
<tr><td>危险货物</td><td colspan="3">固定式二氧化碳灭火系统或惰性气体系统，或设有主管机关认为能为所载运货物提供等效保护的灭火系统</td><td></td></tr>
<tr><td>特种处所</td><td colspan="2">手动操作固定式压力水雾系统</td><td></td><td></td></tr>
<tr><td>滚装和车辆处所</td><td colspan="3">(1)能够密闭的车辆处所和滚装处所：固定式气体灭火系统(二氧化碳灭火系统)，或固定式惰性气体灭火系统，或固定式高倍泡沫灭火系统。
(2)不能够密闭的车辆处所和滚装处所：手动操作固定式压力水雾系统</td><td></td></tr>
<tr><td colspan="2">货泵舱</td><td></td><td></td><td></td><td>三选一：
(1)二氧化碳灭火系统。
(2)高倍泡沫灭火系统。
(3)固定式压力水雾灭火系统</td></tr>
<tr><td colspan="2">液货舱</td><td></td><td></td><td></td><td>(1)20 000 载重吨及以上：固定式甲板泡沫灭火系统。
(2)低于 20 000 载重吨：甲板泡沫灭火系统</td></tr>
</table>

（续表）

处所＼船型	客船		货船	液货船
	载客超过36人	载客不超过36人		
存有易燃液体的处所	(1)油漆间：①二氧化碳系统；②干粉系统；③水雾或喷水器系统；④主管机关认为能提供等效保护的系统。 (2)不通往起居处所甲板的面积小于4 m^2 的易燃液体储藏室，可用手提式二氧化碳灭火器代替固定式灭火系统			

2. 国际航行船舶可移动的灭火设备配备表

国际航行船舶可移动的灭火设备配备表如表3-2所示。

表3-2 国际航行船舶可移动的灭火设备配备表

设备名称＼存放地点	起居处所、服务处所和控制站	机器处所			特种处所和滚装处所	其他
		设有燃油锅炉或燃油装置特种处所和滚装处其他A类机器处	设有内燃机的A类机器处所	功率不小于375 kW的汽轮机处所		
手提式灭火器	1 000总吨及以上船舶以及高速船至少应备5具。 对于客船： 1. 每一主竖区或水密舱壁范围内至少2具； 2. 舱壁甲板以上每层旅客处所至少2具； 3. 每一厨房内至少1具； 4. 每一船用物料储存室内至少1具。 对于货船、油船及工程船： 1. 每层甲板至少2具； 2. 每一厨房内至少1具	在每一锅炉舱的每一生火处所和部分燃油装置所在的每一处所至少设置泡沫型2具	足够数量，任一点至灭火器的步行距离不大于10 m，且至少设置2具。 对于高速船：在每个机器处所入口处至少设有1具	足够数量，任一点至灭火器的步行距离不大于10 m，且至少设有2具	足够数量，其相互间距不大于20 m，且在每层车辆甲板入口处至少设置1具。 对于高速船：灭火器位置距特种处所内任意位置不大于15 m，且每个入口处设有1具	直升机甲板处配备： 1. 总容量不小于45 kg的干粉灭火器至少设置2具； 2. 总容量不小于18 kg的二氧化碳灭火器数量

（续表）

设备名称 \ 存放地点	起居处所、服务处所和控制站	机器处所：设有燃油锅炉或燃油装置特种处所和滚装处其他A类机器处	机器处所：设有内燃机的A类机器处所	机器处所：功率不小于375 kW的汽轮机处所	特种处所和滚装处所	其他
手提式泡沫枪装置		每一锅炉舱内至少设置1套	每一锅炉舱内至少设置1套		1具，但船上应备有供特种处所使用的至少2套	
大型泡沫灭火器		每一锅炉舱内设1具，容量至少为135 L	足够数量，每具容量至少为45 L	足够数量，每具容量至少为45 L		
水雾枪					每一特种处所至少设有3支（包括高速船）	
内装砂子或浸透苏打的锯屑的容器		每一生火处所1具，也可用1具手提式灭火器代替（包括平台）				

注：载客超过36人客船的每一A类机器处所至少设有2支水雾枪。

3. 国际航行船舶消防员装备配备表

国际航行船舶消防员装备配备表如表3-3所示。

表3-3　国际航行船舶消防员装备配备表

船舶类型	设有旅客处所和服务处所的甲板
客船	至少2套，且在任一位置可即刻获得至少2套消防员装备和1套个人配备。 1. 按其最大的旅客处所和服务处所的合计长度，每80 m备有2套消防员装备和2套个人配备； 2. 对载客超过36人的，每一主竖区内应另增加2套消防员装备，每具呼吸器应设有1支水雾枪； 3. 可根据船舶大小和类型适当增加数量。 在客船上，应在任一控制站获得至少2套消防员装备和1套个人配备

（续表）

船舶类型	设有旅客处所和服务处所的甲板
货船	至少 2 套，根据船舶大小和类型还需增加个人配备和呼吸器数量
载有危险货物的货船	至少 2 套，4 套防化服，至少 2 套呼吸器
液货船	至少 4 套。化学品船按 IBC 规则配备 3 套安全设备①
液化气体船	货舱总容积：≤5 000 m^3，4 套；≥5 000 m^3，5 套。另加 2 套安全设备，货物容积 2 000 m^3 以上的再加 2 套安全设备
直升机平台	至少 2 套消防员装备和 2 套个人配备； 消防员装备应易于到达并随时取用，如适用，其中 1 套装备应存放在直升机甲板的附近

4. 国内航行船舶

我国沿海船舶消防技术规定制定的依据就是，采用以国际航行船舶消防要求（SOLAS 公约）原则为基础，根据我国当时的具体情况，顾及国内沿海船舶的经济性，对沿海船舶的消防安全措施做适当的降低，其主要做法是将客船按照人数多少、货船和液货船按照吨位大小进行分档，随人数和吨位减小，其防火和消防设备配备的要求相应降低，具体内容可详见《国内航行海船法定检验技术规则》。

第二节 水灭火系统

一、水灭火系统配备与要求

水灭火系统是所有船舶必须配备的一种灭火系统，也是最基本、最有效的灭火系统之一。水灭火系统包括消防泵（包括应急消防泵）、消防管系、消火栓、消防水箱、消防水带、消防水枪、国际通岸接头。消防泵通过海水吸入阀将船外海（江、河）水吸入，再通过消防水管、消火栓及水带上的消防水枪，将水喷射到船上任何失火部位，以达到灭火的目的。

水灭火系统一般兼作甲板冲洗、锚链冲洗、顶边舱压载水的供水之用。

1. 水灭火系统配备规定

水灭火系统（如图 3-1 所示）配备规定如表 3-4 所示。

① 安全设备按 IBC 规则要求，其包括自给式呼吸器、防护服、长靴、手套、护目镜、配有腰带的防火救生索、防爆灯等。

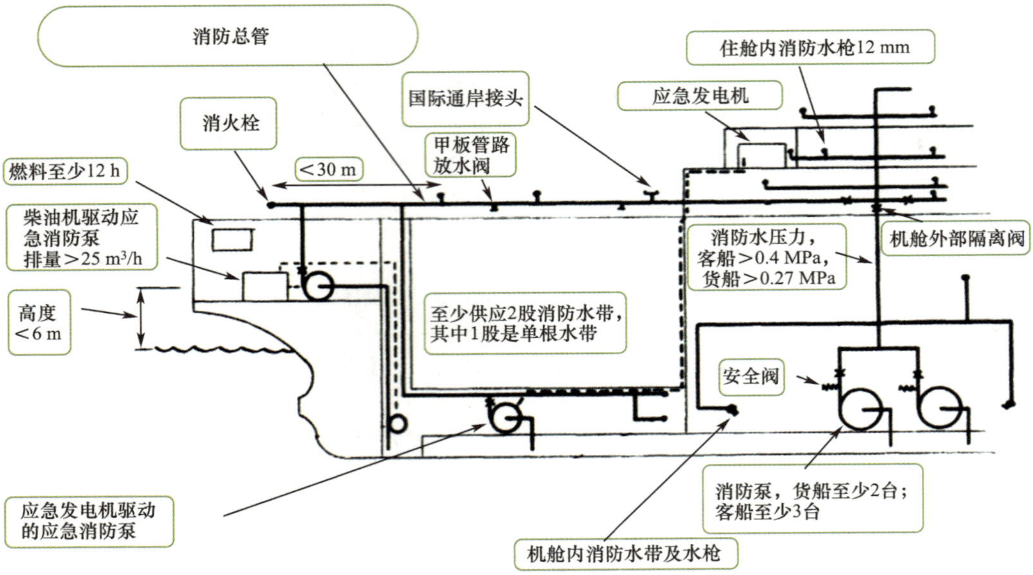

图 3-1　水灭火系统示意图

表 3-4　水灭火系统配备规定

<table>
<tr><th colspan="2" rowspan="2">船舶种类
水灭火设备</th><th colspan="2">客船</th><th colspan="3">货船</th></tr>
<tr><th>4 000 总吨以上</th><th>4 000 总吨以下</th><th>6 000 总吨以上</th><th>1 000~6 000 总吨</th><th>1 000 总吨以下</th></tr>
<tr><td rowspan="5">消防泵</td><td>数量(台)</td><td>3</td><td>2</td><td colspan="2">2</td><td>2(其中 1 台应为独立驱动的消防泵)</td></tr>
<tr><td>总排量(m^3/h)</td><td colspan="2">舱底泵总排量的 2/3</td><td colspan="3">一台舱底泵的 4/3 以上(不大于 180)</td></tr>
<tr><td>每台泵的排量(m^3/h)</td><td colspan="2">总排量/台数×80%以上</td><td colspan="3">总排量/台数×80%以上</td></tr>
<tr><td>消火栓处的水压(MPa)</td><td>0. 4</td><td>0. 3</td><td>0. 27</td><td>0. 25</td><td>0. 25</td></tr>
<tr><td>动力源的布置</td><td>分舱布置</td><td>1 000 总吨以下设置固定应急消防泵</td><td colspan="2">分舱布置或设置固定应急消防泵</td><td>设置固定应急消防泵</td></tr>
<tr><td colspan="2">消火栓数量和位置</td><td colspan="2">至少 2 股水柱(1 股仅用 1 根消防水带)(水密门和主竖区舱壁上的门均关闭,空舱时的装货处所)</td><td colspan="3">至少 2 股水柱(1 股仅用 1 根消防水带)(空舱时的装货处所)</td></tr>
</table>

（续表）

<table>
<tr><th rowspan="2">船舶种类
水灭火设备</th><th colspan="2">客船</th><th colspan="3">货船</th></tr>
<tr><th>4 000 总吨
以上</th><th>4 000 总吨
以下</th><th>6 000 总吨
以上</th><th>1 000~
6 000 总吨</th><th>1 000 总吨
以下</th></tr>
<tr><td rowspan="2">消防水带</td><td colspan="2">每个消火栓配 1 根</td><td colspan="2">每 30 m 船长配 1 根、备 1 根，总数不少于 5 根。
此外，机、炉舱的每个消火栓备 1 根</td><td>每 30 米船长配 1 根、备 1 根，总数不少于 3 根</td></tr>
<tr><td colspan="4">消防水带长度至少为 10 m，但不超过以下长度：
（1）机器处所，15 m；
（2）其他处所和开敞甲板，20 m；
（3）最大型宽超过 30 m 船舶的开敞甲板，25 m</td><td></td></tr>
<tr><td>消防水枪
（水雾/水柱两用）</td><td colspan="2">每个消防水带配 1 支</td><td colspan="2">每个消防水带配 1 支</td><td>每个消防水带配 1 支</td></tr>
<tr><td>国际通岸接头</td><td colspan="2">1 支（能用船舶任何一舷）</td><td colspan="3">1 支（能用船舶任何一舷）</td></tr>
</table>

2. 水灭火系统的要求

（1）消防泵

通海连接件、消防泵及其动力源的布置应保证：1 000 总吨及以上客船，在任何一个舱室失火时，不会使所有消防泵失去作用，至少 1 台消防泵为自动起动的；1 000 总吨以下的客船和货船，如果任何一个舱室失火时可能使所有消防泵失去作用，应有 1 台应急消防泵作为替代，该泵的动力源和通海连接件位于主消防泵或其电源所在处所之外。

1 000 总吨以下的客船有至少 1 台自动起动的消防泵或由驾驶台遥控起动的消防泵。

周期无人值班机器处所或仅有 1 人值班的货船，应由驾驶台和消防控制（如设有）遥控起动其中的 1 台主消防泵，或通过由 1 台主消防泵对消防泵总管系统给予永久性增压的方法，从消防总管系统立即供给适当压力的水。

船上的卫生泵、压载泵、舱底泵、通用泵若满足消防泵的排量和压力，且不经常用来泵油，均可作为消防泵。在任何情况下消防泵的排量不得少于 25 m^3/h，并且每台消防泵应至少能在任何情况下提供所要求的 2 股水柱。

（2）应急消防泵

应急消防泵所在处所不得与 A 类机器处所或内设主消防泵处所的限界面相邻接。应急消防泵及其海水入口、吸水以及送水管和隔离阀应位于机器处所的外部。吸水管和排水管的一小部分可以贯穿机器处所，但应由坚固的钢质外套包裹，或隔热至“A-60”级标准。

电动机驱动的消防泵应由应急发电机供电；柴油机驱动的应急消防泵，其柴油机应能在 0°的冷态条件下进行人力起动，也可采用压缩空气起动柴油机（30 min 内至少起动 6 次）。燃油供给柜内的燃油应满足应急消防泵在满负荷下至少运行 3 h，储备油柜应满足应急消防泵在满负荷下再运行 15 h。其排量不小于消防泵总排量的 40%,在任何情况下应满足压力要求:1 000 总吨以下的客船及 2 000 总吨以上货船排量应不小于 25 m^3/h;2 000 总吨以下的货船排量应不小于 15 m^3/h。

(3)消防管路和消火栓

消防管路和消火栓的位置应便于连接消防水带。消防管路和消火栓的布置应防止冻结的可能性。消防总管应设有适当的排水设施。用于消防以外目的的所有开敞甲板上消防总管的支管应装有隔离阀。在载运甲板货物的船上,消火栓的位置应随时易于接近,消防管的布置应尽可能避免被甲板货物损坏的危险。

将布置在设有主消防泵或泵组的机器处所内的消防总管部分与消防总管其他部分分开的隔离阀,应设在机器处所之外易于到达并站得住的位置。消防总管应布置成当隔离阀关闭时,船上除上述机器处所内的消火栓外,其他所有消火栓能由另一台消防泵或应急消防泵供水。

在液货船上,隔离阀应装设在尾楼前端消防总管受保护的位置,其在液货舱甲板上的间距不得超过 40 m,以在发生火灾或爆炸时维持消防总管系统的完整性。

(4)消火栓的数量和位置

至少能有 2 股从不同消火栓喷射出的水柱,其中 1 股应仅靠 1 股消防水带的长度可射至船舶在航行时乘客或船员经常到达的任何部分、任何货物处所空舱时的任何部分、任何滚装处所或任何车辆处所,在后者的情况下,2 股水柱中任一股应仅靠 1 股消防水带的长度射至该处所的任何部分。此外,消火栓应位于靠近被保护处所的出入口处。

(5)消防水带和水枪

消防水带应由经主管机关认可的不腐蚀材料制成,并具备足够的长度将水柱喷射到可能需要使用水带的任何处所。每条消防水带应配有一支水枪和必要的接头,存放在供水消火栓或接头附近的明显位置,以备随时取用。在载客超过 36 人的客船的各内部处所,消防水带应一直保持与消防相连接。

标准的水枪尺寸为 12 mm、16 mm、19 mm,起居处所和服务处所使用 12 mm 的水枪。

二、对集装箱船附加要求

根据 SOLAS 公约第Ⅱ-2 章修正案[MSC. 365(93)]对集装箱船的附加要求:2016 年 1 月 1 日及以后建造,敞口集装箱货舱和在露天甲板或以上装载集装箱的存放区,应提供防火措施以便将火灾限制在初始处所或区域,并对邻近区域进行冷却,以阻止火灾蔓延和结构破坏。集装箱船应至少配备 1 支移动式水雾枪(Water mist lance);露天甲板上载运 5 层及以上集装箱的船舶,应配备移动式消防水炮。

1. 水雾枪

水雾枪由一支带穿刺型喷嘴的管子组成,与消防总管连接时,其能够刺穿集装箱壁并将水雾喷入集装箱内。其优点是:

(1)人站在集装箱外进行灭火操作,保证消防员的安全。

(2)在集装箱上“开”一个小孔,将长管水雾枪插入孔内,防止开门进入大量新鲜空气。

(3)消防水有一定的射程,喷射出细水雾,对集装箱内进行高效冷却,扑灭箱内火灾。

(4)使用细水雾能够提高水的灭火效率,减少水的用量,降低水对货物的损害,如图3-2所示。

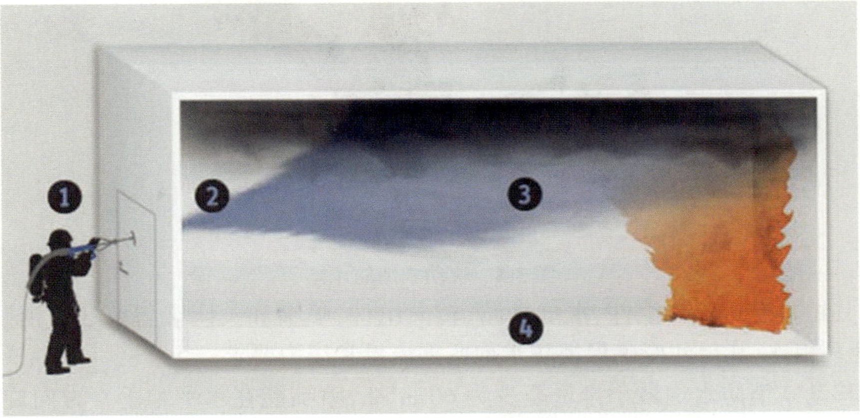

图3-2 水雾枪灭火示意图

对于水雾枪的性能标准,IMO还没有制定。目前,各厂商制造的水雾枪形式不同,主要分两类:一类是开孔器和水雾枪分离,先用专用锤或手提电钻在集装箱上开孔,然后将水雾枪管插入集装箱内,如图3-3所示;另一类是水雾枪与便携式高压泵相连,在枪口处形成25 MPa以上的压力,穿透集装箱外壳,枪管能深入箱内,其喷射距离较远,水雾质量较高。

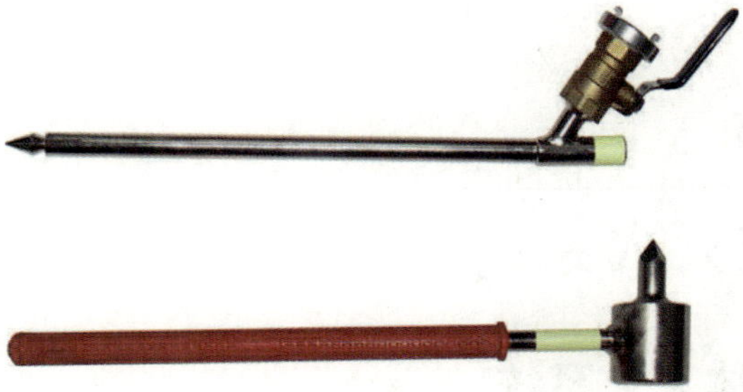

图3-3 水雾枪

2. 移动式消防水炮

移动式消防水炮是新的消防设备,其在集装箱船配备数量:船宽小于30 m,至少配备2支;船宽大于30 m,至少配备4支。船上消火栓能满足所有移动消防水炮的同时使用,在每个集装箱首尾处同时形成有效的水障,消防水压力能使移动消防水炮喷射到最顶层集装箱。消防泵的排量和消防总管的直径满足同时供应移动消防水炮和从消防水带产生2股达到要求的压力的水柱。如果消防总管水量超出140 m^3/h,受影响的消防泵应为移动式消防水炮配备独立驱动的动力源。

根据IMO的MSC./Circ.1472《用于保护甲板货物处所的移动水炮的设计、性能、试验和认可指南》,移动式消防水炮如图3-4所示,其主要技术性能如下:

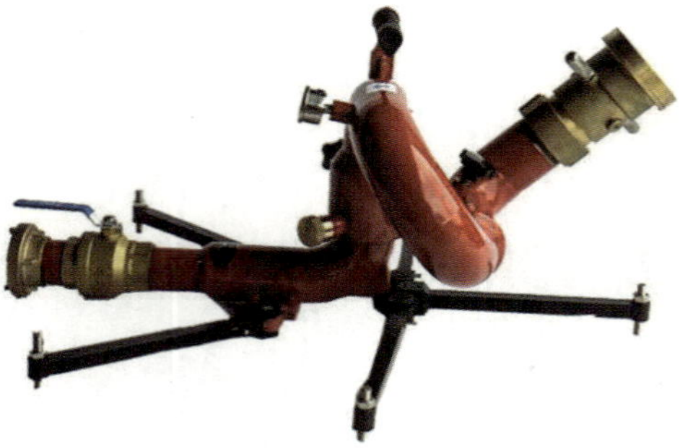

图 3-4 移动式消防水炮

（1）其组成有进水口组件、水炮管路、转向组件、喷嘴和关闭装置。通过消防水带与船舶水管系相连，其尺寸应确保消防水炮所需流量和压力要求。

（2）移动式消防水炮最小排量至少为 60 m^3/h，喷嘴能在水平和垂直方向旋转，垂直方向能在 0°~90°变化；水平射程达 40 m 以上（30°~35°）。

（3）移动式消防水炮设有移动提手或其他装置以便移动，如重量超过 23 kg 应安装轮子。

另外，近几年大型集装箱船火灾事故较多，各船级社都增强了对集装箱船的消防安全要求，具体要求详见船级社相应的规范，如中国船级社《集装箱船增强消防安全指南（2021）》。

第三节 固定灭火系统

一、固定式气体灭火系统

（一）一般要求

若灭火剂的数量能保护一个以上处所时，则可供使用的灭火剂数量不必大于被保护的任一处所中所需的最大数量，该系统设置常闭控制阀，通过阀门将灭火剂直接施放至适当的处所（未采用至少“A-0”级分隔分开并设有独立通风系统的相邻处所应视为同一处所）。储存蒸汽以外的灭火剂所需的受压容器，应置于被保护处所的外面。

对于机器处所起动空气瓶容积，须换成自由空气容积加到舱室总容积中，除非在起动空气瓶安全阀上安装一个直接通向室外大气的排放管。

备有设施以便船员能安全地检查容器内的灭火剂数量。对于二氧化碳系统，应在每排瓶子上设有悬挂称重装置的横杠或其他装置。对于其他灭火剂类型，可使用适当的背面指示器。

系统控制要求：在灭火剂输送至被保护处所的管系上设有控制阀，并应清楚地标明这些管子通往的处所，采用适当的措施以防止灭火剂因疏忽而注入未发生火灾的处所。设有气体灭火系统的货舱如用作乘客处所，在运客期间，气体的管子连头应予以盲断。管路可以通过起居处所，条件是管子具有足够的厚度，且它们的密性是在安装好后，通过不小于 5 N/mm^2 压头的压力试验得以验证。通过起居处所的管子只能用焊接连接，且在这些处所内不应安装有排水口或其他开口。管路不应通过冷藏处所。

对任何滚装处所、装有整体式冷藏集装箱的集装箱货舱、自门或舱口进出的处所和通常有人员工作或进出的其他处所，应设有释放灭火剂的听觉和视觉自动报警装置。听觉报警位于在所有机器工作的状态下在整个被保护处所内部能听见的位置，且应通过调节声压或声调使该报警与其他听觉报警区分开来。预释放报警应自动起动，如通过打开释放舱室的门起动。报警所需的时间长短应为撤离该处所所需的时间，但是无论如何在灭火剂被释放前应不少于 20 s。普通货物处所及仅配有局部释放装置的小型处所（如压缩机房、油漆间等）不必配备这种报警。

固定式气体灭火系统的控制设施应易于接近和操作简便，且应成组地安装于尽可能少的处所，其所在位置应不致为被保护处所的火灾所切断。考虑人员安全，在每一处所应备有指导该系统操作的说明书。除主管机关准许外，不允许采用自动释放灭火剂的装置。

（二）固定式二氧化碳灭火系统

1. 灭火剂的数量

装货处所所备二氧化碳的数量，应足以放出体积至少等于该船最大货舱总容积 30% 的自由气体。特种处所以外的车辆处所和滚装处所所备二氧化碳的数量应足以释放出体积至少等于可被密闭的最大货物处所总容积 45%的自由气体，且该布置应确保至少三分之二相关处所所需的气体在 10 min 内被注入。二氧化碳系统不应用于保护特种处所。

机器处所应备有足够的二氧化碳量，所释放出的自由气体体积至少等于下列两者中的较大值：

（1）被保护的最大机器处所总容积的 40%，此容积算至机舱棚的一个水平面为止，此机舱棚的水平面积等于或小于从舱顶至机舱棚最低部分的中点处水平面积的 40%；

（2）被保护的最大机器处所（包括机舱棚）总容积的 35%。

其中，二氧化碳自由气体的容积应以 0.56 m^3/kg 计算。

机器处所的固定管系应能使 85%的气体在 2 min 内注入该处所。对于集装箱和普通货物处所（主要拟载运多种独立系固或包装的货物），固定管系应可使至少三分之二的气体在 10 min 内被注入该处所。对于固体散货处所，固定管系应可使至少三分之二的气体在 20 min 内被注入该处所。系统控制装置应布置成根据货舱的装载状况允许释放气体总量的三分之一、三分之二或全部。

任何船舶的专门建造用以装运矿砂、煤、谷物、没有干透的木料和不燃货物或认为失火危险较小的各种货物装货处所，则可免设二氧化碳灭火系统①。

2. 高压二氧化碳灭火系统的气瓶站室

高压二氧化碳灭火系统的气瓶站室应进行有效通风，最好能从开敞甲板进入舱室并应与被保护处所分开。出入口的门应向外开启，周围舱室保持水密，包括门和其他任何开口的设备。站室应有与驾驶室或控制站直接联系的通信设施；站室或控制站门的开启钥

① IMO 发布《可免除固定式气体灭火系统或固定式气体灭火系统对之无效的固体散装货物清单》，见附录 2。

匙应置于有玻璃面罩的盒子内，该盒子应设在门锁附近明显且易于接近的地点；站室内应设有清楚而永久性的示意图，以表明与灭火剂的施放及分配直接有关的容器、总管、支管和附件等的布置，并对系统的操作方法做简要的说明，如图 3-5 所示。

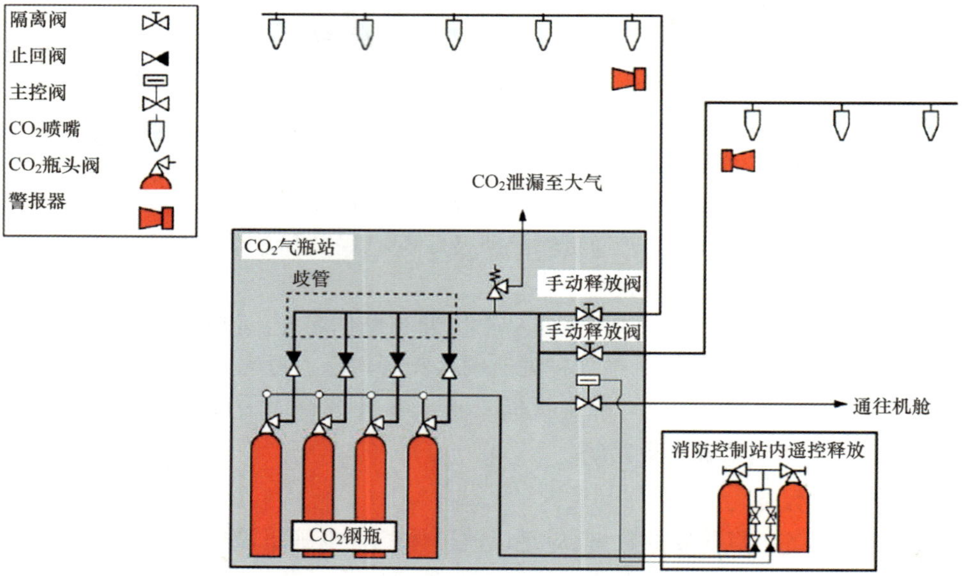

图 3-5　固定二氧化碳灭火系统示意图

二氧化碳容器应符合如下规定：

(1)二氧化碳容器应为无缝钢瓶，瓶体上应清晰而永久地标明以下各项：容器重量、容积、液压试验压力、试验日期、出厂编号和检验印记；本体应用醒目的颜色涂漆且写有“二氧化碳(CO_2)”字样，上述印记处漆为白色，以便核查。

(2)容器充装率应与瓶体强度相适应，一般应不大于 0.67 kg/L。

(3)瓶头阀应装一根直径为 10~12 mm 且尾部为斜切口的钢质或铜质管，该管应伸至接近容器底部。

(4)瓶头阀应有安全膜片或其他经认可的安全装置，安全膜片应在压力达到 18.6±1 MPa 时自行破裂，安全膜片破裂后，自瓶头阀释放出的灭火剂应由管路引至开敞甲板的大气中。

(5)二氧化碳瓶应根据各被保护舱室对二氧化碳的需要量进行分组，如由人力直接开启施放装置时，则每组瓶数不应超过 12 瓶。

二氧化碳管路应符合：

(1)每个二氧化碳瓶的瓶头阀至集合管的连接管上，应装有止回阀。

(2)集合管至分配阀箱的总管上应装有量程为 0~24.5 MPa 的压力表。

(3)二氧化碳管路不应通过起居处所，并应避免通过服务处所，如无法避免时，则通过服务处所的管子不应有可拆接头。

(4)在总管或分配阀箱上，应装设压缩空气吹洗管接头。

3. 二氧化碳系统释放装置

二氧化碳系统释放装置用于保护滚装处所、装有整体式冷藏集装箱的集装箱货舱、由门或舱口进出的处所和通常有人员工作或进出的其他处所。

(1)应设置两套独立的控制装置,以保证将二氧化碳释放至被保护处所,并确保报警装置的起动。一套控制装置应用于开启安装在将气体输送至被保护处所的管路上的阀门,另一套控制装置应用于将气体从所储存的容器中排出。应采取切实可行的措施以确保其按照此顺序操作,国内造船,一般控制气瓶的驱动气体采用氮气,气瓶颜色为黑色;有的国外造船,驱动气体采用二氧化碳,颜色为红色,如图 3-6 所示。

(a)国内产品　　(b)国外产品

图 3-6　二氧化碳系统释放装置

(2)两套控制装置应布置在一个释放箱内,特定部位应设醒目标记。如果在装有控制装置的释放箱上加锁,用于开启箱子的钥匙应置于设有玻璃面板的盒子里,该盒子应放置在释放箱附近的明显位置处。

4. 二氧化碳系统释放程序

(1)对二氧化碳保护舱室发出释放警报,让所有人员撤出现场,务必清点好人数。

(2)关闭所有通风口、进出口,确认舱内所有的开口关闭。

(3)如果机舱发生火灾,人员在离开机舱时,应关闭有关日用油柜的阀门,如时间紧张,可在机舱外消防控制站内,关闭燃油、滑油的速闭阀。

(4)在船长的命令下,由有关负责人员释放控制阀,可以在二氧化碳气瓶站内释放,也在消防控制站内释放。

(5)如果释放控制因保养原因不能正常释放,在紧急情况下,由多名船员进入二氧化碳气瓶站快速拉动每个气瓶的手动释放阀。

5. 低压二氧化碳灭火系统

低压二氧化碳灭火系统是基于高压二氧化碳灭火系统原理研制并且优于后者的灭火设施,和高压二氧化碳自动灭火系统相比具有以下优点:低压二氧化碳灭火系统由于低温储存,具有压力低、储存量大、灭火效率高、占地面积小等优点;采用的低压容器、管网、阀门、喷头无须耐高压,具有较好的经济性;不仅可以预先设定的时间来自动喷放灭火剂,还可以随时手动开启或关闭系统来控制灭火剂的喷放。现已有大型船舶使用,特别是二氧化碳需求量超过 10 t,其效益好,不足之处是需设有专门制冷设备和控制设备,维护成本高。

将二氧化碳储存在一个或两个隔热压力容器内,设有两台专用的完全独立的自动制冷装置进行制冷,当任一台制冷装置失效时,另一台应能自动起动。在−20~−18 ℃低温下储存且保持压力容器内的压力在 1.8~2.2 MPa 范围内。在容器内正常液体充装量应不大于容器容积的 95%,以便提供足够的蒸气空间,允许液体在最高储存温度下膨胀。

二氧化碳容器上设有:

(1)压力表;

(2)高压报警器:在 2.2 MPa 压力时报警;

(3)低压报警器:在 1.8 MPa 压力时报警;

(4)爆破膜片;

(5)具有截止阀的灭火剂充装支管;

(6)排气管;

(7)安装在容器上的液体二氧化碳液位仪,并在有遥控释放二氧化碳处设遥控液位指示器;

(8)2 只安全阀,其布置应当使任一只阀关闭时另一只阀接通容器,安全阀的调定压力应不小于 2.2 MPa,每一只阀的排放量,应在着火条件下排放所产生的蒸气时,在容器内的升高压力应不超过调定压力的 20%,从安全释放阀排出的蒸气应排放到大气中。

二、固定式压力水雾灭火系统

水是船舶理想的灭火介质,获取方便,具有很强的吸热能力,可用于扑灭多种火灾。固定式压力水雾灭火系统有三种形式,即喷淋系统、自动喷水系统和细水雾灭火系统,它们都是由专用泵提供压力的水,通过固定管系到达保护处所顶部上的喷嘴,灭火时以雾状水喷出。

(一)喷淋系统

喷淋系统通常是手动操作,喷嘴是开放“暴雨”型,用于保护开放的滚装舱、“特殊类别”舱和货泵间、机舱局部区域以及集装箱船载有危险货物舱室等。当系统开启运行,水通过区域内所有的分支喷嘴同时排放,一般水流量要求高,通常需要人工执行该系统,如图 3-7 所示。

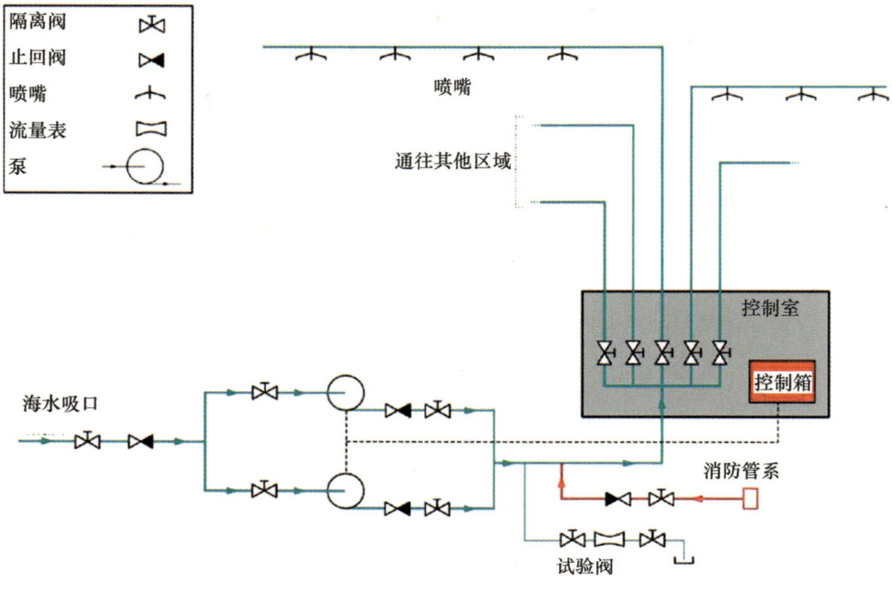

图 3-7　喷淋系统图

（二）自动喷水灭火系统

自动喷水灭火系统是由固定供应管道和头顶喷嘴及压力水柜组成的分配系统，喷嘴是“封闭”式的，当喷嘴处空气温度超过一定限度时，喷嘴就自动释放打开，水喷洒出来，并发出火警。通常用于保护载客超过 36 人的客船的所有控制站、起居处所和服务处所，包括走廊和梯道，应符合《消防安全系统规则》中所要求的自动喷水器、探火和失火报警系统，其系统如图 3-8 所示。

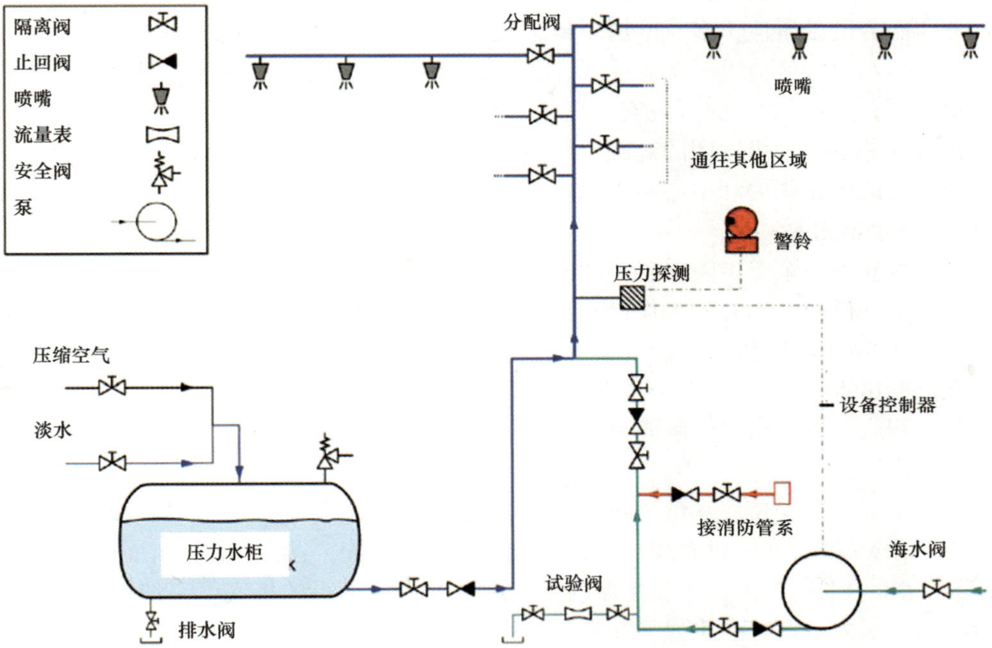

图 3-8 自动喷水灭火系统图

自动喷水灭火系统具有自动报警功能（两套供电系统），并确保随时工作。它能缓解失火处所的火灾蔓延和迅速控制火灾。该系统在喷水动作时，能立即发出声光报警，并指示任一被保护处所的火灾征兆和位置，从而能及时召集船员进行救灾。自动喷水灭火系统的原理，是通过布置在可能发生火灾处所的顶部，并充满设定压力淡水的支管上的喷水器。当被保护处所内发生火灾并达到某一设定温度时，喷水器便自动开启以四周相同的喷水量进行喷水灭火。

自动喷水灭火系统可分为：

①湿管式——管内充满一定压力的淡水。该系统一般用在管内淡水不结冻（温度大于 0°）的处所。

②干管式——管内充满一定压力的压缩空气，当喷水器自动开启后；压缩空气从管内喷出，而后向管内供水。该系统一般用在常温低于 0 ℃的处所。

③交替式——一年中温暖时管内充淡水，寒冷时管内充压缩空气。

④混合式——用于不同温度条件下的处所，温暖处所管内充淡水，寒冷处所管内充压缩空气。

系统要求如下：

(1)喷水器

在起居和服务处所中，喷水器应在 68 ～79 ℃的温度范围内开始工作，在干燥室等环境温度较高的处所，可以增加至不大于舱室顶部的最大温度 30 ℃。喷水器所保护的额定面积应保持不少于 5 L/min · m 的平均出水量。

喷水器分组为若干独立分区，每一分区内的喷水器应不多于 200 个，每分区只能用一个截止阀加以分隔，有清楚的永久性标志并应易于接近。在客船上，任一喷水器分区内的喷水器所服务的处所应不多于两层甲板，并应布置在不多于一个主竖区内。

每一喷水器分区应设一个试验阀，用以放出相当于 1 个喷水器工作时的水量来测试自动报警，每一分区的试验阀应安装在该分区的截止阀附近。与船上的消防总管相连接，在连接处应装设一个可锁闭的螺旋止回阀，防止水从喷水器系统中倒流至消防总管。在每一个分区的截止阀处和中心站内，均应装设一个指示该系统中压力的仪表。

(2)喷水器水泵

一台独立动力泵专供喷水器自动连续喷水，在压力柜内常备淡水完全排干之前由于系统压力的降低而自动开始工作，满足在最高位置的喷水器保持所需的压力时，足以同时覆盖至少 280 m^2 的面积。

在泵的出水一侧，应装有一个带有一根末端开口的排水短管的测试阀。阀和管路的有效截面积应足以放出对该泵要求的出水量。

(3)压力柜

压力柜容积至少是注水量的两倍，而压力柜储存的常备充注淡水量应相当于喷水器水泵的一分钟排量，并应设有能保持柜内空气压力的装置，当柜内常备充注淡水量被使用时，能确保柜内的压力不低于喷水器的工作压力加上所测得的柜底至系统中最高位置喷水器的水头压力。设有在压力下补充空气和补充柜内淡水的设施，显示柜内正确水位的玻璃水位表。

(4)系统控制

系统控制可在任何时间立即启动而不需依靠船员的操作启动。每一喷水器分区都应包括能自动发出信号的报警装置，当任一喷水器工作时，能在一个或几个指示装置中发出信号，显示出该系统所服务的哪个分区内已经发生火灾，并应集中于驾驶室或连续有人值班的中央控制站内，也能指示系统中发生的任何故障。火灾声光报警设施设置在其他处所，以确保火灾信号能立即被船员收到。

(三)细水雾灭火系统

细水雾灭火系统特点是安全环保、高效灭火、穿透性、能净化烟雾和废气、屏蔽热辐射、水渍损失小、电绝缘性好，一般作为固定式局部使用灭火系统，用于容积超过 500 m^3 的 A 类机器处所(此处所还应装设固定式灭火系统)，SOLAS 公约对于周期性无人值班机器处所，其应能自动和手动释放，连续有人值班的机器处所仅要求其手动释放。它保护区域有内燃机上有失火危险的部分、锅炉前部、焚烧炉有失火危险的部分及加热燃油净化器，对于具备自动释放功能的灭火系统，应配有一套与其联动的失火探测警报系统，在上述位置装设感烟和感光探测器，当某处所中一种探测器动作时就可发出火警，两种类型同时动作时，系统能自动在此处所喷水。

细水雾灭火系统主要由泵组、分区阀、压力开关、过滤器、细水雾喷头有、分配管、报警灭火控制器等组成，如图 3-9 所示，采用压力水泵，通过压力水管系输送到有特殊作用的喷嘴下产生了雾粒，由于液体与空气的速度差而被撕碎成为细水雾，一般划分高、中、低压三种形式，其中中、高压的水雾颗粒比较小，灭火效果好。该设备使用时无需关闭发动机、撤离人员或封闭保护处所。

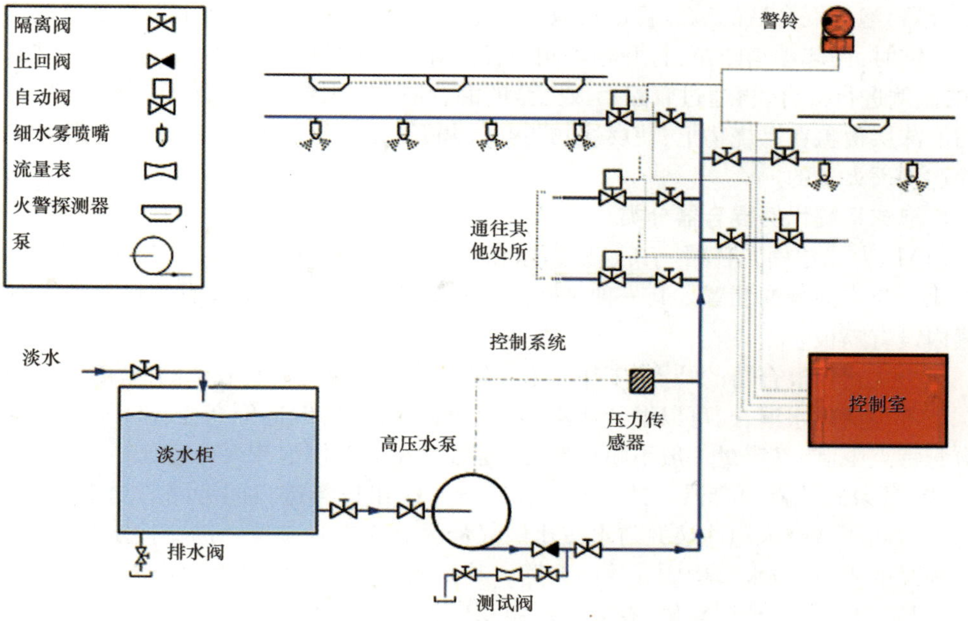

图 3-9 细水雾灭火系统图

根据不同用途，该系统可组成单元独立系统或组成分配系统与细水雾封堵分隔，实施对单区和多区的消防保护，国际海事组织将其作为喷淋系统和自动喷水系统的替代品①。

细水雾灭火系统的灭火机理：

(1)高效冷却作用：由于细水雾的雾滴直径很小，普通细水雾系统雾粒直径为 10~100 μm，冷却速度比一般喷淋系统快 100 倍，在汽化的过程中，从燃烧物表面或火灾区域吸收大量的热量。

(2)窒息作用：细水雾喷入火场后，迅速蒸发形成蒸汽，降低氧体积分数，在燃烧物周围形成一道屏障阻挡新鲜空气的吸入。

(3)阻隔辐射热作用：细水雾喷入火场后，蒸发形成的蒸汽迅速将燃烧物、火焰和烟雾笼罩，对火焰的辐射热具有极佳的阻隔能力，能够有效抑制辐射热引燃周围其他物品，达到防止火焰蔓延的效果。

(4)稀释、乳化、浸润作用：颗粒大、冲量大的雾滴会冲击到燃烧物表面，从而使燃烧物得到浸湿，阻止固体挥发可燃气体的进一步产生，达到灭火和防止火灾蔓延的目的。另

---

① MSC/Cir. 1165 经修订的用于机器处所和货泵舱的等效水基灭火系统认可指南；国际消防安全系统规则第 8 章；还有相关文件 MSC/Cir. 1237 、MSC/Cir. 1269、MSC/Cir. 1385、1386；IMO 决议 A. 800(19)、MSC. 265(84)、MSC. 284(86)。

外,高压细水雾还具有洗涤烟雾、废气的作用,对液体的乳化和稀释作用等。

三、固定式泡沫灭火系统

(一)概述

泡沫是由泡沫液、水和空气三部分结合产生的,固定泡沫灭火系统由泡沫液储罐、比例混合器、泡沫混合液的输送管道及泡沫产生装置等组成,并与消防水系统连成一体。当发生火灾时,先起动消防泵,打开相关阀门,泡沫液和海水通过比例混合器与海水按 3%~6%的比例进行混合,再通过管路形成完全的混合液,由泡沫产生装置产生泡沫,继而由较厚的泡沫层覆盖在燃烧物上,使燃烧物与空气隔开,断绝氧气的供应,同时再由泡沫的冷却而达到灭火目的。

1. 泡沫系统比例混合器分类

(1)压力式比例混合器。其是压力水借助于文丘里管将泡沫液从密闭储罐内排出,并按比例与水混合的装置。其一种是罐内有胶囊的,一种是罐内没有胶囊的。没有胶囊的罐内设有隔板。

压力式比例混合器的特点:工作时泡沫罐承受一定压力。有胶囊的泡沫系统,剩余的泡沫液不与消防水混合,可以继续使用,便于调试和试验,但造价高,胶囊需要定期更换。受自身特点限制,其容量一般不超过 5 m^3,是较常见的船用泡沫灭火系统。

(2)环泵式比例混合器。其是安装在系统水泵出口与进口间旁路管道上,利用泵出口与进口间压差吸入泡沫液并与水按比例混合的文丘里管装置。进口接水泵的出口,出口接水泵的入口,与水泵构成开放的回路。其是利用文丘里管原理的第一代泡沫比例混合器产品。其特点:结构简单,有调节水柄,但混合比例难以控制,操作复杂。

(3)平衡式比例混合器。其是由单独的泡沫液泵按设定的压差向压力水流中注入泡沫液,并通过平衡阀、孔板或文丘里管(或孔板和文丘里管的结合),能在一定的水流压力或流量范围内自动控制混合比的比例混合装置。其特点是有泡沫泵,混合比稳定,精度高。

(4)管线式比例混合器。其是安装在通向泡沫产生器供水管线上的文丘里管装置。其特点是工作流量范围小,压力损失大(约为进口压力的 1/3),通常用于移动式或半固定式泡沫灭火系统。

(5)计量注入式比例混合装置。其是由流量计与控制单元等联动控制泡沫液泵向系统水流中按设定比例注入泡沫液的比例混合装置,是近年发展起来的一种新型比例混合装置。其主要由泡沫液泵、水泵、流量计、电子控制器、泡沫液储罐等组成。基本原理:利用流量计实时监控系统运行条件,并向电子控制器反馈流量信号,电子控制器接收到相应流量数据的电信号后,会控制泡沫液泵按相应流量供给泡沫液,以达到维持恒定混合比的目的。运行不受水压影响,也不会因补充泡沫液而中断。

2. 泡沫液分类

按膨胀倍数分有低、中、高三类,我国泡沫液种类分为:低倍泡沫(低于 20)、中倍泡沫(20~200)、高倍泡沫(200~1 000);FSS 规则规定:高倍泡沫的膨胀率为 150~1 000;中倍泡沫膨胀率为 50~150;低倍泡沫膨胀率低于 12~50。

按化学成分物理特性分为:

(1)蛋白泡沫液(P),含蛋白的原料经水解制成的泡沫液,为低倍泡沫。

(2)氟蛋白泡沫液(FP),添加氟碳表面活性剂的蛋白泡沫液流动性好,可与干粉联合使用。

(3)合成泡沫液(S),以表面活性剂的混合物和稳定剂为基料制成的泡沫液添加金属皂或表面活性剂。

(4)抗醇泡沫液(AR),也称为抗溶泡沫液,可抵抗醇类或其他极性溶剂破坏性,有金属皂型、凝胶型、多功能氟蛋白型。

(5)水成膜泡沫液(AFFF),以碳氢表面活性剂和氟碳表面活性剂为基料的泡沫液可在某些烃类表面形成一层水膜。国内俗称轻水泡沫或水基泡沫。其保存时间长。

(6)成膜氟蛋白泡沫液(FFFP),可在某些烃类表面形成一层水膜的氟蛋白泡沫液。

泡沫液储存在高温潮湿的环境中,会加速其老化变质。储存温度过低,泡沫液的流动性会受到影响。另外,当泡沫混合液温度过低或过高时,发泡倍数会受到影响,析液时间会缩短,泡沫灭火性能会降低。一般泡沫液的储存温度通常为 0~40 ℃。当采用海水作为系统水源时,必须选择适用于海水的泡沫液。不同种类、不同牌号的泡沫液混存会对泡沫液的性能产生不利影响,尤其是成膜类泡沫液混入其他类型泡沫液后,会破坏其成膜性。

按海安会 MSC. 1/1312 通函要求:泡沫液供船后的第三年及以后每年一次应对沉淀率、pH 值、发泡倍数、析液时间、比重等内容进行测试,另外,对蛋白抗醇泡沫每年进行一次小型灭火试验和化学稳定性试验。

(二)固定式高倍泡沫灭火系统

目前船舶配备的高倍泡沫多为 400~1 000 倍。固定式高倍泡沫灭火系统分成外部空气成泡系统和内部空气成泡系统两大类,外部空气成泡系统系指泡沫发生器安装在被保护处所外直接获取新鲜空气成泡的固定式高倍泡沫系统;内部空气成泡系统系指泡沫发生器位于被保护处所内并利用该处所内空气成泡的固定式高倍泡沫灭火系统,如图 3-10 所示。

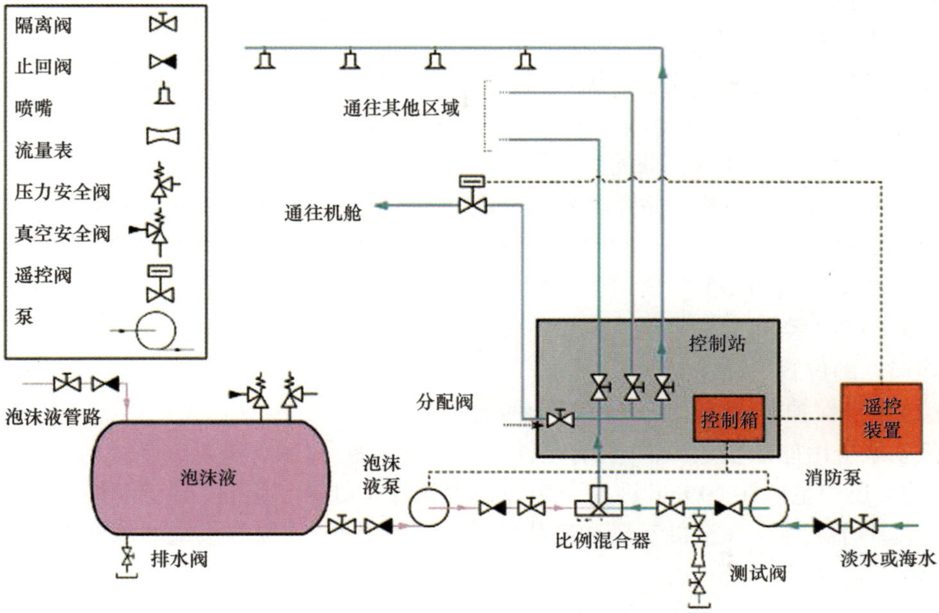

图 3-10 固定式高倍泡沫灭火系统

1. 主要性能

其能够手动释放,在 1 min 之内能够开始以规定的泡沫供给速率产生泡沫。泡沫液①的数量应按额定的膨胀率足以产生至少 5 倍于自钢质舱壁围蔽的最大被保护处所容积的泡沫量,或足以让最大被保护处所完全释放 30 min 的泡沫量,两者中取大者。

在泡沫比例混合器的下游分配管路应安装一个试验阀,并设有反映该系统计算压降的测试孔。管路的所有部分应设有供冲洗、排水和通入空气进行净化的接头。所有喷嘴应能拆下以检查喷嘴里有无碎屑。提供措施,为船员能安全检查泡沫浓缩液的数量并对泡沫质量进行定期采样控制。

机器处所、货泵舱、车辆处所、滚装处所和特种处所的被保护处所内应设有视觉和听觉报警,以便在系统释放时能发出警告。报警持续时间应考虑撤离该处所所需的时间,但任何情况下不得少于 20 s。在每个操作位置张贴系统操作说明,系统电源、泡沫浓缩液供应和系统的控制装置应易于到达和操作简便,并应布置在被保护处所外部,且在被保护处所失火时不会被切断。

被保护处所的布置应便于该处所充满泡沫时进行通风。应设有程序以确保上部挡火闸、门和其他适当的开口在发生火灾时保持开启(对于内部空气成泡系统,500 m^3 以下的处所除外)。

船上制定程序要求在系统释放后重新进入被保护处所的人员佩戴呼吸装置,以防止空气中缺氧和泡沫覆盖层中夹杂燃烧产物。

船舶应配有安装图纸和操作手册,并保存在船上随时可用。应张贴一份清单或图纸,标出被覆盖处所和每个分区所覆盖的区域位置。船上应备有试验和维护说明。该系统的所有安装、操作和维护说明/图纸应使用船舶的工作语言。如果船舶的工作语言既非英文,也非法文或西班牙文,则应含有其中一种语言的译文。

2. 内部空气成泡系统

(1)用于保护机器处所和货泵舱的系统

该系统应由主电源和应急电源供电,足够的泡沫发生量以确保满足该系统的最小设计填充率,并且还应足以在 10 min 内完全填充最大被保护处所。

每个包含内燃机、锅炉、分油机和类似设备的处所应至少安装 2 台发生器。小工作间和类似处所可仅由一台泡沫发生器覆盖。泡沫发生器应在包括发动机壳罩在内的被保护处所的最上层天花板下均匀分布泡沫。泡沫发生器的数量和位置应足以确保在该处所内所有部分和水平面的高风险区域都受到保护。泡沫发生器的布置应使得在泡沫出口前至少有 1 m 的自由空间。发生器应位于主要结构之后、发动机和锅炉上方且远离,但不会遭受爆炸损坏的位置。

(2)用于保护车辆、滚装、特种和货物处所的系统

该系统应由船舶主电源供电,有足够的泡沫发生量,以确保满足该系统的最小设计填充率,并且还应足以在 10 min 内完全填充最大被保护处所。但是,对于甲板适度气密且甲板高度小于或等于 3 m 的车辆和滚装处所和特种处所,其保护系统的填充率不应小于

① 参见 MSC/Circ. 670 通函《固定式灭火系统用高倍泡沫浓缩液性能、试验标准和检验指南》和 MSC. l/Circ. 1384 通函《固定式高倍泡沫系统认可指南》。

设计填充率的三分之二,并且还应足以在 10 min 内填充最大被保护处所。

该系统可分成若干分区,但是该系统的容量和设计应基于被保护处所泡沫需求的最大体积量确定。每个处所内应安装至少 2 台发生器。泡沫发生器应布置成能在被保护处所内均匀分布泡沫,且其布局应考虑船上装载货物时预计可能造成的障碍。至少每个第二层甲板上(包括可移动甲板)应安装发生器。发生器之间的水平间距应能确保快速将泡沫供应至被保护处所的所有区域。

一般泡沫发生器的布置应使在泡沫出口前至少有 1 m 的自由空间。

3. 外部空气成泡系统

(1)用于保护机器处所和货泵舱的系统

外部空气成泡系统首先应满足用于保护机器处所和货泵舱的内部空气成泡系统的要求,其次,由于泡沫发生器在被保护处所之外,泡沫发生器所在位置应能有充足的新鲜空气供应,泡沫输送管的布置应使在被保护处所发生火灾时不会影响到泡沫发生设备。如果泡沫发生器的位置靠近被保护处所,则泡沫输送管的安装应使发生器和被保护处所之间至少有 450 mm 的间隔,且分隔应为“A-60”级。泡沫输送管应为钢质,其厚度不应小于 5 mm。

在泡沫发生器和被保护处所之间的限界舱壁或甲板的开口处应安装厚度不小于 3 mm 的不锈钢挡火闸(单叶或多叶)。该挡火闸应通过与其相关的泡沫发生器的遥控装置进行自动操作(电动、气动或液动),并设置成在泡沫发生器开始运行前保持关闭。

(2)用于保护车辆、滚装和特种处所及货物处所的系统

外部空气成泡系统应满足用于保护车辆、滚装、特种和货物处所的内部空气成泡系统要求,泡沫输送管的布置要求与上述(1)中一样。

(三)固定式低倍泡沫灭火系统

1. 一般要求

同一个低倍泡沫系统里不应混合不同类型的泡沫浓缩液。除非其兼容性已获得认可,否则来自不同生产商的同类型泡沫浓缩液不应进行混合。

系统应能在不超过 5 min 的时间内通过固定的排放出口排放出的泡沫数量,足以在燃油所能散布的最大单个面积产生一层有效的泡沫覆盖层。

设有通过固定管系和控制阀或旋塞有效分配泡沫至适当排放出口的装置,并由固定喷射器直接将泡沫有效地喷射到被保护处所内其他主要失火危险处。有效分配泡沫的装置应通过计算或试验证明为主管机关所接受。

系统的控制装置应易于到达且操作简便,并应成组集中于尽可能少的处所,其位置在被保护处所失火时应不会被切断。

2. 甲板低倍泡沫灭火系统

泡沫灭火原理是海水与泡沫原液的混合液中混入空气,泡沫不但能灭一般火灾,而且对扑灭油类火灾更为合适。因此,其常用于货油舱甲板上的灭火。

甲板低倍泡沫灭火系统的泡沫比例一般不超过 12:1。泡沫原液是以动物性蛋白质的加水分解物为主要成分,并添加稳定剂和防腐剂等。该混合液由压力从喷口放出时与空气接触形成泡沫而喷射,如图 3-11 所示。

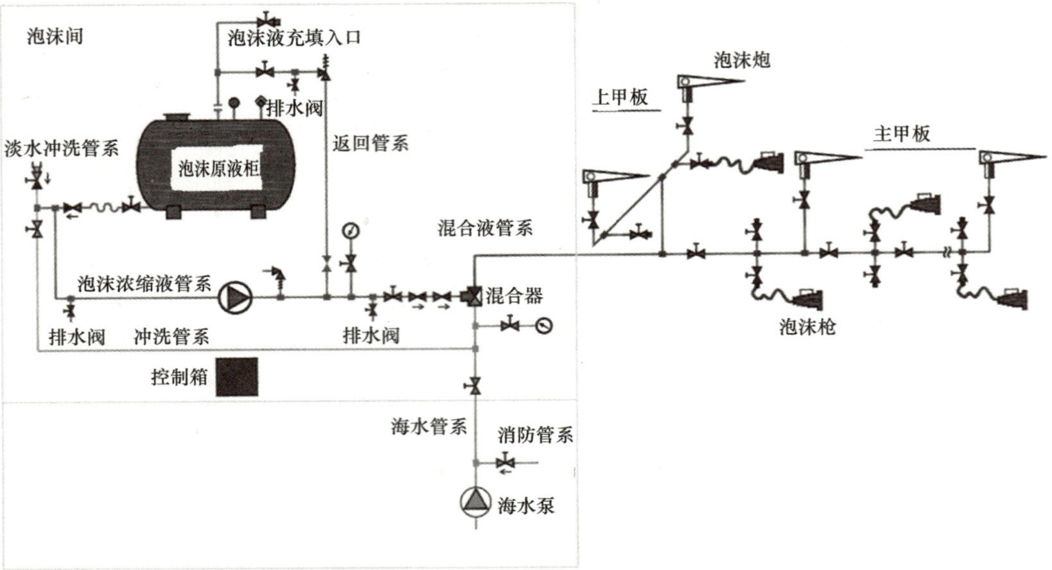

图 3-11　甲板低倍泡沫灭火系统

甲板低倍泡沫灭火系统的基本要求：低倍泡沫灭火系统的泡沫浓缩液应经主管机关认可。同一个低倍泡沫系统里不应混合不同类型的泡沫浓缩液。除非其兼容性已获得认可，否则来自不同生产商的同类型泡沫浓缩液不应进行混合。

该系统应能在不超过 5 min 的时间内通过固定的排放出口排放出的泡沫数量，足以在燃油所能散布的固定式甲板低倍泡沫灭火系统最大单个面积产生一层有效的泡沫覆盖层。

应设有通过固定管系和控制阀或旋塞有效分配泡沫至适当排放出口的装置，并由固定喷射器直接将泡沫有效地喷射到被保护处所内其他主要失火危险处。有效分配泡沫的装置应通过计算或试验证明为主管机关所接受。

系统的控制装置应易于到达且操作简便，并应成组集中于尽可能少的处所，其位置在被保护处所失火时应不会被切断。

四、干粉灭火系统

干粉灭火系统用于液化气船舶。干粉灭火系统是以氮气为动力，向干粉罐内提供压力，推动干粉罐内的干粉灭火剂，通过管路输送到干粉炮、干粉枪或干粉固定喷嘴喷出，以达到扑救易燃、可燃液体、可燃气体和电气设备火灾的目的。

干粉灭火系统由起动瓶、氮气瓶组、减压阀、干粉罐、干粉枪、干粉炮、干粉固定喷嘴、电控柜、阀门和管道等零部件组成，如图 3-12 所示。

干粉灭火系统对 A、B、C 类火灾都可使用。其主要特点如下：灭火效率高，尤其适合于液化气和天然气的火灾；绝缘性好，可扑救带电设备的火灾；寒冷地区不需防冻，干粉灭火剂久贮不变质。

干粉灭火系统工作原理如下：利用氮气瓶组内的高压氮气经减压阀减压后，使氮气进入干粉罐，其中一部分被送到干粉罐的底部，起到松散干粉灭火剂的作用。随着罐内压力的升高，部分干粉灭火剂随氮气进入出粉管被送到干粉炮或干粉固定喷嘴的出口阀门处。

当干粉炮、干粉枪或干粉固定喷嘴的出口阀门处的压力达到一定值后（干粉罐上的压力标值达 1.5~1.6 MPa 时），打开阀门（或者定压爆破膜片自动爆破），压力能迅速转化为速度能。这样高速的气粉流便从干粉炮（或干粉枪、干粉固定喷嘴）的喷嘴中喷出，射向火源，切割火焰，破坏燃烧链，起到迅速扑火或抑制火灾的作用。

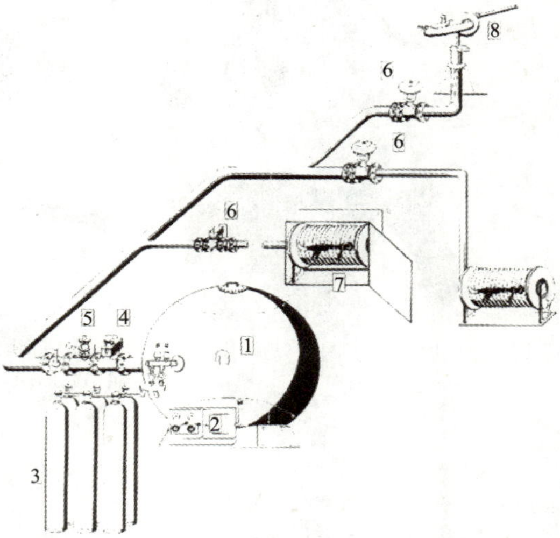

图 3-12　干粉灭火系统

1—干粉容器；2—控制面板；3—氮气驱动钢瓶；4—主控制阀；5—管路测试接口；6—隔离阀；7—干粉带和干粉枪；8—干粉炮

第四节 消防员装备

一、消防员装备

船舶上配备消防员装备用于消防队员的呼吸保护，消防员可以安全地、顺利地接近火场救助伤员和探索火源及进行灭火行动等。

消防员装备品有防护服、消防靴、手套、消防员头盔、手提电池安全灯、太平斧、呼吸器、安全绳、无线对讲机等，如图 3-13 所示。

消防员装备要求如下：

（1）防护服和手套，其材料能保护皮肤不受火焰的热辐射、蒸汽的灼伤和烫伤，衣服外部能防水。

（2）用橡胶或其他绝缘材料制成的消防靴。

（3）1 顶能抵御部分撞击、为消防员提供有效保护的头盔。

（4）1 盏认可型的手提电池安全灯，能至少照明 3 h，在液货船上使用的和拟用于危险区域。

图 3-13　消防员装备

(5)能提供高压绝缘保护的长柄斧。

(6)1 具符合下述要求的呼吸器:

呼吸器应为瓶内空气储存量至少为 1 200 L 的自给式压缩空气呼吸器,或可供使用至少 30 min 的其他自给式呼吸器。呼吸器的所有气瓶都应能够互换使用。压缩空气呼吸器应有听觉和视觉报警装置,在瓶内储气量降至不少于 200 L 前向使用者发出警报。

(7)每具呼吸器配有一条至少 30 m 长度和能够承受 3.5 kN 静载荷达 5 min 强度的耐火救生绳,其中绳内有钢丝,该绳用一条弹簧卡钩系于呼吸器的背带上或一条分开的腰带上,在拖曳救生绳时不使呼吸器脱开。

消防员装备或个人装备,应存放在易于到达之处和随时可用,该位置应有永久的清晰标志。两套及以上消防员配备,应尽可能远离分开存放。

二、正压式空气呼吸器

(一)正压式空气呼吸器的用途与性能

呼吸器能利用自身携带的压缩空气,不依赖环境气体,使人体正常呼吸。正压式空气呼吸器就是正常使用时,呼吸面罩内的气体压力始终稍高于环境大气压力。该呼吸器具有性能可靠、安全程度高、佩戴舒适、呼吸舒畅、人体适应性强、全面罩视野广阔、气密性好、体积小、操作简单、维护方便等优点,供消防队员在浓烟、毒气、蒸汽和缺氧等各种环境下侦察火情、灭火及抢险救灾等工作,是消防人员的个人呼吸保护装置。

(二)规格型号及技术参数

国产呼吸器的型号为 RHZK,气瓶容积有 5 L、6 L、6.8 L,气瓶压力为 30 MPa,使用时间按照每中等劳动强度约 30 L/min 进行计算。国外呼吸器产品技术参数,与我国呼吸器有些不同,主要有气瓶容积不同、工作压力不同,如英国按照中等劳动强度约 40 L/min 进行计算气体用量,工作压力有 221 bar 或 300 bar 或450 bar,气瓶容积有 5 L 或 6 L 等。

(三)正压式空气呼吸器的各部分组成及功能

正压式空气呼吸器主要由高压空气瓶、气瓶阀、减压器、压力指示装置、中压软导管和快速接头、供给阀、呼气阀、全面罩、背托及背带、通信对讲机等组成。其结构如图 3-14 所示。

图 3-14 正压式空气呼吸器

1. 高压空气瓶

它采用高强度、超高强度合金钢或碳纤维复合材料制成,储存人体呼吸所用空气。

碳纤维复合材料气瓶是在铝合金内胆外采用先进设备和工艺,将碳纤维和玻璃纤维等高强纤维与高分子材料一起绕成的。其特点是重量轻、强度高、危险性小、使用寿命长,现已逐步取代高强度合金钢材料。

气瓶上设有高压安全保护膜片,当气瓶内气体压力超过额定压力的 25%左右时,安全保护膜会爆破,气体快速卸压。注意:气瓶在使用或充气等过程时,要轻拿轻放,切勿强烈碰撞,造成气瓶破裂危及人员安全,特别是高强度合金钢材料气瓶。

2. 气瓶阀

气瓶阀装在空气瓶上,是控制压缩空气进出空气瓶的开关。气瓶阀手轮逆时针旋转为开启,顺时针旋转为关闭。

3. 减压器

减压器安装在背托上,与气瓶阀连接。其作用是把高压气体压力从 30 MPa 降至 0.45~0.85 MPa,自动调整流量,输出压力和流量稳定的空气,以满足人体呼吸的需要。高压气源端气体经高压管输向高压表和余压报警器,减压后的低压气源经中压管输向供气阀。

4. 高压管路、高压表及余压警报系统

高压管路为耐压橡胶管,承担向高压表和余压警报系统输送高压气源的任务。有的高压表与余压警报器组合在一起,在气瓶工作压力 30 MPa 和报警压力 4~6 MPa 处分别设有绿色和红色区域标记。当气瓶压力下降至 5±0.5 MPa 时,警报器自动开启,有声光报警,发出 90 dB 报警音响,提醒消防人员气源将用完需尽快撤离现场。此时 5 L 气瓶气源可供佩戴者使用 6~10 min。

5. 背托及背带

背托是支撑固定气瓶和减压器,可根据使用需要,安装 5 L、6 L 等不同容积的气瓶。其使负荷分布对称均匀,佩戴者手臂可自由活动,便于开、关气瓶阀。背托上的负重均匀分布在两肩上。背带由腰带和肩带组成,采用阻燃材料,离开火区 2 s 内熄灭。

6. 中压软导管和快速接头

中压软导管是胶质夹布胶管,它与快速接头组成空气输出软导管,其一端连接供给阀,另一端连接减压器。快速接头由接头和接头座两部分组成,当两个部件未连接时,连接减压器的软导管快速接头座是闭锁的,即使打开气瓶阀,仍然保持气密,不会泄漏。当连接供给阀的快速接头插入接头座,使两者完全结合时,闭锁机构被打开,使气体经软管通入供给阀。快速接头的作用一是方便着装佩戴、检查和维修,二是断开快速接头,接上三通型插座,一台呼吸器就可供两人使用,为灾区救护提供了条件。

7. 供给阀和旁通阀

供给阀由高强度塑料壳体、橡胶膜片、摇杆阀门、正压弹簧杠杆机构等组成,与全面罩空气输入软导管相连,具有 300 L/min 以上流量的供气能力。在佩戴者使用过程中,无论是呼气或吸气,它都能使全面罩内始终处于正压状态,有效地防止有毒、有害和刺激性烟雾被人体吸入。供给阀外一般设有气源手动开关,当佩戴者戴上面罩后,深吸一口气,听到"啪"的一声即为供给阀打开,气体随即进入面罩供佩戴者使用。当佩戴者想停止使用时,将供气阀关闭。不同厂家的呼吸器的手动开关形式不同,使用之前,查看设备说明书。

旁通阀为不通过呼吸开关而直接向面罩内供给恒定气源的备用安全机构,将旁通阀按逆时针旋转约 1/4 圈即可持续供气,反之为关闭。正常工作时不需要打开旁通阀门。

8. 全面罩

全面罩主要由硅橡胶模压制成,型式为单眼窗。一般要求头带或头罩应能根据佩戴者头部的需要自由调整,密合框应与佩戴者面部密合良好,无明显压痛感。带有眼镜支架时,连接应可靠,无明显晃动感,视窗不应产生视觉变形现象。视野总视野保留率不应小于 70%,双目视野保留率不应小于 55%,下方视野不应小于 35%。面罩内有与口、鼻相贴合的小口鼻罩,减少了空气消耗量和实际有害空间,也减小了吸气阻力,同时还有效地防止呼出气体在目镜上挂雾气。口鼻罩内设有呼吸阀,将呼出的气体排出面罩外。位于面罩下方的两阀座之间的传声器,可将佩戴者的讲话声清晰地传出。有的面罩具有通信功能,由麦克风、喇叭、扩音器、通话按钮、连接线、通信接收器等组成。使用时通过说话头部产生微小振动,经放大滤波等作用,满足对讲机对话的声音要求,即使在复杂的环境下也能保证通信效果。其采用合金阻燃、耐高温材料,确保耐高强度冲击,可在各种恶劣环境下安全使用。为使声音传输更加清晰,高档产品安装语音通信系统,通过话筒和耳机及控制器,将语音传给远处,如图 3-15 所示。

图 3-15 呼吸通信面罩

(四)呼吸器的工作原理

打开气瓶阀,高压空气进入减压器,同时显示出气瓶内的气体压力,将 30 MPa 压力的空气减至中压的压力。减压后的压缩空气经中压软导管和快速接头进入供给阀。吸气时,产生负压使供给阀内橡胶膜片组件向内收缩,气源关闭定位装置被滑脱,进气导管在拉簧的拉力作用下位移,供给阀开启,呼气阀关闭,供给阀经全面罩按佩戴者的吸气量供气,被吸入人体肺部,并使全面罩在整个佩戴过程中保持正压。呼气或屏气呼吸时,供给阀关闭而呼气阀开启,人体呼出的气体经面罩上的呼气阀直接排到大气中,由此完成整个呼吸循环过程。

当供给阀内部机构发生故障不能向面罩内部正常供气时,可按下供给阀上(有的设备带有旁通阀)按钮,保证安全供气。手动关闭供给阀上按钮键,防止当气瓶阀未戴上面罩时,气体过量损耗。

第五节 船舶探火和失火报警系统

船舶探火和失火报警系统的功用在于尽早发现火灾及火灾位置,并发出安全撤离和采取灭火行动的警报,最大限度地减少火灾造成的损失。其系统主要分为固定式探火和失火报警系统、抽烟式探火系统等。

船舶探火和失火报警系统主要由探测器和报警器两大部分组成。其工作原理为:探测器是火灾的自动探测设备,安装于被保护处所,能将发生火灾时所产生的热量、烟气或光谱信号等转换成电信号,通过探测器与报警器的连线电线,将电信号在报警上做声光显示,发出火灾警报。

一、固定式探火和失火报警系统

1. 一般要求

(1)报警系统应能在任何时间立即工作。其主要功能有:控制和监测所有与之相连的火警探测器和感烟探测器以及手动报警按钮的输入信号;向驾驶室、连续有人值班的中央控制站或船上安全中心提供输出信号,以告知船员火情和故障情况;监控系统运行所必需的电源和电路的断电和故障情况和将信号输出至其他消防安全系统。其也可与船舶决策管理系统连接。供电源应不少于两套,其中一套为应急电源。

(2)火警探测器和感烟探测器以及手动报警按钮应与探火系统的专用分区连接。独立分区可允许有其他消防安全功能,如喷水器阀门的报警信号。

(3)对于具有可逐一识别火警探测器的固定式探火和失火报警系统,确保分区发生的任何故障(例如切断动力、短路、接地等)不会妨碍对分区其余相连探测器的持续逐一识别;整个布置应能使系统在发生故障(例如电气的、电子的、信息的故障等)时恢复到最初设置状态。

(4)最先发出的失火报警信号应不妨碍任何其他探测器激发另外的失火报警信号;分区不应两次通过某一处所。

(5)对于客船,固定式探火和失火报警系统应能远程逐一识别每一探测器和手动报警按钮。安装在客船客舱内的火警探测器被触发,还应能在其所在处所内发出或促使发出听觉报警。在货船上和客船的客舱阳台上,固定式探火和失火报警系统应至少具备分区识别能力。

2. 探测器

(1)探测器应通过热、烟或其他燃烧产物、火焰或这些因素的任何组合而动作,感烟探测器只能作为感烟或感温探测器的补充。对于有可燃气体场所,应安装防爆类型探测器。

(2)所有梯道、走廊和起居处所内的脱险通道要求的感烟探测器应经过验证,在烟密度超过12.5%每米减光率之前动作,但在烟密度超过2%每米减光率之前不应动作。

(3)感温探测器应当温度以每分钟不超过1 ℃的速率升高时,在温度超过78 ℃之前动作,但在温度超过54 ℃之前不应动作。一般定温设置为60 ℃、90 ℃。安装在干燥室和通常环境温度较高的类似处所的感温探测器的动作温度可以达到130 ℃,在桑拿房可达到140 ℃。

3. 分区

探测器或手动报警按钮应按组分成若干分区。服务于控制站、服务处所或起居处所的探测器区段,不应包括A类机器处所。

如果固定式探火和失火报警系统不包括远距离逐一识别每个探测器的装置,则起居处所、服务处所和控制站内的分区通常不允许覆盖多于一层甲板,但包含围蔽梯道的分区除外。为避免延误识别火源,每一分区所覆盖的围蔽处所的数量限额应由主管机关限定。无论如何,不允许一个分区内的围蔽处所多于50个。

在客船上,如果没有能够远距离逐个识别每一个探测器的固定式探火和失火报警系统,则一个分区的探测器所服务的处所不得同时包括船舶两舷,不得多于一层甲板,也不得位于超过一个主竖区。

4. 系统控制要求

客船的控制板应位于船上安全中心内。货船的控制板应位于驾驶室或消防控制站内。任何探测器或手动报警按钮的动作应在控制板和指示装置上发出声光火灾信号。如果该信号在 2 min 内未能引起注意,则应自动向所有船员起居处所、服务处所、控制站和 A 类机器处所发出声响报警。

指示装置应能表明已经动作的探测器或手动报警按钮所在的分区。客船,一套能逐一识别已被触发的探测器或已经动作的手动报警按钮的指示装置应位于驾驶室内。货船,如控制板位于消防控制站内,则应在驾驶室设有一套指示装置。在 2014 年 7 月 1 日及以后建造的船舶的货物控制室,货物控制室内应有一个额外的指示装置。在货船上和客船的客舱阳台上,指示装置应至少显示已经触发的探测器或已经动作的手动报警按钮所在的分区。

控制板设有手动应答所有报警和故障信号的方式。控制板和指示装置上的听觉报警器可手动消声。系统操作所必要的动力供应和电路的失电和故障情况予以适当监视。若有故障情况发生,应在控制板上发出有别于火警信号的声光故障信号。控制板应明确区分正常、报警、报警应答、故障和消声状态。其在消除报警和故障情况后自动复位到正常运行状态。

5. 手动报警按钮

手动报警按钮既可作为单独的报警单元,又可作为固定式报警系统的组成部分,在值班人员发现火灾而自动灭火系统仍未动作时,按动按钮使报警器动作向全船报警,并能显示火警部位。

手动报警按钮应装在有人出入的通道、走廊、公共处所、驾驶台、机舱内的通道出口。每一层甲板的走廊内,手动报警按钮应该是便于达到的,并且走廊内任何部位与其距离不能大于 20 m。具体安装时应尽可能靠近应急照明,距甲板的高度为 1.4 m。

6. 系统布置图

环路型火灾报警系统如图 3-16 所示。

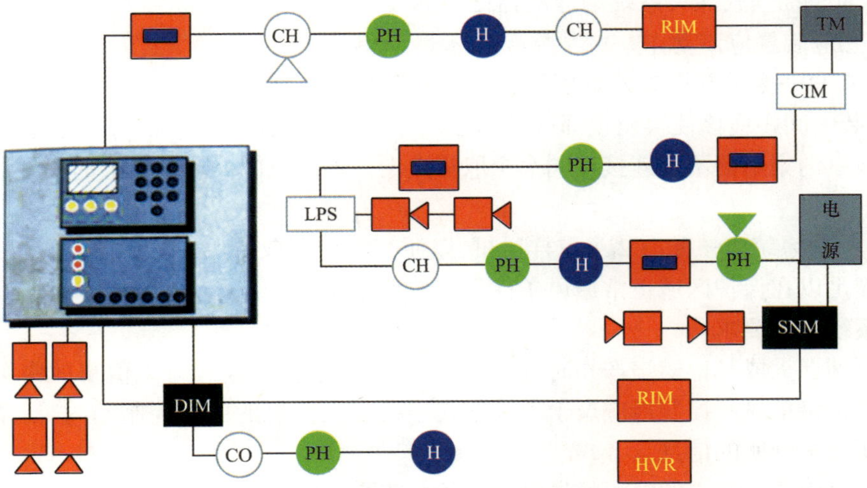

图 3-16 环路型火灾报警系统

1—可寻址探测器:CH、PH、H;2—扬声器:LPS;

3—特殊规格探测器通过 DIM 获得地址;4—防火门控制单元

二、抽烟式探火系统

抽烟式探火系统又称取样探烟系统，用于货物处所，如图 3-17 所示。

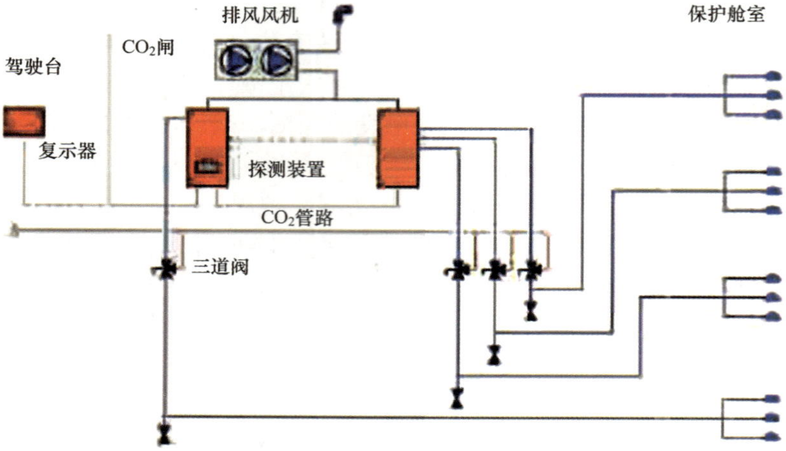

图 3-17　抽烟式探火系统

1. 一般要求

（1）必须能防止任何有毒的或易燃的物质或者灭火的介质泄漏到任何起居处所、服务处所和控制站。

（2）必须装有检测装置，以便对通过管的气流进行检测，同时还有确保从每台内部连续的集烟器中抽取的气流量尽可能相等。控制板应允许在每一取样管上都可观察烟雾，取样管配备一个用压缩空气定期驱烟的装置。

（3）对于抽烟式探火系统烟探测器的灵敏度的要求：当烟气密度超过 6.65% 每米减光率，其感应装置应该动作。

（4）在每一个需要探烟的舱室至少装一个集烟器。为了保障集烟器能够充分发挥功能，其安装的间距应该使得舱顶部区域的任何部位距集烟器的水平距离不超过 12 m。不在同一舱室的集烟器不能连接在同一个取样点上。连接在同一取样点上的集烟器不能超过 4 个。

（5）每个系统应该配有 2 个取样风机，以便交替使用或备用 1 套，并且每个取样风机的功率应足以在保护区域正常通风条件下有效地工作。

2. 系统控制要求

探测到烟火或其他燃烧产物时，应在控制板和驾驶室或连续有人值班的中央控制站发出声光报警信号。控制板应位于驾驶室或连续有人值班的中央控制站内，清楚地显示该装置所保护处所的信息。

系统对作业所必需的电源的失电情况予以监测。任何失电情况均应在控制室和驾驶室内发出声光信号，该信号应与烟火探测信号有所区别。

第六节 便携式气体检测仪

一、概述

为便于船上工作，一般船舶都配有便携式气体检测仪。目前，便携式气体检测仪具有体积小、重量轻、功耗低、方便携带、精度高、可靠性强，响应和恢复时间快、气体选择性好、抗干扰能力强，具有 LCD 液晶显示，可实时显示气体的浓度的特点。

1. 按检测方式分类

其按检测方式分为扩散式和泵吸式。扩散式就是将探头置于检测气体的危险地带，由空间待测定气体扩散到探头之中，警报器则进行指示和警报。这种方式受检测环境的影响，如环境温度、风速等，也不适合于压力较低的气源。扩散式气体检测仪的优点是成本低。

泵吸式则是将待测定气体泵吸入检测探头中，吸气泵与气体内置检测器设在一起，是将检测器设在待测气体的危险地点，从而检测执行指示与警报机能。特点是检测速度快，对危险的区域可进行远距离测量，维护人员安全。其适合于气体检测仪不能放置于现场，以及对反应速度、压差等有特殊要求的场合，如图 3-18 所示。

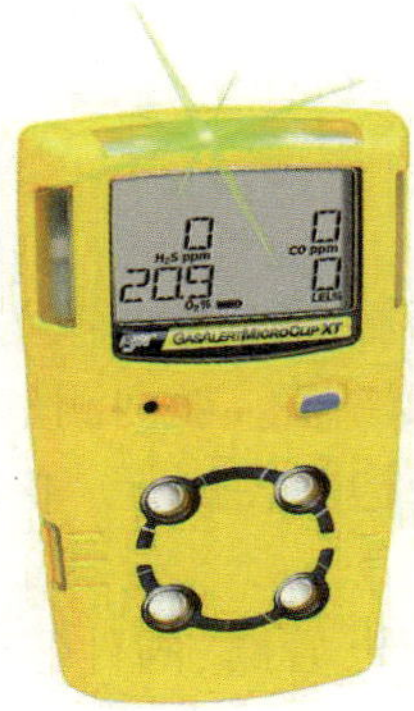

(a)扩散式

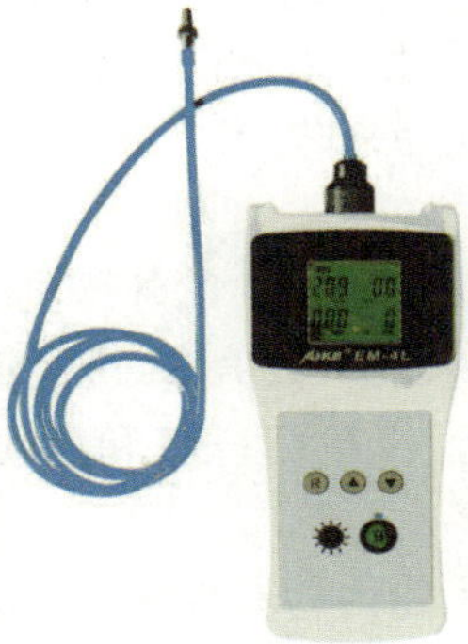

(b)泵吸式

图 3-18 便携式气体检测仪

2. 按检测气体的类型分类

其按检测气体的类型可分为可燃气体、有毒气体、氧气检测仪等种类。可燃气体、毒气体种类很多，达几百种，其中每种有毒气体都有其职业接触限值，参见《工作场所有害因素职业接触限值》(GBZ 2. 1—2007)相关内容，按照 SOLAS 公约要求，船舶至少配备测量检测 CH_4、H_2S、CO 和 O_2 等气体的检测仪。

3. 检测气体的范围

检测 CH_4、H_2S、CO 和 O_2 等气体的数值。气体检测仪都有气体检测范围，某品牌四合一气体检测仪检测范围如表 3-5 所示。

表 3-5 某品牌四合一气体检测仪检测范围

目标气体	检测范围	低报警范围	高报警范围	PC-TWA 警报	PC-STEL 警报
CH_4	0~100%LEL	10%~23%LEL	25%~80%LEL		
H_2S	0~100 ppm	5~15 ppm	15~30 ppm	10 ppm	15 ppm
CO	0~1 000 ppm	25~100 ppm	100~500 ppm	35 ppm	200 ppm
O_2	0~30%vol	16%~19.5%vol	22.5%~24%vol		

注:PC-TWA:以时间为权数规定的 8 h 工作日、40 h 工作周的平均容许接触浓度。

PC-STEL:在遵守 PC-TWA 前提下容许短时间(15 min)接触的浓度。

二、可燃气体浓度的测试

1. 测试条件

凡进行测试的舱室、油柜、管路必须先行有效清洗,清除可燃气体,杜绝产生气体的来源或已采取了有效隔离措施,并保持通风。测量时,必须两人协同工作,舱口应有专人监护,设立警示牌。测试人员必须穿戴防静电的劳保护具,并备妥必要的安全用具。舱内严禁拆装仪器和更换电池,所有照明设备必须是安全防爆型的,并严格按照安全操作规定操作。测试人员应经主管机关认可,测试时应记录时间、气温和测量结果。

必须在毒气和可燃气体浓度为零,氧气浓度为 20.9%的新鲜空气中对仪器进行零点校准,否则测量不精确。对于未做防尘处理的气体检测仪,需要在粉尘较大的地方使用时,用纱布放置于进气孔处来防尘。

2. 测试方法

(1)选择测试点和确定测值。舱外探测时,每舱内的取样部位不得少于两处,且应选在前后两端。每处应测取两个数值,以最大值为测量值。舱内测量时,测试点应选在通风不良的死角、油管的附近、洗舱“盲区”和舱内复杂构件等处所。各测试点的读数中,选最大者为该舱测值。

(2)目视检查。进入舱内检查舱壁、舱底、构件、管路、阀件等部位,均应无油泥和含油锈垢或其他可能产生可燃气体的物质。管系、阀件等不得渗漏。若对探测结果怀疑或认为舱内聚有测爆仪无法探测的毒性气体(苯、硫化氢及四乙铅等),则应使用其他有效方法另行测定。

(3)机舱测试。其舱壁底部和污水井处;货油泵中间轴通过的隔舱壁处;货油船加热器回水管接头处;装设惰性气体的风机区域;配电板外;分油机室;其他易产生积聚可燃气体的部位。

(4)开敞甲板测试。根据甲板上的具体情况(如货油舱口、透气口以及气体出口的位置,油管的布置和风速等),测试点应选在油气可能产生和积聚的处所。

(5)在下列工作环境使用时,需要对便携式气体检测仪的标定进行校验:

①长期在异常的环境中暴露或使用,如高/低、高/低湿度或空气颗粒环境。

②暴露在高浓度(或超量程的)目标气体或蒸气中。

③催化燃烧传感器反应灯丝长期暴露在毒气或抑制气体中的环境。

④电化传感器暴露在溶剂蒸气和高干扰性气体中。

⑤条件比较差的储存及作业环境，如便携式气体检测仪可能跌落至坚硬的表面或沉入水中，会对仪表电路产生影响。

⑥便携式气体检测仪工作环境发生变化可能影响传感器的正常使用。

检测舱室内的其他气体可参照上述要求人员，在测量舱室内有毒气体时必须佩戴自给式呼吸器。

三、检测仪器的检查与管理

1. 日常维护

（1）保持仪器干燥，远离雨水、湿气和腐蚀性物质的液体。检查便携式气体检测仪的整体外观的完整，电池电量情况。为了确保便携式气体检测仪检测的正确性，需要进行快速测试来检验仪表传感器对气体的响应的正确及准确性。

（2）严禁在高温的环境中使用气体检测仪，不可长时间在充满灰尘、脏乱的场所使用。禁止摔落、敲击或剧烈摇动仪器。

（3）禁止使用刺激性的化学药品、洗涤剂或浓度较大的清洁剂清洗仪器，应用干净的棉球蘸取少许清水或肥皂水轻拭仪器，并及时擦干。保持探测孔过滤片清洁，避免液体进入探测孔，一旦液体进入，勿开启仪器，拆开外壳，及时处理仪器上水珠，并置于通风处 48 h。

（4）对泵吸式检测仪进行泵吸系统的气密性检查。其操作方法：开启仪表后堵塞泵吸系统的进气终端如采样探杆顶端，直达仪表发出泵流量阻塞报警，即表示仪表泵吸系统气密性能正常，否则仪表不可使用。检查泵吸产品内部的过滤膜片，看是否已经失效，判断失效的方法是观察过滤膜片的颜色变化，干净的膜片颜色为纯白色，失效的过滤膜片颜色为黄黑色。

2. 定期校验仪器的标定

由于便携式气体检测仪的传感器为计量器具，会根据时间的推移发生检测的偏差，因此需要定期对便携式气体检测仪进行此类偏差的修正，也就是标定。通常使用标准气体（从国家计量部门或合法工厂）进行校正。每年要进行重新检查标定，送往有资质的检验机构进行检验及校验，并由检测方出检测报告，获取检验证书（有效期一年）。

第七节 船舶防火控制图

一、船舶配备要求

船舶防火控制图集中反映了船舶消防，救生设备的安全技术性能，是保障船舶营运安全的重要图纸。其应提供永久展示的总布置图供高级船员参考。在其图上应清楚地标明每层甲板的控制站、“A”级分隔围蔽的各防火区域、“B”级分隔围蔽的各防火区域，连同探火和失火报警系统、喷水器装置、灭火设备和各舱室、甲板等的出入通道以及通风系统的细节，包括风机控制位置、挡火闸位置和服务于每一区域的通风机识别号码的细节。

经主管机关同意，上述细节可列人 1 本小册子，每个高级船员人手 1 本，另有 1 本应放于船上易于到达的地方，以便随时取用。控制图和小册子应保持更新，即任何改动应尽可能随时记录。此种控制图和小册子的说明文字应以主管机关所要求的一种或几种语言写成。如果该语言既不是英文也不是法文，应包括其中一种语言的译文。

应在甲板室外面有明显标志的风雨密盒中永久存放 1 套防火控制图的副本或 1 本含有防火控制图的小册子，用以为岸上消防人员提供帮助。

按客船的附加要求，船舶防火控制图的主要内容有每层甲板的控制站，各级防火分隔围蔽的各防火区域，探火和失火报警系统、喷水装置、消防器材、各舱室和甲板出入通道等设施的细目，以及各通风系统的位置，包括风机、挡火闸、遥控关闭装置，应急通道，还有船舶所配备的各种救生设备和位置。

二、船舶防火控制图的组成

船舶防火控制图主要由船舶概况栏、船舶视图、图例栏和通风设备栏组成。

1. 船舶概况栏

在船舶概况栏中列明了包括主尺度、排水量、载货量、主机功率、转数、航速等说明船舶概况的相关数据，如图 3-17 所示。

总长	LENGTH O.A.	189.99 m
垂线间长	LENGTH B.P.	185.00 m
型宽	BREADTH MLD.	32.26 m
型深	DEPTH MLD.	18.00 m
设计吃水	DESIGNED DRAFT	11.30 m
结构吃水	SCANTLING DRAFT	12.80 m
载重量	DEADWEIGHT (AT SCANTLING DRAFT)	abt. 57,000 t
主机	MAIN ENGINE	MAN-B&W 6S50MC-C 1 set
	M.C.R.	9480kW x 127r/min
服务航速	SERVICE SPEED (AT DESIGN DRAFT)	abt. 14.20 Kn
续航力	ENDURANCE	abt. 18,000 n.mile
船员定额	COMPLEMENT	26 Persons
船级	CLASSIFICATION	BV✢ HULL, ✢ MACH, Bulk Carrier BC-A, GRAB(20t), CSR,
		Holds 2, 4 may be empty, ESP, unrestricted navigation
		✢AUT-UMS, VeriSTAR-HULL, INWATERSURVEY, MON-SHAFT

图 3-17 船舶概况栏

2. 图例栏

图例栏列有表示船舶消防、求生、通风等各设备的识别符号，以及该设备总数、各层甲数量等，如图 3-18 所示。各项识别符号见附录 3。

NO.	TYPE	SYMBOL	ITEMS	QUANTITY												
				SUM	E.R. TANKTOP & DOUBLE BOTTOM	E.R. 8000mm FLAT	E.R. 13000mm FLAT & IN HOLD	STEERING GEAR RM	UPPER DECK	A DECK	B DECK	C DECK	BRIDGE DECK	COMPASS FLAT	F'CLE DECK	EMER. FIRE P/P RM.
1	灭火系统 EXTINGUISHING SYSTEM		国际通岸接头 INTERNATIONAL SHORE CONNECTION	2					2							
2		W	消防隔离阀 FIRE ISOLATING VALVE	2		1			1							
3		W	消防栓 FIRE HYDRANT	31	2	2	2	1	13	3	2	2	2		2	
4		18 W	附有水雾/直流两用水枪的水龙带箱（机舱外） HOSE BOX WITH SPRAY/JET FIRE NOZZLE(OUTSIDE E/R)	24				1	13	2	2	2	2		2	
5		15 W	附有水雾/直流两用水枪的水龙带箱（机舱内） HOSE BOX WITH SPRAY/JET FIRE NOZZLE(INSIDE E/R)	7	2	2	2			1						
6			消防总用泵（兼舱底泵） FIRE G.S. PUMP(CAN BE USED AS BILGE PUMP)	1	1											
7			应急消防泵 EMERGENCY FIRE PUMP	1												1
8			舱底总用泵（兼消防泵） BILGE G.S. PUMP (CAN BE USED AS FIRE PUMP)	1	1											
9		D	喷淋水泵 SPRINKLING WATER PUMP					1								
10		S	喷淋隔离阀 SPRINKLER SECTION VALVE					1								
11		P 6	6kg手提式干粉灭火器 6kg PORTABLE POWDER FIRE EXTINGUISHER	24			3		13	3	2	2	1			
12		PS 6	6kg手提式干粉灭火器 备用剂 6kg PORTABLE POWDER FIRE EXTINGUISHER SPARE CHARGE	16					16							
13		CO_2 5	5kg 手提式 CO_2 灭火器 5kg PORTABLE CO_2 FIRE EXTINGUISHER	5				1	1	2			1			

图 3-18 图例栏

3. 通风设备说明栏

通风设备说明栏列明了船上所有通风系统的位置及其细节，如表 3-6 所示。

表 3-6 通风设备说明栏

船上通风系统编号	通风设备的细节
1.	250M. V 驾驶台卫生间通风口
2.	250M. V 梯道通风口
3.	No. 1 公用卫生间排风扇
4.	250W. V 驾驶台右舷口
5.	600M. V 空调用通风口
…	…

4. 船舶视图

船舶视图包括侧视图、各层甲板平台俯视图等。

（1）侧视图

侧视图是从船舶右舷向左舷方向和船首向船尾方向侧视所得到的视图。图 3-19 是某船的侧视图。侧视图通常绘制在图纸的上方。侧视图是总布置图中的主视图，通过侧视图可以了解到：

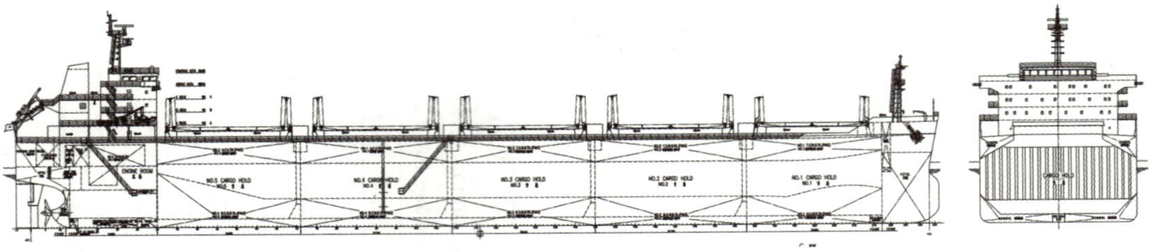

图 3-19　船舶侧视图

船舶消防设备的布置是沿船长方向，从船尾至船首依次排列展示；沿船高方向，从船舶的最底层甲板到船舶最高层的各层甲板展示。

(2)俯视图

俯视图也是船舶的主视图，是各甲板向水平投影面投影所得到的，各层甲板上消防、救生及通风情况分别排列展示，如图 3-20 所示为某轮船机舱上平台和 A 甲板上消防设备和救生设备布置情况。

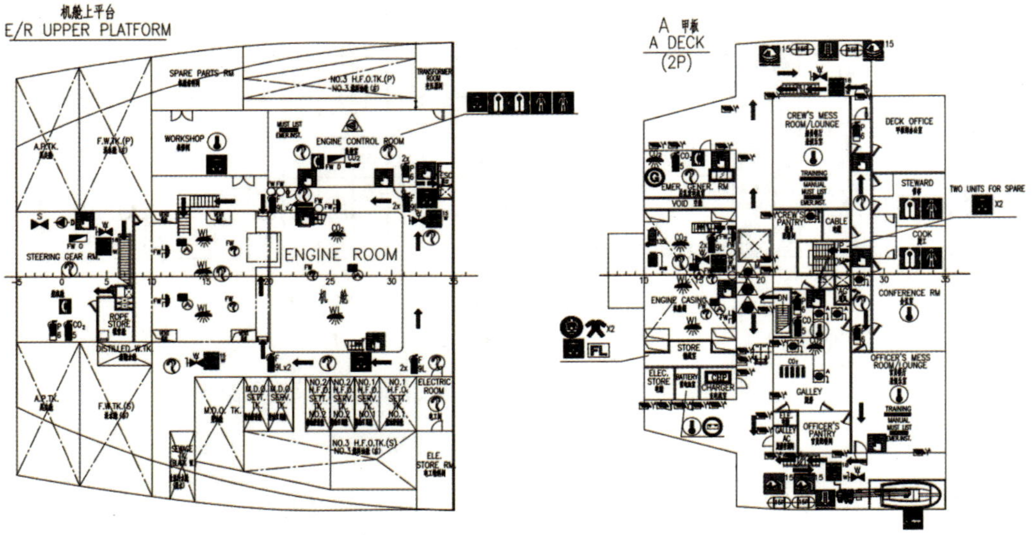

图 3-20　船舶俯视图(部分)

三、防火控制图的作用

防火控制图能够提供船舶消防应急时，船长、现场指挥所需要的全部船舶技术信息。这些信息对于船长确定火场调查人员进出火场的路线、确定其所位置、火场中可供消防人员使用的消防设备、通风控制时，控制哪些通风设备迅速做出决策。

船舶消防应急队利用防火控制图进行图上推演。应急队可以预先设定船舶失火位置，然后根据图上信息讨论应急方案，可以大大提高船舶演习的效果。

防火控制图提供的信息对船舶三副进行全船安全设备检查、维护有指导作用；防火控制图上表示了船上所配备的全部消防、救生设备。按照防火控制图检查可以避免遗漏。

防火控制图对船舶进厂修理安全设备进行修理、更换有指导作用。按照防火控制图对船舶的安全设备进行修理，保证船舶入级标准，避免施工不当而降低船舶的技术标准。

防火控制图或含有该图的小册子的 1 套复制品应永久性地置于甲板室外面有明显标志的防风雨的箱子中，同时，其内部存放的当前航次船员名单和配载图，用以帮助岸上的消防人员了解船舶各层甲板的布置情况、船员人数及货舱货物配载情况。

第八节 船舶消防设备的维护与检查

一、船舶消防设备维护保养计划和体系文件

为保持和监控船舶所具备的消防安全措施的有效性，必须对防火系统和灭火系统进行维护保养，同时进行适当的试验和检查。按照 SOLAS 公约要求，船舶必须配有维护保养计划（其程序可用计算机编制），存放在船上以备主管机关的检查。

维护保养计划内容有：

(1)消防总管、消防泵和消火栓，包括消防水带、水枪和国际通岸接头；

(2)固定式探火和失火探警系统；

(3)固定式灭火系统和其他灭火设备；

(4)自动喷水器、探火和失火报警系统；

(5)通风系统，包括挡火闸、挡烟闸、风机及其控制装置；

(6)燃油供给紧急切断装置；

(7)防火门，包括其控制装置；

(8)通用应急报警系统；

(9)紧急逃生呼吸装置；

(10)手提式灭火器，包括备用灭火器；

(11)消防员装备、EEBD 等。

载客超过 36 人的客船还应编制低位照明和公共广播系统的维护保养计划；液货船还应有惰性气体系统、甲板泡沫系统、液货泵舱的消防安全装置和易燃气体探测器。

船舶应按照国际海事组织 MSC 的要求建立消防设备的保养体系文件。消防设备检查保养指导书的内容应简单易懂，尽可能采用图解，应包括下列几个方面：

(1)设备保养与修理指导书；

(2)设备定期保养时间表；

(3)设备备件项目表；

(4)有关检查保养记录簿，其中包括注明设备不合格项目和保养与修理好它们的预计完成日期。

二、消防系统和设备的维护保养、测试与检查

依照 STCW 公约第 A-Ⅵ/3 节要求，船员具备检查和保养烟火探测和灭火系统及设备

的能力，定期对船舶消防设备与设施进行检查保养，使它们处于随时可用状态。所有的消防系统和设备在营运状态下应该随时保持可用状态。当消防系统进行维护、检测或修复时，应提供替代的固定式或移动式消防设备和其他措施，确保安全措施没有减弱。

船上的维修和检查应按照船舶的维修保养计划进行，应满足国际海事组织 MSC. 1/Circ. 1432 通函《经修订的消防系统和设备的维护和检查指南》和 MSC. 1/Circ. 1516 通函《经修订的消防系统和设备的维护和检查指南的修正案》的最低要求，所采用的方式应充分考虑确保灭火系统及设备的可靠性，船上的维护计划应说明哪些检查和维修应由受过训练的人员完成，哪些船舶消防系统和设备的维护和检查应由经过高级消防培训课程的胜任人员来执行。其他的维护和检查也应该由经过专门培训的人员执行。

指定设备的检查应当由船员按每周、月、季、年、2 年、5 年和 10 年的周期进行。检查的记录(可以是电子文档)应保留在船上(如适用)。如果检查和维护是由船员以外的、经过培训的技术服务人员进行，他们应在测试完成后提供检测报告。

除维修和检查指南以外，还应遵循制造商的维护保养和检查指南。自动喷水器系统的水质特别重要且应根据制造商指南进行维护。

(一)固定的火灾探测和报警系统

1. 每周的检查和测试

(1)固定的火灾探测和报警系统：验证所有的火灾探测和火灾报警控制面板操作指示灯/指示灯测试开关的功能。

(2)防火门：核查所有防火门的控制面板，如适用，进行操作灯/指示开关的功能试验。

(3)公共广播和通用报警系统：验证所有的公共广播系统和通用报警系统运作正常。

2. 每月的测试和检查

确认所有的探测器和手动报警按钮已经通过抽样测试，间隔不超过 5 年。

3. 每年度的测试和检查

测试所有的火灾探测系统，确认用来自动释放灭火系统的火灾探测系统操作正常(如适用)；检查所有易接近的探测器没有被改动阻塞，以便于所有的探测器 1 年内都得到检查；应急电源切换试验。

(二)消防水灭火系统

1. 每周的测试和检查

核查所有的消火栓，软管和水枪的位置、布置妥当，并处于可用状态；操作所有消防泵，确认系统的压力足够；确认应急消防泵燃料供应充足，加热系统状况良好(如适用)。

2. 每月的测试和检查

确认国际通岸接头处于可用状态。

3. 每年度的测试和检查

确认所有的部件处于可用的状态；确认所有消防泵的压力和容量满足要求，测试应急消防泵隔离阀的关闭功能；测试所有消火栓阀门；抽查消防水龙带在主消防泵工作压力最大时的压力情况，确保使所有消防水龙带在 5 年内都得到检查；确认所有消防泵减压阀设置正确(如适用)；检查所有过滤器，确认他们没有被杂物阻塞和污染；确认水枪尺寸/类型正确,可工作正常并定期维护。

(三)固定气体灭火系统

1. 每周的检查和测试

确认所有固定气体灭火系统控制面板功能操作指示灯/指示灯测试开关;核查所有控制/分区阀处于正确的位置。

2. 每月的测试和检查

检验容器/瓶体配备的压力表读数在适当的范围内,无泄漏。

3. 每年度的测试和检查

检查所有易接近的部件,确认处于可用的状态;外部检查所有高压容器,检查有无损坏或腐蚀;检查所有的储存容器水压试验日期;所有固定系统的声光警报功能测试;验证所有控制/分区阀处于正确的位置;所有起动释放管系与管道连接的紧密性;按照制造商的说明检查所有软管;测试连接到消防系统的所有燃料关闭控制装置的正常运作;检查受保护的空间的边界,确认密闭区域内没有因修改而造成不能封闭的、可能导致系统失效的开口;如果容器钢瓶安放在受保护的区间,检查在受保护的区域内两条释放管线的完整性,并检查释放间低压或电路的完整性监测(如适用)。

4. 每 2 年度的测试和检查

所有的高压灭火剂气瓶和起动气瓶应称重或通过其他可靠的方法确认每个瓶内有效灭火剂的质量超过正常储量的 95%。灭火剂存量小于 95% 的钢瓶需要充装;用干燥的压缩空气或氮气吹通排放管道,除非能确认管道和灭火系统的喷嘴使用无障碍、无杂物阻塞和污染。如适用,可卸掉喷嘴。

5. 每 5 年度的维护和检查

对所有控制阀进行内部检查。

6. 每 10 年度的维护和检查

对 10% 的灭火系统的灭火剂和起动气体的钢瓶进行水压试验和内部检查。如果一个或多个瓶体不合格,至少船上 50% 的钢瓶都应该检测。如果还有钢瓶不合格,所有气瓶都要进行检测;软管应按照制造商建议的间隔进行更换,但最长不超过每 10 年;经主管当局批准,对哈龙瓶体,可以用外观检查和无损检测(NDT)代替水压试验。

(四)细水雾、水雾和自动喷水灭火系统

1. 每周的检查和测试

验证控制面板指示和报警功能;检查泵组及配件;检查泵组阀的位置,确认阀没有锁定(如适用)。

2. 每月的测试和检查

验证所有的控制泵和部分阀门处于正确的开启或关闭的位置;喷水器压力柜或其他储水容器的存水处在正常的水平;测试所有系统泵的自动起动装置满足设计要求;验证所有备用压力和空气/气体压力表读数在适当的压力范围;抽样测试选定的分区阀门畅通性和报警的正常起动。(注:选择测试阀应确保所有阀门在一年内都得到测试。)

3. 每季度根据制造商水质指南对压力柜和泵送装置中的系统水质进行评估。

4. 每年度的测试和检查

使用每个分区的试验阀以验证所有细水雾、水雾和喷水器系统是否运转正常;目视检

查所有可以接近的部件是否处于正常状态；检查所有高压气缸的外部是否有损坏和腐蚀的痕迹；核查所有高压气缸的静水压力试验日期；测试所有固定式系统的听觉和视觉报警功能；对所有泵进行流量试验以测试其压力和排量是否正常；测试所有防冻系统是否有足够的防冻保护能力；测试系统与其他供水源的所有交叉连接是否运转正常；验证所有泵安全阀（如设有）设定适当；检查所有过滤器/滤净器以验证其没有残渣和污染；验证所有控制/分区阀的位置正确；向干管系统的排放管路吹送干燥的压缩空气或氮气，或用其他方法，确认管路和喷嘴没有任何障碍物。这可能需要拆除喷嘴（如适用）；测试应急电源转换（如适用）；目视检查所有喷水器，特别是处于侵蚀性空气中（如桑拿房、水疗室、厨房区域）和易受物理损坏区域（如行李搬运区域、健身房、游戏室等）的喷水器，以在一年内对所有喷水器进行检查。具有明显外部损坏（包括油漆）的喷水器应予以更换并不能包括在根据流程图进行试验的喷水器个数中；检查可能影响系统的任何改变，例如通风管道、管路的阻碍物等；通过让水流出喷嘴，至少测试每个开式水雾系统中的一个分区。所试验分区的选择应确保所有分区在5年内均被进行过试验；测试自动喷水器和自动细水雾喷嘴分基本试验和扩展试验见海安会通函 MSC. 1/Cir. 1432。

5. 每5年度的维护和检查

用水冲洗所有滚装甲板雨淋系统的管系，排干并用空气扫气；对所有控制/分区阀进行内部检查；如在过去的5年中未按7.5.18要求事先进行试验，则应对所有相关管系分段进行水质试验；检查任何电池的状况，或按照制造商的建议进行更换；每一个经过排干或冲洗之后重新注水的管段的水质均应满足制造商指南的要求。应对换新后的水质进行测试并作为新的参考基准进行记录以便于今后对每一相关分段的水质进行监控。

6. 每10年度按照主管当局的导则对气体和水压容器进行水压试验和内部检查。

如果没有这些导则，就按照 EN1968：2002+A1 执行。

（五）泡沫灭火系统

1. 每季度的测试和检查

泡沫灭火系统储藏柜存有适量的浓缩泡沫液。

2. 每年度的测试和检查

检查所有易接近部件处于可用状态；所有固定系统声音报警功能测试；所有供水畅通实验和泡沫泵的压力和容量测试，确认每一区段的管路的压力都能达到要求（确保所有管道在使用后都能用淡水彻底冲洗）；测试所有系统与其他供水管线连接的操作正常；检查所有泵的溢流阀设置的正确性（如适用）；检查所有过滤器，确认他们没有被杂物阻塞和污染；检查所有控制/分区阀处于正确的位置；用干燥的压缩空气或氮气吹通排放管道，或以其他方式确认管道和高倍数泡沫灭火系统的喷嘴使用无障碍、无杂物阻塞和污染。如果可能，可卸掉喷嘴；对所有泡沫浓缩液进行抽样检查①（注意：除了非酒精性泡沫外，其他类型的泡沫需要被供应到船上3年后再开始进行第一次检测。）；测试连接到消防系统的所有燃料关闭控制装置的正常运作。

---

① 高倍泡沫浓缩液应按照海安会通函 MSC. 1/Cir. 1312 进行定期试验，而低倍泡沫浓缩液按照海安会通函 MSC. 1/Cir. 670 进行定期试验。

3. 每 5 年度的维护和检查

对所有控制阀进行内部检查；所有高倍数泡沫系统管道的淡水冲洗，排水和空气吹通；检查所有的喷嘴确认没有杂物阻塞；检测所有的泡沫比例调节器或其他泡沫混合装置，确认混合率偏差在认可的系统正常公差的-10%～30%。

(六)固定干粉系统

1. 每月的测试和检查

确认控制分区阀处于正常的开闭状态，所有的压力表的读数在正常的范围内。

2. 每年度的测试和检查

检查所有易接近的部件可靠性；确认压力调节器运行正常，并在校准期限内；确定按照系统制造商的说明用氮气搅拌干粉。(注意：由于干粉体对水汽的亲和性，用于搅拌的氮气必须不含水分。)

3. 每 2 年度的测试和检查

用氮气吹通排放管道，能确认管道和灭火系统的喷嘴使用无障碍、无杂物阻塞；控制阀和分区阀的本地和遥控操作试验；检查推进气体钢瓶容量(包括远程操作站)；抽样检测干粉的水分含量；按照工作压力对干粉容器、安全阀和排放软管进行的压力试验。

4. 每 10 年度的维护和检查

由认可的服务机构对所有的干粉容器进行水压试验或无损检测。

(七)消防员装备、应急呼吸器、低位照明等

1. 每周检查所有的呼吸器及其钢瓶的气压指示确认是否在正确的压力范围。通过关闭选定位置的正常照明，验证低位照明系统功能。

2. 每月的测试和检查

消防员设备(包括清单)的存储情况，确认装备处于可用的状态。

3. 每年度检查呼吸气瓶充气系统(如适用，包括检查空气质量)；检查呼吸器面罩和供气阀门处于适用状态；按照制造商的说明检查应急逃生呼吸器(EEBD)。

4. 每 5 年度对所有自给式呼吸器气钢瓶应进行水压试验。铝和复合材料气瓶的检测应达到主管机关的要求。

(八)手提式灭火器、便携式泡沫枪等

1. 每月确认所有的手提式灭火器各就其位、布置合理、处于可用的状态。确认所有的便携式泡沫枪各就其位、布置合理、处于可用的状态。

2. 每年度对手提式、推车式灭火器按照制造商的说明进行定期检查；检查所有易于接近的部件的适用性；检查每个气瓶水压试验日期；倒转干粉灭火器以确保干粉的搅拌。

检查便携式泡沫枪内容：检查所有便携式泡沫枪的浓缩的泡沫液按正确的比例供给，设备应处在可用状态；核查所有含有的浓缩泡沫液的便携式容器或便携式罐体确保带有的制造厂密封，确认不超过制造商推荐的使用寿命间隔；含有的浓缩泡沫液的便携式容器或便携式罐体使用期限不能超过 10 年(除了含蛋白质基浓缩液之外)，确保带有制造厂密封标签的泡沫液可以不用定期试验；盛载蛋白质基的浓缩泡沫便携式容器和便携式罐体应彻底检查，如果超过 5 年，泡沫液应定期试验或换新。

任何非密封的泡沫浓缩液的便携式容器和便携式罐体，且便携式容器和便携式罐体

的生产数据没有记录的,则应按照海安会通函 MSC. 1/circ. 1312 进行定期试验。

3. 每 5 年度手提式灭火器

在同年制造和装配船上的灭火器中,每个类型至少抽查一个。

4. 每 10 年度推车式灭火器

由受过专门训练的人员按照认可的标准或制造商的说明对所有灭火容器应进行水压试验。

(九)其他设备

1. 每周固定的气溶胶灭火系统

确认所有电气连接和/或手动操作台布置正确,并处于适用状态;验证的驱动系统、控制板电路满足制造商的设计要求。

2. 每季度检查通风系统、挡火风闸,测试所有的挡火风闸的就地操作。测试所有的位于主竖区舱壁防火门就地操作。

3. 每年度通风系统和挡火风闸

测试用于远端操作的所有挡火风闸;确认厨房排气管道和过滤器无油脂积聚;测试所有的通风控制与消防系统的相互连接的运行情况。

防火门:测试所有的远端控制防火门的开放。固定的气溶胶灭火系统:确认凝结或分散气溶胶发生器没有超出其强制更换日期。气动或电动发生器应尽可能按演示的方式工作。厨房和深油烹锅灭火系统:按照制造商的说明检查厨房和深油烹锅灭火系统。

4. 每 5 年度按照海大 A. 752(18)决议的程序测试所有照明系统的亮度。

三、船舶防火安全及其设备的常见缺陷

在近年来船旗国和港口国检查(PSC)中,船上的防火安全及其设备的缺陷数量占据首位,严重的船舶被滞留。常见缺陷内容如下:

1. 防火安全中常见缺陷

(1)防火门不符合要求,四周及底部锈烂,密性不良,把手不全、锈死,自闭器失效或灭失。

(2)油船的透气管、通风筒、烟囱、排烟管等的防火网不完整或缺少。

(3)机舱天窗不是钢质,不能迅速关闭,保证气密。

(4)限界面的防火分隔不符合要求;机舱舱壁防火分隔完整性不满足要求(防火绝缘等级太低、防火分隔不完整、有电缆穿过舱壁等)。

(5)油船的驾驶室和生活舱门或窗不气密。

(6)机舱脱险通道内防火材料未取得主管机关认可。

(7)厨房液化气钢瓶的存放和管路布置不符合要求。

(8)挡火板、通风筒因锈蚀而开关不灵或挡板脱落,防火网缺失。

(9)通风管道穿越结构防火处未维持应有防火性能。

(10)机舱油柜液位计不符合要求。

(11)机舱存在着火危险,燃油管路严重泄漏;机舱间堆积可燃杂物;主辅机、供油设备表面残油过多,舱底污油水或积油严重。

(12)氧气和乙炔气瓶存放同一处所,氧气瓶存放间与乙炔瓶存放间之间舱壁存在

缝隙。

(13)船上未设置专用油漆间,物料间堆积有油漆桶。

2. 惰性气体系统

鼓风机故障;自测装置故障;声光报警装置失效;无操作说明;系统不能投入使用。

3. 火灾报警

(1)报警装置没有正确接入应急电源或没有应急电源。

(2)报警装置声光报警失效;梯道内未安装感烟探头;手动报警按钮不工作等。

(3)部分探头损坏而不能正常工作,或备品不足。

(4)没有使用操作说明;未张贴火警警报系统操作规程。

(5)自测功能不能操作。

4. 消防设备中的常见缺陷

(1)应急消防泵在 2 min 内不能起动;消防泵出水压力过低。

(2)防火安全操作手册船员不能方便获得,设备指导与船上实际设备不符。

(3)灭火设备不能保持即刻使用,如消火栓手轮丢失,消防皮龙箱破损或上锁等。

5. 固定二氧化碳灭火系统中的常见缺陷

(1)未按检验规则要求设置二氧化碳灭火系统,未按二氧化碳灭火系统系统布置图要求设置分管系。

(2)瓶头阀起动管系与施放阀起动控制装置未独立设置。

(3)施放前自动声响报警故障,声响报警装置未能达到自动报警的功能。

(4)船上未持有提供货舱二氧化碳灭火系统免除证书。

(5)灭火剂量不足,存在空瓶;未设置二氧化碳灭火系统钢瓶、瓶头阀泄漏管系。

(6)总管(或分配箱上)未装量程为 0~24.5 MPa 的压力表、吹洗管接头;连接处松动、漏气。

(7)遥控释放起动气瓶压力不足。

(8)瓶头阀安装保险销未拆除;称重报告、管系吹通报告、气密试验报告过期,或未进行相应的检测;操作说明错误、不完整。

(11)未经船检机构进行产品检验,使用非船检机构认可的产品,使用老旧钢瓶和旧管系拼装二氧化碳灭火系统。

(12)系统的操作须知牌模糊不清,通向被保护处所的管路没有清楚地标明。

(13)二氧化碳舱室内的通风不良,照明不足,没有与驾驶室的通信设施。

6. 固定式甲板泡沫系统中的常见缺陷

(1)设置固定式甲板泡沫系统未按技术规则要求。

(2)泡沫灭火剂储存剂量未能满足“船舶检验证书”中标明的需要剂量。

(3)泡沫灭火剂过期,超过中间检测日期。

(4)未在面向液货舱甲板的起居处所前端的左右侧各设置用于连接泡沫枪软管的接头。

(5)在泡沫总管上紧接每一泡沫炮之前未设置隔离阀,未在艉楼前端有保护的位置上设置消防总管隔离阀,未在货物区的消防总管上设置间距不超过 40 m 的隔离阀。

(6)比例混合器与外围管系连接错误,比例混合器调节杆、管系阀锈死。

(7)管系内残留泡沫液。

(8)未在泡沫间展示固定式甲板泡沫系统示意图和操作说明,张贴的固定式甲板泡沫系统的操作说明与实际布置不一致。

7. 水灭火系统中的常见缺陷

(1)固定式应急消防泵灭火系统不符合公约要求;应急消防泵驱动电动机仅能由主电源供电;无法起动、起动困难;吸不上水;应急消防泵原动机不能正常工作;应急消防泵水压力不足,不能达到要求的 12 m 射程。

(2)消防泵泵体开裂、裂纹,盘根漏水严重;消防泵出水压力不足。

(3)未按检验规则要求设置隔离阀,隔离阀不正确。

(4)消防管锈蚀严重,局部洞穿,或仅做临时性包扎处理。

(5)消防水枪为非水雾/水柱两用型;消防水带为非船检认可产品,消防水带局部破损、接头处漏水。

(6)消防水带接头与消火栓接口不匹配,消火栓损坏。

(7)未配备国际通岸接头,配件不全。

8. 液化气炉灶中的常见缺陷

(1)贯穿起居处所的厨房炉灶排气管上端未设置集油器、下端未设置挡火闸。

(2)未设置用于对贯穿起居处所的厨房炉灶排气管灭火的固定灭火装置。

(3)液化气炉灶的输气软管老化,装设的液化气瓶炉灶无火焰熄灭自动关闭装置。

(4)液化气瓶存放在厨房间内。

(5)未装设用于紧固并能快速脱开的液化气瓶装置。

9. 消防员装备及紧急逃生呼吸装置中的常见缺陷

(1)消防员装备的配备数量不足。

(2)呼吸器压力不足;低压报警失效。

(3)两套消防员装备没有按要求远离存放;存放地点不易到达。

(4)没有 200%的备用气瓶,备用气瓶中没有充气;没有训练用瓶。

(5)防火衣为非认可形式,不具备防火隔热性能;灯不是安全型的。

(6)EEBD 气瓶压力过低;配备数量不足;未存放在防火控制图所指定的位置。

(7)船上未配备用于训练的紧急逃生呼吸装置。

10. 脱险通道中的常见缺陷

(1)未用钢质围蔽对机舱脱险通道做连续的防火遮蔽,未按检验规则要求用绝缘材料对机舱脱险通道围蔽做“A-60”级耐火分隔处理;未设置应急照明、应急照明故障。

(2)机舱脱险通道:未延伸至机舱的最底层;与主、副机排气管共用通道;出口盖未能从内部开启。

(3)机舱脱险通道:环围内部(出口处围板)尺寸未按检验规则要求;钢梯固定点背面钢质围蔽未做隔热处理。

(4)起居处所只有一条脱险通道,且内走廊至脱险通道门口长度超过 7 m;梯道上未设扶手,梯道环围上留有缝隙(孔)。

11. 通风、防火挡板、控制手段中的常见缺陷

(1)通风筒、防火挡板失效(锈蚀、卡死、不活络、不能关闭等);“开”“关”未标识。

(2)烟囱端壁破损漏光。

(3)天窗无法关闭紧密。

(4)机舱烟囱围蔽上百叶窗开口处未设关闭装置,烟囱围蔽上百叶窗盖板关闭后,未能达到适当气密,百叶窗关闭设置未能在烟囱围蔽外操作。

(5)通风筒的筒体锈蚀严重,锈穿。

(6)防火挡板无法紧关闭。

12. 高压油管的套管保护系统中的常见缺陷

(1)管道故障泄漏。

(2)主、副机高压油管护套装置不满足要求(没有提供护套,护套破损、未安装泄油报警装置、泄油管使用橡胶管等)。

(3)漏油报警信号未延伸至机舱集控站(驾驶室、轮机员处所)。

(4)主机(柴油机)高压燃油管漏油报警装置故障;漏油集合管系被拆除(缺失)。

(5)柴油机高压燃油管防护外壳被拆除(缺失)。

13. 防火控制图中的常见缺陷

(1)防火控制图中消防设备的位置、数量与当时船舶的实际情况不符。

(2)防火控制图中的识别符号不符合标准;内容褪色,无法看清楚。

(3)甲板室外存放防火控制图的盒子保养不善,没有做到风雨密。

14. 灭火器中的常见缺陷

(1)手提式灭火器为非船检机构认可的船用产品。

(2)未配备备用的手提式灭火器;未按处所要求配备相应型式灭火器。

(3)灭火器喷管老化、龟裂,筒体(把手)锈蚀严重。

(4)未配备便携式泡沫枪装置的备用泡沫液(20 L);灭火剂过期、失效。

(5)燃油锅炉间、机舱间未配备手提式泡沫枪装置。

(6)燃油锅炉间(平台)未配备 135 L 的大型推车式灭火器。

(7)未按要求对灭火器进行认可的维护保养。

15. 机舱风(油)切断装置、速闭阀中的常见缺陷

(1)风(油)切断装置故障。

(2)油泵未接入风(油)切断控制系统,未在机舱间出入门外附近设置机舱风(油)切断控制按钮,仅设置在机舱间内。

(3)控制按钮保护盖子缺失;无“风(油)切断”字样的标识。

(4)油柜速闭阀故障;驱动空气瓶无压力;控制箱内控制阀无油舱对应的标识。

(5)速闭阀控制箱压缩空气驱动管系漏气。

16. 油位计中的常见缺陷

(1)油位计使用圆柱形玻璃油位计替代。

(2)平板玻璃油位计旋塞为非自闭阀;被油黏附,无法看清油位;连接接头处漏油。

(3)油舱(柜)使用塑料管替代油位计。

第九节 船级检验和法定检验

一、船级检验和法定检验概述

为证明船舶的技术状态满足相关法律、法规及规范的要求，确保船舶营运安全和避免损害海洋环境而进行船舶检验。船级检验（也称入级检验）是根据船级社的验船规范和技术标准进行检验并签发船级证书，通常由船舶所有人选择船级社进行；法定检验则必须由政府主管机关或其授权的组织或个人进行，是国家主管机关按照本国参加的国际公约对船舶结构、稳性，锅炉及其他受压容器，主、辅机，电气设备，无线电通信设备，救生消防设备，航行设备，信号设备，防污染设备和载重线等进行的技术监督性质的检验，是对船舶进行管理和控制的有效手段，根据国际公约、国家法律及法令的规定对船舶进行检验并签发船舶法定证书，中国海事局是中国船舶法定检验的主管机关。

二、船级检验

船级是评定船舶技术状况的国际通用形式，船级检验由船级社执行。我国的船舶技术检验机构是中国船级社（CCS）。

1. 入级检验

经申请，船舶的船体（包括设备）和船舶机械（包括电气设备）凡符合某船级社的《钢质海船入级规范》或等效要求者，船级社将授予相应的船级，并载入船级社的船舶录。已在该船级社入级的船舶，如能遵循保持船级的各种检验并仍符合入级要求者，经验船师在证书上签署，将继续保持其相应的船级。船舶消防设备及设施在中国船级社的《钢质海船入级规范》第 6 篇“消防”有规定，并有船用消防系统检测机构服务指南。

2. 保持船级的各种检验

已入级的船舶，为保持已获得的船级，船上的消防设备及设施必须按规定进行下列各种检验：年度检验、中间检验、坞内检验、特别检验。

三、SOLAS 公约第Ⅱ-2 章概述

1. 消防安全目标和功能要求

1）消防安全目标

（1）防止火灾和爆炸的发生；

（2）减少火灾造成的生命危险；

（3）减少火灾对船舶、船上货物和环境的破坏危险；

（4）将火灾和爆炸抑制、控制和扑灭在火源舱室内；

（5）为乘客和船员提供充分和随时可用的脱险通道。

2）功能要求

为了达到上述的消防安全目标，下列功能要求体现在此章相应的条文中：

（1）用耐热与结构性限界面，将船舶划分为若干主竖区和水平区；

(2)用耐热与结构性限界面,将起居处所与船舶其他处所隔开;
(3)限制可燃材料的使用;
(4)探知火源区域内的任何火灾;
(5)遏制和扑灭火源处所内的任何火灾;
(6)保护脱险通道和消防通道;
(7)灭火设备的随时可用性;和
(8)将易燃货物蒸气着火的可能性减至最低。

2. 主要内容

主要内容由通则(1~3 条)、火灾和爆炸的防止(4~6 条)、火的抑制(7~11 条)、脱险(12~13 条)、操作性要求(14~16 条)、替代设计和布置(17 条)、特殊要求(18~20 条)等七个部分,共 20 条组成。每一章都有自己的目标功能要求,每一条又有自己的目标功能要求。船舶消防技术要求体系如图 3-21 所示,其相关内容已在第二章、第三章中各节有介绍。消防设施维护保养、船员消防知识培训、船员消防演习以及船舶防火安全操作等管理内容的规定具有强制性,适用于所有新船和现有船舶。

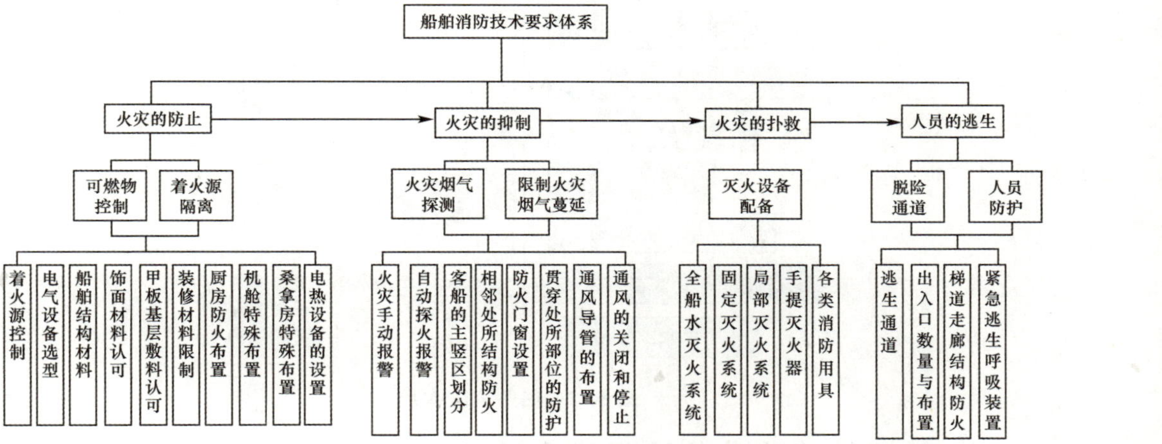

图 3-21　船舶消防技术要求体系

四、国际消防安全系统规则

2002 年 12 月,IMO 海上安全委员会通过 MSC. 98(73)决议《国际消防安全系统规则》(FSS 规则),将 SOLAS 公约中有关消防器具、用品、灭火和探火报警系统的技术要求内容从公约中提出来,目的是在为经修正的《1974 年国际海上人命安公约》第Ⅱ-2 章所要求的消防安全系统提供特定工程技术规定的国际标准。它由总则、国际通岸接头、人员保护、灭火器、固定式气体灭火系统、固定式泡沫灭火系统、固定式压力水雾和细水雾灭火系统、自动喷水器、探火和失火报警系统、固定式探火和失火报警系统、取样探烟系统、低位照明系统、固定式应急消防泵、脱险通道的布置、固定式甲板泡沫系统、惰性气体系统等 15 章组成。按经修正的 SOLAS 公约第Ⅱ-2 章的规定,FSS 规则已从 2002 年 7 月 1 日起为强制性要求。

从 2002 年至 2018 年,IMO 海上安全委员会通过 MSC 决议对部分条款进行修正,如

MSC. 339(91)、MSC. 311(88)、MSC. 217(82)、MSC. 206(81)等。

五、耐火试验程序应用规则

IMO 海上安全委员会考虑 SOLAS 公约第Ⅱ-2 章要求的强制实施耐火试验程序的需要,于 1996 年通过《国际耐火试验程序应用规则》(FTP 规则),供船旗国和授权机构根据 SOLAS 公约第Ⅱ-2 章规定的产品提出了实验室测试、型号认可和耐火测试流程的国际性标准和要求。此规则经过多次修订,最新为 2012 版。

FTP 规则包含了以下测试内容:阻燃性测试;烟雾和毒性测试;“A”、“B”或“F”分类测试;防火门控制系统测试;表面材料易燃程度测试(船舶表面材料和主要的甲板覆盖物);垂直支撑织物测试;家具软垫测试;床用元件测试;高速艇耐火材料测试;以及分类高速艇耐火材料测试。该规则还包含了对不需要进行测试和/或批准即可安装使用的产品和耐火材料要求的测试方法。

SOALS 公约与消防安全系统规则和耐火试验程序应用规则之间关系建立船舶消防体系(见图 3-22),保证人命安全。

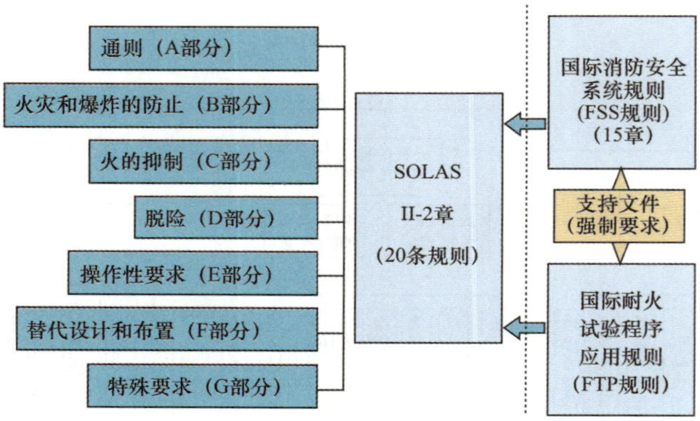

图 3-22 船舶消防体系

六、与船舶消防有关法规及文件

1. 国际海事组织的相关法规

(1)《国际散装运输危险化学品船舶构造和设备规则》(IBC 规则)

为海上安全散装运输危险化学品及有毒液体物质提供一个国际标准;在考虑有关货品性质的情况下,每一类货品可具有一个或多个危险特性,它们包括易燃性、毒性、腐蚀性和反应性及其可能对环境造成的危险,规定了这类运输船舶(不论吨位大小)的设计和构造标准,及其船上应配备的设备,以便使其对船舶、船员及环境所造成的危险减至最少。

(2)《国际散装运输液化气体船舶构造和设备规则》(IGC 规则)

为海上安全运输散装液化气体和某些其他物质提供一个国际标准,考虑其所载货品的性质的情况下,每一种货品可能具有一种或多种危险性,其中包括易燃性、毒性、腐蚀性和反应性,由于货品在低温和压力条件下运输,可能会产生进一步的危险。规定了这类运输船舶的设计和构造标准及其船上所应装配的设备,以便使其对船舶、船员和环境所造成的危险减至最少。

(3)《国际海运危险货物规则》(IMDG 规则)

由国际海事组织(IMO)制定的关于海运危险货物的统一规定,以保障船舶载运危险货物和人员生命财产安全,防止海洋污染。本规则对船舶运输的危险货物的定义、分类、包装、检验及托运程序等一系列问题都做了详细的规定。主要内容有:分类;包装和罐柜规定;托运程序;包装、中型散装容器、大宗包装、可移动罐柜、多单元气体容器和公路罐车的构造和试验;运输作业的有关规定;危险货物一览表和限量内免除;通用的和未另列明条目的正确运输名称清单;船舶载运危险货物应急反应措施(EmS 指南)、危险货物事故医疗急救指南(MFAG)、报告程序、IMO/ILO/UN ECE 货物运输组件装载指南等内容。

(4)《国际海运固体散装货物规则》(IMSBC 规则)

因装运固体散货所涉及的各大危害都与货物分布不当、航行期间稳性丧失或减少以及货物的化学反应造成的船舶结构破损相关,该规则是通过对装运某些种类固体散货所涉及的危险提供信息并对筹划装运固体散货时所应采取的程序提供须知,因此,本规则的主要目的是便利固体散货的安全积载和装运。

2. 国际海事组织的海大决议、海安会通函(强制性或指导性)

A. 951(23)船用手提式灭火器改进指南;

MSC. 1/Circ. 1516 对经修订的防火系统和设备维护保养和检查指南的修正(1432);

MSC. 1/Circ. 1432 经修订的防火系统和设备维护保养和检查指南;

MSC. 1/Circ. 1431 直升机设施泡沫灭火系统认可指南;

MSC. 1/Circ. 1387 A 类机器处所固定式局部水基灭火系统认可指南(2010 年 12 月 10 日以后);

MSC. 1/Circ. 1384 固定式高倍泡沫系统认可指南;

MSC. 1/Circ. 1318 固定式二氧化碳灭火系统的维护和检验导则;

MSC. 1/Circ. 1315 保护载运散装液化气体船舶的固定式化学干粉灭火系统认可指南;

MSC. 1/Circ. 1312 经修订的固定式灭火系统用泡沫浓缩液性能和试验衡准及检验指南;

MSC/Circ. 913 A 类机器处所固定式局部水基灭火系统认可指南(2010 年 12 月 10 日以前);

MSC/Circ. 849 应急逃生呼吸器(EEBD)的性能、位置、使用和保养指南;

MSC/Circ. 799 化学品船固定式灭火系统用泡沫浓缩液的性能、试验衡准及检验指南;

MSC/Circ. 798 固定式灭火系统用中倍泡沫浓缩液的性能、试验衡准及检验指南;

MSC/Circ. 670 固定式灭火系统用高倍泡沫浓缩液的性能、试验衡准及检验指南。

3. 我国船舶消防法规的要求

确保中国籍船舶有效履约,符合最新国际公约相关技术要求,中华人民共和国海事局编写了《船舶与海上设施法定检验规则》(国际/国内)、《海船法定营运检验技术规程》(国内)等内容,与国际海事组织的要求相比,国际航行部分保持一致,国内航行部分因吨位、航区略有不同。

国家标准有下列内容：

GB 19572—2013 低压二氧化碳灭火系统及部件；

GB/T 28963—2012 船舶与海上技术　船用厨房烹调设备灭火系统；

GB/T 29128—2012 船舶固定式气体灭火系统通用要求；

GB 5135—2011 自动喷水灭火系统；

GB/T 26785—2011 细水雾灭火系统及部件通用技术条件；

GB 16668—2010 干粉灭火系统及部件通用技术条件；

GB 20031—2005 泡沫灭火系统及部件通用技术条件；

GB/T 22241—2008 船用细水雾灭火系统通用技术条件；

GB/T 25012—2010 船舶 A 类机器处所固定式局部水基灭火系统通用技术条件；

CB/T 3294—1998 船用二氧化碳灭火装置。

4. 与消防相关的船上的证书与文件

(1)消防安全培训手册；

(2)防火控制图/小册子；

(3)船舶培训和演习记录；

(4)船舶维护保养计划；

(5)客船安全证书；

(6)货船安全设备证书；

(7)船舶安全证书；

(8)货物资料；

(9)国际散装运输危险化学品适装证书；

(10)国际散装液化气体适装证书；

(11)对载运危险货物船舶特殊要求的符合证明；

(12)危险货物舱单或积载图；

(13)特种用途船舶安全证书。

第四章
船舶消防组织与消防训练

第一节 船舶消防应急预案

船舶在营运过程中所处环境复杂多变，各种紧急情况随时可能发生并危及生命、船舶及货物的安全和海洋环境，为减少和控制事故的发生和损失，航运企业应根据《国际船舶安全营运和防止污染管理规则》(ISM 规则)、《中华人民共和国突发事件应对法》和《国内安全管理规则》及国家建立完善应急预案体系的有关规定，结合本企业的组织结构、管理模式、风险种类、生产规模等特点，针对各种风险制定船舶应急预案。所谓船舶应急预案就是针对可能发生的突发事件或水上事故，为迅速、有序地开展应急行动而预先制定的行动方案，其目的是保证海上安全，防止人员伤亡，防范已认定和可能发生的风险，做好各种紧急情况的应急准备，做到在紧急情况下能够迅速、高效、有序地行动，把事故危害减少到最低程度，其具有可操作性、有效性、适用性。

船舶火灾的应急预案是船舶应急预案之一，它是预先为船舶各部位可能发生的火灾制订的行动计划，防止或减少船舶火灾的危害，确保船员和船舶的安全，保护海洋环境。

一、船舶应急预案概述

航运企业根据本企业组织结构、船舶类型、人员状况、航行区域等编制船舶应急预案，不同航运企业的船舶应急预案存有差异，但都明确规定在紧急情况下，船上每个人的职责，应到达岗位及执行的任务，采取有效措施，正确使用各种应急设备，及时与公司指定联系人(DPA)建立联系，统一指挥协同作战，有效控制局面，将事故的损害降到最低，同时通过定期培训、船上演习及训练，使每个船员熟悉船舶应急预案和应急设备。

1. 成功的应急预案必须具备 4 个基本条件

(1)完善的船舶安全管理体系和应急预案。

(2)完备的应急设备和器材。

(3)训练有素的人员,熟悉船舶应急程序和船舶设备操作。

(4)正确果断的指挥和组织,良好的群体协同和配合。

2. 船舶应急预案的主要内容

船舶应急预案是船舶的重要文件,船公司将各种应急预案编制成一个应急手册,指导船员应对船舶发生海上事故或紧急情况,也便于船员培训和演习。其主要内容如下:

(1)概述。对应急预案的说明,列明应急种类、应急时遵循的程序。与岸基公司的应急预案和应急响应的协调联系,对船舶反馈的信息进行修改的程序,以改进预防船舶事故及其应对的措施。

(2)船上应急组织与职责。针对不同的海上事故和紧急情况,预先制定船员应急组织与职责,应急的优先顺序(确保人员安全、确保船舶和货物安全、防止环境污染),列明应急指挥、各应急队组成及其职责以及每个船员的职责,还包括船舶应急警报、应急指挥地点、应急集合点等。

(3)报告程序。在海上事故或紧急情况发生后,向公司报告联系人、报告程序及报告内容要求,根据当地港口、沿海国家和国际规则的要求以及船舶利益方进行报告及其程序。

(4)应急程序及应急行动的计划。针对每种海上事故或紧急情况,如机舱火灾、货舱火灾、厨房火灾、居住区火灾等,制定详细的应急程序,采取应急行动的计划及应急措施。

(5)培训与演习。对船员进行应急程序、应急措施、应急技能和安全保护等培训。在船上定期举行安全与演习和训练,确保所有与安全有关人员均清楚其本身在应急部署中所负的责任,熟悉应急反应程序和行动要领,使可能参与应急行动的人员充满信心,保持熟练并具有实际能力。通过演习以检验应急程序及应急行动的计划是否有效。

(6)其他。应对媒体采访的要求,附加一些合同和指南,如标准救助合同、污染事故报告指南、紧急情况中的船舶控制、收集事故证据等。

二、船舶火灾应急预案的准备

为应对船舶发生火灾的紧急情况,船舶应做好下列各项准备:

1. 建立船舶消防组织,船长为总指挥,做好船员应急中的分工,编制应变部署表,明确每个船员的职责,确立船舶火灾应急的火灾警报和集合地点。驾驶台为中央控制站,负责消防的船员向驾驶台报告并接受指令。

2. 驾驶台应获得信息,其包括:发出火警报的时间、火灾的位置和性质;确认消防队位于集合地点并且消防员装备是否备妥;确认消防水总管的水压;报告使用便携式灭火器的初步效果;报告火灾对船上设施的影响,如照明、通道等;报告在场或困在舱室中或失踪的人员。

3. 驾驶台应当掌握的信息,包括:防火控制图的详细内容;当前船舶各区域出入口的详细情况;船上灭火设备(固定和便携式)的详细情况,包括补充灭火剂储藏的位置;稳性资料、货物积载图、危险货物的信息;救生设备的详细情况和存放位置。

应熟悉船舶所载运的货物的性质,特别是危险货物,应按 IMDG 规则或 IMSBC 规则要求,对货物运输全过程监控,按其防火要求操作,将适用于它的采用灭火方法和灭火剂张贴在驾驶台和其他甲板值班室内,包括火灾中会产生的有害气体和防范措施。

4. 船舶的消防重点区域

船舶的重点区域有机舱、货舱、居住区、厨房、油漆间等,根据不同部位火灾的特点和结构特点,执行相应的应急行动。

5. 损害控制和抑制火灾的方法,包括在驾驶台操作关闭水密门和控制防火门至关闭位置;停止或关闭烟囱和其他处所的通风机和防火挡板;关闭生活区、厨房和其他处所的所有窗户和舷窗;调整船舶航向使其相对风向处于最佳的灭火位置;冷却分界舱壁;按需使用防火毯。

6. 用水灭火时,监控水对船舶稳性的影响,其包括:计算灭火用水的重量和自由液面效应所引起的 *GM* 变化;做出泵出或排干受影响处所中的灭火用水的安排,包括在船舷开孔;对于货物火灾,计算为灭火而移货的影响;评估由船舶进水引起的任何损害的影响;考虑将船移至浅水区,甚至致其搁浅的可行性。

7. 船内通信使用设备和列明对外联系名单

根据船舶实际情况,为保持驾驶台与各个应急队通信畅通,可使用通信协调的设备,即电话、船上广播、直接通话(如驾驶台与机舱、二氧化碳间等)、无线对讲机、有线对讲机。特殊情况下,可使用通信员。

在驾驶台或甲板值班室内,列明在紧急情况下对外联系人的名单,以便在紧急情况下能快速联络有关联系人。联系方式包括手机、固定电话、传真、E-mail。

在海上:岸上指定人员(DPA)、船东主管、租船方联系人、下一港代理、船东互保协会的代表等。

在港口:公司指定人员(DPA)、船东主管、租船方联系人、港口代理、船东互保协会的代表、港口主管机关、沿海国、港口消防队、警察局、救护中心等。

第二节 船舶消防应变组织

一、应变中船员的职责

1. 船长

船长是船舶上的最高领导,负责船舶安全运输生产和行政管理工作,对公司负责。他在应急中负责指挥和控制全船上应急工作。

(1)确保人命、财产和环境的安全

船长最基本的责任是保证船员和船舶的安全。ISM 规则明确指明,船长在处理安全和防污染事情时具有绝对权力和责任,公司给予协助。因此,船长应使用自己的独立判断能力,采取行动有利于人命、船舶和环境的安全,其中人员安全占第一位。

(2)船长在被救助中的责任和权力

当船舶遭遇海难,船长应立即对船舶所遭遇的危险和紧急程度进行估计,以便决定是否需要外部协助,或是否可以用船上的资源加以控制。对局面进行估计时,要做可能危及人命和船舶安全及造成环境污染的最坏打算,不要存有任何侥幸心理,以免延误应变行动的时机。

一旦船长决定需要取得外部协助,船长有权根据自己的判断立即采取措施向任何有关机构请求救助。船长在被救助中仍是船舶的负责人,若对救助人采取的行动表示怀疑时,应毫不犹豫地提出异议。

(3)紧急情况下船长在决策之前应考虑的问题

在紧急情况下,估计危险程度时,船长应对下列问题加以考虑:人命的安全;距离海岸或浅水区的距离;预计未来几天的天气和海况条件,以及潮流和潮汐的情况;水深、海底底质和岸线形状,安全锚泊的可能性;及时获得救助的可能;已经造成的船舶损坏程度,以及船舶进一步损坏的风险;保持通信联络的机构;海上污染的迹象;人力和材料的需求等。

2. 管理级船员责任

船舶管理级船员有船长、轮机长、大副、大管轮、政委。他们负责管理全船应急工作,是船舶消防队的成员。船长负责应急全面工作;轮机长是船舶上机器设备的技术负责人;大副和大管轮负责应急计划的实施,现场应急指挥;政委(有的船舶无此编制)负责思想政治工作,做好船员在应急中的思想认识,鼓舞船员的士气。

管理级船员有责任通过训练和演习,确保船员充分理解应变计划中的内容,以便对各种紧急情况应急处理。

3. 操作级船员责任

操作级船员有二副、三副、二管轮、三管轮、电机员、报务员。他们具体负责各种应急设备的维护和保养工作,是关系应急设备是否能正常使用,同时又是各消防队的组长和组织者。

4. 支持级船员的责任

支持级船员应充分地熟悉应急中自己的任务和应急设备的位置,认真对待应急的演习和训练,特别应具有操作各种应急设备的技能,也要了解整个应急计划的内容和程序。

二、船舶应急组织结构

1. 船上应急组织结构

船长是船舶应急的总指挥,负责船舶整个应急过程中的指挥和控制全船,负责对外的联系。

组织结构一般按人员位置分为三个:驾驶台、机舱、应急现场。

驾驶台内人员是由固定值班人员组成,有船长、报务员、三副、值班一水,具有应急中指挥、决策、组织之间协调职能,对外联络请求支援和救助;负责航行瞭望、船内通信和有关应急记录。

机舱内人员是由固定值班人员组成,一般有轮机长、电机员、三管轮等。确保消防总管和泡沫总管的压力正常,船舶操纵能力,电力供应;如果应急在机舱,可采取操作性的控制，并提供给船长选择性行动的建议。

应急现场（火灾现场）是由大副负责现场指挥，对紧急情况评估并报告给船长，指挥各应急组采取应急组行动，一般分为消防队、救护队和技术队，如图 4-1 所示。

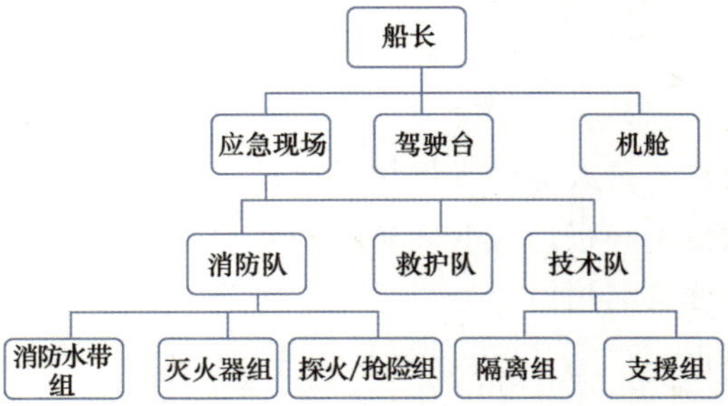

图 4-1　船上应急组织结构图

2. 各应急组的组成和职责

消防队在水手长带领下，直接担负现场灭火行动，根据灭火需要又分为消防水带组、灭火器组、探火/抢险组。

技术队在二副和二管轮人带领之下，根据火情关闭门窗、舱口、风斗、孔道等；切断局部电路和油路；用水冷却火场周围防止火势蔓延；对消防队进行支援工作。必要时，准备好救生艇设备便于人员快速撤离。

救护队维持现场秩序，准备救护设备以便救护受伤员。

所有的应变队队长与小组成员一起被分配任务，发挥团队合作精神，禁止“个人英雄主义”。

现代各船舶人员编制数量的不同，也存在不同人员职位组成。根据船舶情况，可以有一职多人或一人多职情况，应有利于应变任务的完成。

关键人员的替代人：

甲板：船长—大副；大副—二副；二副—三副。

机舱：轮机长—大管轮；大管轮—二管轮；二管轮—三管轮。

3. 在港内的应急组织

在港内，必须确保有足够人员留船以便应急工作。一般情况，在锚地，至少有二分之一船员留船；在泊位内，至少有三分之一船员留船。船长从代理得到与当地消防部门的详细联系资料，将分别保存在船长房间明显处和张贴在甲板值班室内，以备不测。

当紧急警报拉响，留船人员能迅速采取应急行动，报告当地消防部门，并保持与他们不间断的联络。

4. 现场指挥地点的确定

根据不同紧急情况，确定现场指挥地点，它不能被紧急情况所隔离，且符合下列要求的处所：

（1）必须有足够的空间，能容纳至少 3 人及其应急设备；

（2）有通道通往开敞甲板、机器处所、居住区。

（3）如有可能，能与驾驶台和机舱通信的通信实施的场所。

三、消防应变部署表

消防应变部署表是应急预案的一部分，是根据船舶应急预案和船舶消防组织结构，明确每个船员的应急任务，中国籍船舶使用中国海事局统一编制的应变部署表格，按其要求将相关内容填入表内。

1. 配备与要求

应变部署表应张贴在船员人员经常聚集或活动的场所。驾驶台、机舱、餐厅和生活区走廊的主要部分应分别张贴一张。应变任务卡应每个船员一张，放置在船员房间内的明显位置，如床头、写字台或房间门口等处。

2. 应变部署编制要求

应变部署表的管理由船长总负责，大副具体负责，三副根据船舶应急计划的部署和表格要求在开航前编制完成，经大副审核，船长批准签署后公布实施。

三副在编制每个船员应急职责分配时，应充分考虑船舶的实际情况和需要，每个船员的应变能力，可以一人多职或多人一职；关键部位、关键操作处应安排经验丰富的船员。船舶部门之间的船员应统筹兼顾，合理安排，以保证船舶在应急状况时，船员能发挥出最大的力量。列明关键人员的替代人。

对于有人员变动或船舶某些安全设备的重大变动时，应根据变动情况对应变部署表进行相应的修订，必须在开航前编制完成。

应变任务卡应由船舶三副按照应变部署表中的对应要求，在开航前填写并告知船员本人。应变任务卡必须填写船员姓名、编号、职务，遇有人员变动时，必须重新编制。

旅客使用的应变任务卡只填写任务，不需要填写姓名、编号。

四、应急行动

无论在航行，还是在港口，一旦出现紧急情况，必须按下列程序行动：

1. 发现紧急情况的行动

船员进行报警，拉响全船警报；报告值班驾驶员或轮机员紧急情况的性质和地点。在港内，尽早报告当地消防部门和主管部门。

2. 听到船舶紧急警报后的行动

所有船员立即前往应急集合站集合，尽快建立船内应急的通信联络，确认紧急情况的性质和位置。

3. 值班驾驶员/轮机员的初始行动

开启消防泵，确保消防总管水压力正常；按需要，关闭有关通风紧急装置。在海上，通知机舱备车，将船位输入 GMDSS 设备中的遇险或紧急通信报文中。夜间，打开甲板照明灯；白天，悬挂显示有关船舶动态的号型。

在港内，所有货物装卸活动必须停止，装卸工人和其他上船人员尽快必须离船。

第三节
船员的消防技能训练和消防战术训练

一、消防技术训练

1. 船舶开展消防技术训练的目的

在船上开展消防技术训练，是船员为熟悉掌握、运用消防器材装备而进行的基本技术的训练。其目的是训练每一位船员或行动小组能够准确熟练地掌握消防训练项目的操作程序、动作要领、操作方法和操作要求。通过日常训练，在严格要求和监督的前提下，增强船员对消防技术的掌握程度。同时，通过消防技术训练，可以提高船员整体行动的能力，以适应复杂多变的火情需要。

2. 船舶开展消防技术训练的原则

消防技能训练的原则是船员在训练过程中必须遵循的基本要求和指导原则，是训练过程中客观规律的反映，是整个船舶消防技术训练的指导思想。只有遵循这一原则进行消防技术训练，才能更符合船舶营运的实际情况，更有利于船员在较强的劳动强度下，避免训练带来的劳动疲劳加强，达到训练的目的。

3. 船舶消防技术训练的方法

(1)讲解法

讲解法是用简练的语言讲解训练的目的、任务、训练要求、技术动作、操作程序等。讲解时应做到目的明确、重点突出、简明扼要、正确使用术语、通俗易懂。

(2)示范法

示范法是以具体动作直接进行示范的方法。它能生动形象地展示概念，提高学习兴趣，便于学员接受，激发训练的积极性。示范时，动作要力求准确、熟练。与讲解法结合起来，可取得更好的效果。

(3)练习法

练习法分为分解练习、完整练习、重复练习、变换练习、综合练习。

分解练习是把整个训练动作合理地分成几部分和段落，按部分依次进行训练。这种练习方式是分步骤、分阶段地进行训练，有利于船员掌握。

完整练习是不分部分和段落，完整地进行某一消防技术的训练方法，有利于正确完整地掌握技术。

重复练习是将要进行训练的技术项目不断反复地进行练习的一种训练方法，以求在反复的练习过程中，使船员能够熟练地掌握每一个训练项目的正确操作方法，以提高船员在应急行动中的准确性和有效性。

变换练习是训练的组织者，要不断变换训练的项目、时间、地点、组织形式，使参与训练的船员在各种不同的环境和训练条件下，不断适应，不断加深印象。

综合练习是在以上练习方法的基础之上，在船员对船舶消防技术的掌握有了一定的基础之上，通过消防演习和消防综合演练，检验船员对消防技术的掌握程度，以及船员对消防技术的灵活运用的一种方法。

4. 船舶消防技术训练的项目

根据船舶灭火特点，需要船员掌握消防技能，诸如正确着装、消防供水、消防射水、呼吸保护、火场救助、使用手提灭火器、操纵应急消防泵、操作应急发电机、操作固定灭火系统、操作火灾警报设备等。其具体内容如下：

正确着装——能正确迅速地穿着消防服，掌握着装要领。

消防供水——能正确迅速地铺设消防水带方法，掌握铺设和连接消火栓及消防水枪的要领。

消防射水——利用一根供应消防水的水带，进行前进、后退及横移等操作，掌握立射、跪射、卧射、肩射的射水动作。

呼吸保护——熟练佩戴空气呼吸器的方法。

火场救助——能熟练掌握几种常用的救人方法。

使用手提灭火器——能熟练使用船舶上灭火器的方法，掌握使用手提式灭火器的动作要领。

操纵应急消防泵——能熟练操纵应急消防泵的起动和运转，掌握应急消防泵的操作程序。

操作应急发电机——能熟练操纵应急发电机的起动和运转，掌握应急发电机的操作程序。

操作固定式灭火系统——能熟悉船舶固定式灭火系统，掌握释放灭火剂的程序。

操作火灾警报设备——能够熟悉船舶警报系统，掌握报警和向全船发出警报的方法和程序。

二、消防人员用水枪灭火的基本姿势和形式

1. 射水基本姿势

射水基本姿势有立射、跪射、卧射和肩射四种，如图 4-2 所示。

(a)立射　(b)跪射

(c)卧射　(d)肩射

图 4-2　射水基本姿势

2. 射水的形式

(1)直流水柱。它射程远,穿透性、渗透性好,水滴间的距离都很紧密,大部分水都能被准确地喷射到目标位置,通常用于直接进攻、外围火势控制、过渡性进攻。

(2)雾状射流。由于产生的水滴更细小,所有以更大的比表面积,更容易蒸发,吸热能力更强。在枪口处形成锥形喷射,水锥的角度越大,水雾就越宽,但水流喷射的距离就越短。在保持雾状水的前提下,水锥的角度可以变化,主要用于烟气冷却和间接进攻。

(3)水盾。使用大角度雾状射流保护消防人员,向燃烧液体或气体泄漏的方向推进,进行关闭阀门作业。

3. 直流射水技术

(1)点射。消防水以直流的形式喷射到着火点,在水到达着火点的同时,立即关闭水枪。点射适用于扑救非常小的火灾,初起火灾或小而孤立的物体火灾。

(2)扫射。其是用于最终灭火和清理余火的技术。在大火基本被扑灭后,消防员们会向着火点进一步推进,用射程较短的直流水,完全覆盖着火点的余火。

(3)ZOT 式射水法。其主要用于扑救全面燃烧的火灾。通过以"O"形移动水枪一两次(同时喷射大量的水),实现扑灭火灾,且其效果十分理想,消防员能迅速控制扩大的火势,有时也会用到其他字母"T"、"Z"和"∞"等。当火灾现场出现回燃的迹象时,此方法也可以用于进入舱门时的灭火操作。

4. 按预期目标划分的射水技术

(1)进攻射水

目的是直接灭火,通过将燃烧物的温度降低到热解阈值以下来实现的。当没有足够的热解气体产生以维持燃烧,火将停止。进攻射水是通过向着火点射水来实现的。由于火焰散发出的辐射热,人们很难靠近火。火势规模不同,灭火用水的量也不相同。可以持续射水,也可以使用"脉冲"射流,水枪可以部分或全部打开。在灭火行动中,根据现场情况,采用不同的射水姿势和直流水流,排除障碍物向着火点进攻。直流射水可以从远处进攻着火点,可穿透燃烧物或机械摧毁燃烧物质分割成"碎片"。如果火场温度高,难以靠近时,可采用"水墙"式射水水流,水枪的水花喷射出的角度超过 90°,可以有效地防止火场的热辐射,接近火点,同时,可与另一组直流水柱或泡沫结合一起,接近着火点,选用"窄水花"灭火,其水花喷射形成的角度为 30°。注意在室内的火场温度高和热流没被驱散时,此方法不适用。

(2)防护射水

目的是压制全燃火或在即将要发生回燃情况下惰化烟气。这两种情况都是通过射水防护来降低室内烟气的能量来实现的,降低火焰的温度和烟气能量会导致舱室内温度下降。同时,水枪射水会在高温气体中蒸发形成蒸汽,也在高温表面(墙壁和天花板)上蒸发,大量的蒸汽形成热压制使烟和空气的混合物不易燃烧。使用大量雾状水采用"O"形射水法射入热烟气中,使射出雾状水充满房间,降低舱室内温度,减少可燃气体产生。

在灭火行动中,火场温度高,热辐射强,消防人员难以靠近火场时,为了减少火灾对消防人员的伤害,常采用防护射水的方法接近火点。自身防护射水如图 4-3 所示,水花喷射形成的角度为 60°~90°;进攻射水与防护射水同时进行。

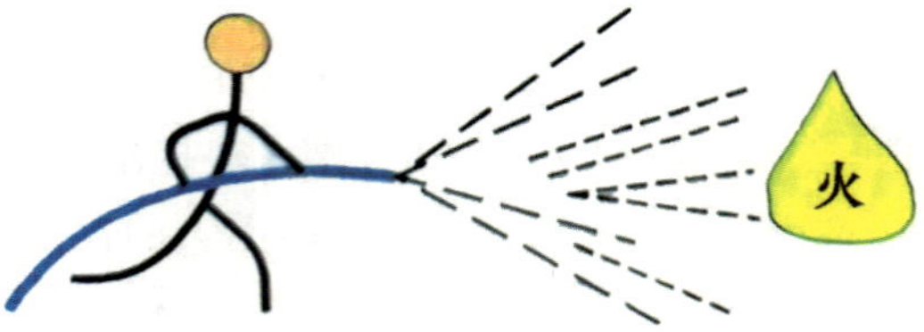

图 4-3　自身防护射水

(3)冷却射水

灭火时应对火场蔓延危险方向、高温高压容器和设备、金属结构等进行防护，往往对它们使用冷却射水方式，冷却射水的特点是水花喷射形成的角度为 15°，距防护地点较远，不断移动冷却点，使其均匀冷却。

(4)烟气冷却射水和排热、排烟射水

烟气冷却射水是为进入舱室内消防人员创造一个安全的工作环境。舱室上方或周围的烟气层对消防人员有巨大的风险，通过冷却烟气层并将其与不燃蒸气混合可以降低风险，使用喷雾水通过直接脉冲射水到烟气层来实现的。注意水锥角度，还有水流与地面的角度、流速、水枪阀打开的时间、水枪握持的方式等。在船舶上层建筑、机舱、封闭处所内的火灾，会有大量烟和热气流，消防人员难以进入室内，采用烟气冷却射水，排热、排烟中不能中断供水，防止烟和热气流反扑。走廊内的排热、排烟如图 4-4 所示。室内多只雾状水流立体组合排烟如图 4-5 所示。

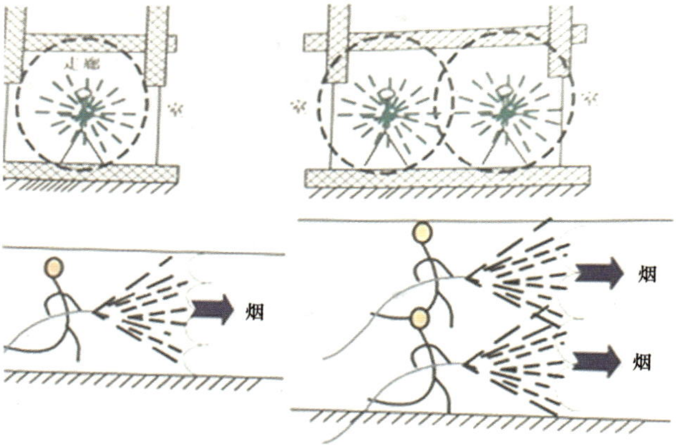

图 4-4　走廊内排热、排烟射水

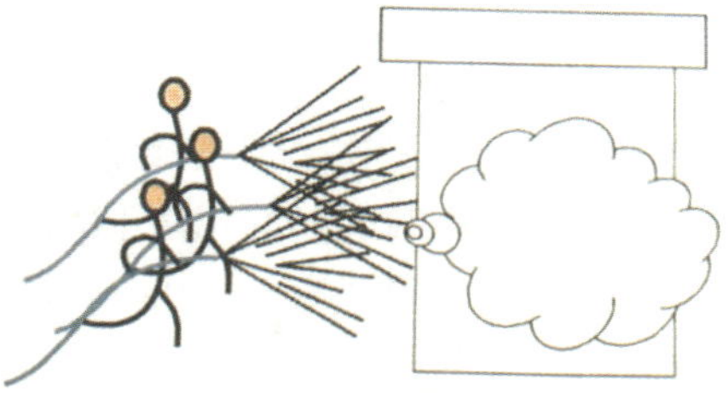

图 4-5　室内多只雾状水流立体组合排烟

(5)侦查射水

侦查射水用于排除进攻路上的障碍，试探燃烧区上部结构的强度，寻找火点，判断燃烧油罐液位的高度。

5. 水灭火的技巧

(1)用水雾扑救油火

船上油槽和油管漏油发生火灾可采用水雾灭火,因为使用细密的雾状水喷射灭火,由于雾状水的蒸发,能吸走燃烧中大量的热,使燃烧物迅速降温,并在火源上面形成一层蒸汽和水罩,把火源与空气隔开,当燃烧区域空气中的氧气被稀释到不能助燃的比例,就会制止燃烧。通常经过雾化处理后的水滴颗粒越小越能取得好的灭火效果。对闪点不是很低、范围不是很大的油类火灾,使用水雾灭火是适宜的,如图 4-6 所示。

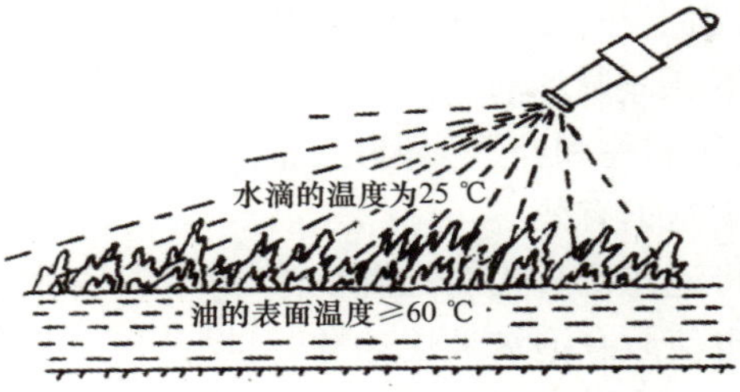

图 4-6 用水雾扑救油类火

(2)用直流、直流开花两用及水雾水枪灭 A 类火

水枪与甲板成 35°~40°仰角时,通常能获得最大水平射程,成 75°仰角时能获得最大垂直射程。在使用时,为了获得最佳的冷却效果,必须使水与正在燃烧的物体相接触,即应该向火的中心喷射水柱。射向火焰的水柱的主要作用是打碎燃烧着的物体,并且穿透到 A 类火的中心。失火现场和操作水枪的人员之间如有障碍物,可将水柱通过舱壁或舱顶反射过障碍物,水柱分化成喷雾状水流。

6. 使用泡沫灭火技术。

使用泡沫灭火技术如图 4-7 所示。

(a)反弹技术　(b)堆积技术　(c)雨淋技术　(d)禁止操作

图 4-7 泡沫灭火技术

(1)反弹技术

将泡沫喷射到垂直舱壁或障碍物,使其自行流淌下来,在燃烧的液面上形成一定厚度的覆盖层,将火扑灭。

(2)堆积技术

将泡沫喷射到燃烧液面的前部地面,依靠泡沫撞击地面力量使泡沫向前滚动“堆积”,泡沫流淌到燃烧的液面上,不断向前推进覆盖整个燃烧液面,将火扑灭。

(3)雨淋技术

将泡沫枪对准燃烧液面上部,使泡沫流达到其最大高度,形成小水滴状像雨滴一样落下,灭火人员操作泡沫枪不断地调整泡沫流的高度,使其泡沫覆盖整个燃烧区域。此技术能够非常快而有效地将火压制住和扑灭。但是,室外大风天气或燃烧液面范围大、伴有上升烟气柱时,此技术效果不是很有效。

在扑救火灾时,切勿将泡沫枪直接对准燃烧液面喷射,否则泡沫液流高压力将燃烧液体冲散而造成火灾蔓延,也使原有泡沫液层冲散,可燃蒸气会被释放出,重新被点燃。

7. 进入舱室内

(1)从同一水平位置进入舱室内火场的方法

①做好准备工作:消防员佩戴消防队员装备;布设好消防水带并供应消防水;水枪设成“水墙”喷射方式;准备开门绳索,如图 4-8(a)、(b)所示。

②将开门绳索系在门把手一侧较低位置,如图 4-8(c)所示。

③在有效控制下,将门慢慢开启,“水墙”封住开口,所有人员保持低姿,如图 4-8(d)所示。

④门全部打开时,两个水枪以“水墙”封住门口,如图 4-8(e)所示。

⑤寻找起火点,按掩护射水方法前进扑救火灾。

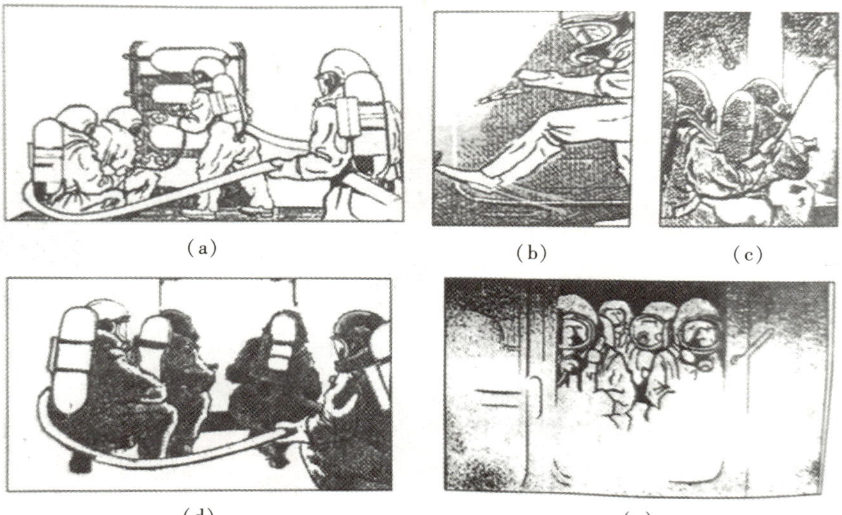

(a) (b) (c)

(d) (e)

图 4-8 从同一水平位置进入舱室内火场的方法

(2)从上部进入舱室的方法

①做好准备工作:消防员佩戴消防队员装备;布设好两根消防水带并供应消防水;水枪设在“水墙”喷射方式并打开,如图 4-9(a)所示。

②打开下舱入口舱盖，用“水墙”封住舱盖并固定好舱盖。

③将两根消防水带放入舱内，一根放置至一半舱内高度并四周摇荡，另一根降到刚接触舱底甲板或货物，如图 4-9(b)、(c)所示。

④一人借助“水墙”掩护，通过梯子降到舱底部，在下降过程中，每次只下降一个梯挡且用前臂抓握住梯子竖板。到达舱底部后，抓握住水枪，确定方向对准前方。向前移动一个身位，保持低姿射水，等待其他队员的到达，如图 4-9(d)、(e)、(f)所示。

⑤第二个人准备好后下梯子，当肩膀与舱口围板平齐时，举起手臂，让消防水带从腋下穿过以使“水墙”在其背部。在下降一半高度以下，协助人员松水带，消防队员始终护住消防水带在背部来保护好自己。到达舱底时，抓握住水枪，确定方向对准前方，与第一名船员会合，如图 4-9(g)、(h)所示。

⑥如果第三名人加入，需在前两名队员掩护中下降，并处于两人之间或后面，一起行动按掩护射水方法向着火点进攻，如图 4-9(i)、(k)所示。

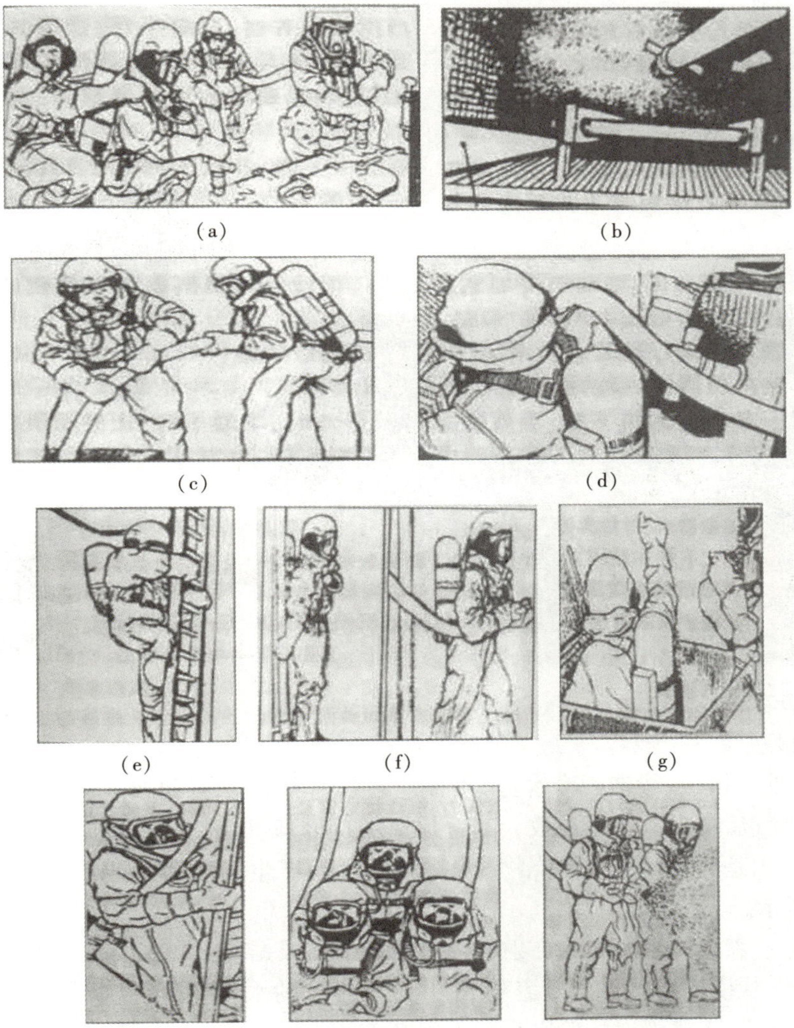

(a) (b) (c) (d) (e) (f) (g) (h) (i) (j)

图 4-9 从上部进入舱室的方法

(3)从上部进入有油火舱室的方法

①做好准备工作:消防员佩戴消防队员装备;布设好两根消防水带并供应消防水和一组空气泡沫枪;水枪设在"水墙"喷射方式并打开。

②打开下舱入口舱盖,用"水墙"封住舱盖并固定好舱盖。

③开始向舱内注入泡沫隔离火场,使用"水墙"灭火。

④第一名消防人员下舱,当肩膀与舱口围板平齐时,举起手臂,让消防水带从腋下穿过以使"水墙"在其背部。在下降过程中,协助人员松水带,消防队员始终用胳膊护住消防水带在背部来保护好自己。到达舱底时,抓握住水枪,确定方向对准前方。向前移动一个身位,保持低姿射水,等待其他队员的到达。

⑤第二名消防人员按照相同方法携带泡沫枪下降到舱底,与第一名消防人员会合。如果第三名队员加入,需在前两名消防人员掩护中下降,保持与前两名消防人员联系,并处于两人之间或后面,一起行动按掩护射水方法向着火点进攻。操作小心确保水枪喷出的水花不破坏空气泡沫层。

8. 舱内利用水灭火技术

(1)扑灭火灾5种方式:冷却热表面以产生蒸汽;冷却热烟气;对准并熄灭火焰;冷却燃烧物表面;浇湿周边未燃的可燃物,如图4-10所示。

图4-10 扑灭火灾方式

(2)直接进攻

用直流或雾状(一般选用窄水雾)射流直接冷却燃烧物直到扑灭火灾。通常先间接进攻,冷却烟气后再采取直接进攻。其直接作用是冷却燃烧物表面、扑灭火焰、减缓热解速率,间接作用是冷却周边未燃烧物,减缓热解速度;产生的蒸汽对周围环境有吸热作用,如图4-11所示。

操作要点:着火部位可见且在射程内,果断射水;根据火灾强度及着火范围调整流量,直流切换到雾状模式可以扩大覆盖范围,并减少过多的水渍损失;根据现场情况、通风条件调整射水方式,无排烟口的舱室采用不间断直流/窄水雾射水,有排烟口的舱室从远到近采用"Z"、"O"、"T"射水法扑救。

直流和雾状射流配合

直接进攻

间接进攻

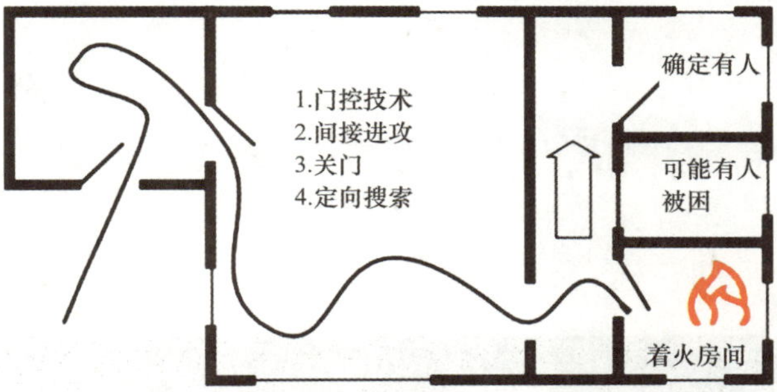

进入舱室路线

图 4-11　直接进攻和间接进攻

安全注意事项：

①避免身处着火部位及排烟口之间；

②充分利用射流的穿透性及射程，保持与着火部位的安全距离；

③要留意现场风向、风速产生的影响。

(3)间接进攻

通过射入舱室消防水产生大量的水蒸气来抑制火灾发展；冷却烟气加上表面降温；排出室内空间的氧气；稀释可燃烟气，降低烟气的可燃性。间接进攻是为了有效地抑制火势，为之后开展的直接进攻及破拆创造更好的火场环境。其应用于全面燃烧阶段或怀疑有回燃风险的火灾，如图 4-11 所示。

操作要点：从着火舱室外开始实施，使用雾状射水向舱室内射水；可以先进行烟气冷却或表面降温，喷雾角度为 30°~60°向天花板，烟气层产生大量水蒸气；可用于灭“隐藏的火”；水流量要与现场的热解速率及燃烧范围相匹配平衡；出水流量并不是越大越好，而是根据现场火灾强度及燃烧范围进行调整，避免过多的水渍损失；推进要结合现场情况，要使得开口尽可能小，避免水枪手及进攻人员受到水蒸气的伤害。

(4)烟气冷却

为了避免在灭火推进过程中头顶的烟气层被点燃，必须实施烟气冷却。烟气冷却并不是灭火的方法，它只是用来降低热烟气层释放的热能、改善火场环境的技术手段。常见方法如图 4-12 所示。

先采用细水雾、脉冲射流向热烟气层喷射几次，使得射流尽可能多地接触热烟气

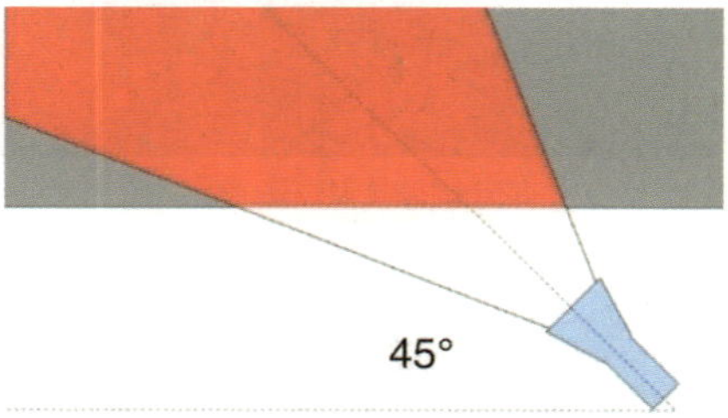

水枪喷嘴与水平面成 45°角，使水滴与烟气达到最大的接触范围

水枪手从左到右依次使用短脉冲细水雾的方式将水射入烟气层中

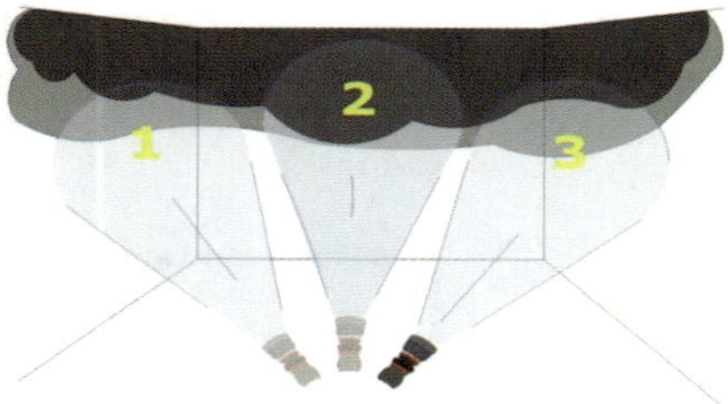

喷雾角为 60°，用 3 个脉冲就可以覆盖整个空间宽度

短脉冲，当烟气在灭火人员上方或周围冒出时，使用短脉冲(平稳、快速打开水枪喷头并迅速关上)。喷雾角为 30°～60°，完全打开并迅速关闭喷嘴，整个动作必须快速完成

长脉冲，当空间较大或烟气层温度极高，需要更好的穿透性时，需要使用长脉冲；喷雾角为 30°～45°，喷嘴打开 1～2 s，甚至更长

图 4-12　烟气冷却常用的方法

操作要点：

①影响烟气冷却技术的因素包括：火势大小（即火灾强度）、着火舱室大小及火灾荷载、起火点部位。

②推进过程要不断评估使用的效能及重复应用的效果，通过选用合适的雾状喷头，理想的锥角、流量和压力可以实现最理想的水滴。

③在确保安全的前提下，必须尽快射水到着火部位上，同时要避免接触热表面，防止产生过多的热蒸汽，破坏热平衡。

④必须限制通风排烟，尽可能以较短时间直到采取的直接/间接进攻方法控制了火势。

安全须知：

①在未确定起火点时，必须执行门控及通风控制。

②在没有用足够的水覆盖到着火部位上时，必须坚持门控及通风控制。

③在向着火部位推进的过程中，要持续监测火情，观察冷却效果。

④当处在烟气的流动路径中时，消防人员会面临很大危险。

三、消防战术训练

1. 消防战术训练的目的

船舶开展消防战术训练的目的是使船舶消防指挥者能够熟练掌握船舶各部位火灾的规律、特点和扑救对策，提高其应变能力、组织能力以及指挥能力；同时通过开展船舶消防战术训练，可以研究船舶火灾的性质、火灾发展变化的过程，研究扑救各部位火灾的战术理论和方法，并通过训练检验船舶应急计划和部署是否符合船舶实际情况，从而提出改进的合理化建议；另外，开展船舶消防战术训练，还可以训练船员个人和集体行动之间的协调性，培养船员良好的素质和团队精神、严格的组织纪律观念。

2. 船舶消防战术训练与消防技术训练之间的关系

船舶消防技术训练是基础，是开展战术训练的前提条件，战术训练又巩固和熟练了消防技术。两者相辅相成，相互促进。消防技术是经常作用的基础技能，综合运用于每一次火灾扑救的全过程，没有熟练的技术动作，也就是很难完成灭火任务。而船舶消防战术训练不是消防技术动作的简单连接，它具有灵活性、实战性、应变性。可见，消防战术训练既要以过硬的动作为前提，又是对技术水平的巩固和提高。因为消防战术训练有一个特定的生动实在的环境，置于假设或模拟的“对象火灾”之中，使规范性的动作得以灵活运用，从而更接近于实际火场需要。

3. 船舶消防战术训练应遵循的原则

（1）贯彻灭火指导思想和战术原则

贯彻“速战速决、集中力量彻底灭火”的指导思想和“先控制、后消灭”的战术原则，是成功扑救火灾的基本保证。

在船舶消防战术训练中，部署力量，展开战斗、采取措施等，都要充分体现这一指导思想和战术原则，尤其要正确理解和灵活运用各种有效的灭火方法，通过灭火方针的运用，使消防战术原则具体化为“看得见、摸得着”，通俗易懂的战术措施。

（2）理论联系实际

在船舶消防战术训练中，要以理论为指导，针对演练部位不同的船体结构、可燃物的性质、火灾特点及自然环境等客观情况，合情合理、恰如其分地设置“火情”，而不能离开客观条件，不切实际地设置难题，毫无根据地假设火情，而是要精讲细练。精讲，就是讲解简练。要以练为主，以讲为辅，讲的目的是促进练。无论是理论提示，还是要点分析、提问讲评，都要有简练的语言说明问题。细练，就是要严肃认真、精心组织。每次演练要有示范、有分解、有正误对比，按要求清清楚楚地做出每个动作，不能拖泥带水，粗枝大叶走过场。

船舶发生火灾时的组织难度很大，因此，必须要求船员在平时就养成严明的组织纪律和令行禁止的优良作风，这样才能在火灾发生时有条不紊地展开战斗，一丝不苟地完成任务。

第四节 探火与救助

在船舶火灾舱室内，存有大量的烟雾，温度高、能见度低，探火人员进入火场探火和救助有危险，应尽可能选用熟悉火场内情况的探火队员。

进入火场探火的队员必须熟练使用空气呼吸器，穿戴消防员装备，两人一组。为更好保护探火员身体，应将呼吸器穿戴在防护服的外部。使用手持式照明灯和安全绳以及腰斧等设备，可携带消防用通信设备。

进入之前要对所有设备进行仔细检查，确认完好方可使用。佩戴好呼吸器后，进行呼吸通畅检验。切记船舶消防员装备只适用于扑救船舶小型、中型火灾，不能通过或进入火焰区域。

做好现场情况调查，包括询问火灾发现者，对火场情况进行充分的研究，确定好搜索线路和联络信号（必要时，使用安全绳）。

安排探火队员的协助人员，负责探火队员的安全保障工作。建立探火队员管理与控制卡，样板如表 4-1 所示。

表 4-1　探火队员管理与控制卡

A			B	C	D	E	F	G
呼吸器编号	姓名	任务	气瓶压力	设定返回时间	开始使用呼吸器时间	进入火场时间	开始撤回时间	撤回入口的时间
1	×××	进入机舱搜索救助被困人员	30 MPa	26	1400	1401	1426	1434
2	×××	进入机舱搜索救助被困人员	29 MPa	26	1400	1401	1426	1433

（续表）

1. 进入火场前，必须检查呼吸器。 2. 返回时，探火队员报告指挥员；队长命令探火队员。 3. 联络信号（拉安全绳）： “一下”前进；“二下”停止；“三下”后退；“四下”紧急撤离（队长命令）	• 在撤回时间内，探火队员未出现在入口处时，应立刻报告现场指挥。 • 上述时间为大概时间，实际行动时间应考虑当时具体情况和任务。 • 气瓶的压力必须在规定压力上

1. 探火行动

(1)探火行动必须使用安全绳。安全绳是指导探火队员在烟雾中撤离的路线。开启门的动作如图 4-13 所示。

(a)　　(b)

图 4-13　开启门的动作

(2)在火场中前行：曳步前行就是将身体重心放在后脚，前脚掌沿地面（不要离开地面）试探向前，确认安全后再将后脚移到前脚位置（不要超过前脚），总是前脚先移。可探查到脚下障碍物和危险，如凸出地面的钉子、台阶、倒塌的物件等。

探火队员的空手应保持在他的面部前 30~40 cm，手背朝前，微微弯向自身，上下慢速移动确保头部和面部不能碰到障碍物。手背向前的好处是当你碰到尖锐、炽热或带电物体时，不是抓住而是立即闪开。在烟雾中，靠近地面的空气温度低，尽量低姿前行，手脚动作同前。由于底部烟雾少，能见度高，可以在远处发现被困人员或火源。下台阶时，应后退前行，防止面部受热烘烤，手更牢固地抓住固定物，如图 4-14 所示。

(a)　　(b)

图 4-14　舱室内行走

(3)确认探火队员通过舱门后，门不能突然关闭，使探火队员的退路断绝。

(4)保持同行者在一起，与外界保持联络。

如果在搜索中受困，千万不可惊慌喊叫，应马上告诉同伴或外面的协助人员，寻找安全地点，坐下或躺下休息，以节省气瓶内的空气，等候救助人员的抵达。当其抵达时，可拍手或敲击舱壁，指示方位。

2. 救助受困的人员

进入火场寻找被困人员应采取以下方法：

(1) 询问知情人。了解被困人员的基本情况、地点等，确定抢救被困人员的途径和方法。

(2) 主动呼喊。灭火人员可向可能有被困人员的燃烧区喊话，唤起被困人员，以便迅速抢救。

(3) 察看。借助所带照明工具察看被困人员所能藏身的位置。

(4) 细听。注意倾听被困人员的呼救声，以及喘息、呻吟和响声等，辨别他们所处的位置。

(5) 触摸。在喊话、察看、细听的同时，可手持探棒在可能有被困人员的地点触摸、搜寻。

(6) 按下列顺序搜索每个舱室：门后；按顺时针或逆时针搜索舱壁四周（先危险地点，后安全地点）；舱室中央（做数次横越搜索）。

当在火场搜索中发现受伤人员，可采用适当的搬运方法，将其救离现场。在搬运伤员之前，必须了解伤员的受伤种类和严重程度，选用最佳的搬运方法。其搬运方法在防火与灭火中介绍过，此处不重复。

3. 火场中自救

在火灾事故中，人员伤亡的主要原因并非火烧，90%的伤亡人员是由缺氧窒息和吸入致命的一氧化碳和其他有害气体造成的。烟雾会从火场通过小的空隙渗透到其他舱室。

一旦船员发现被火困住后，应沉着冷静，不要慌乱，视当时处境决定用何种方法，若条件许可，可沿退路，边灭火、边后退。

根据本船实际情况，查看通道上引导标志，避开火区，确定逃离火场的路线，应沿舱壁行走，且必须保持低姿行进。

如果在本人住舱内，应携带救生衣，万不得已时，才可从舷窗利用绳索逃生。

4. 伤员的管理

在船舶消防过程中，消防人员可能遇到的危险有：窒息、中毒、身体损伤和心脏病发作等。救护人员的主要职责就是保护伤员避免遭到其他伤害，改善威胁生命的环境，处理伤口并保持伤员稳定，直到得到医疗救助。救护人员的任务包括以下几个方面：

(1) 转移伤员离开危险场所；

(2) 在转移伤员之前，消除威胁生命的危险和固定受伤部位；

(3) 转移伤员应以减少受伤部位再受损伤的方式进行；

(4) 在伤员被转移时，做好基本生命保障；

(5) 观察保护伤员直至医务人员来接收为止；

(6) 遵照医嘱小心护理。

第五节 船上培训

一、目的

船上培训的目的是通过对船上人员在紧急情况下按正确程序进行培训和演习的指导来减轻火灾的影响。为此，船员应具备处理火灾紧急情况，包括照顾乘客的必要知识和技能。

二、一般要求

(1)船员应得到关于船上防火安全的指导及其所承担职责的指导。

(2)应建立负责灭火的小组。船舶处于运营期间，小组成员应具备在任何时候都能完成其职责的能力。

三、船上培训的内容和演习

1. 应培训船员熟悉船舶的布置和可能需要其使用的任何灭火系统和设备的位置及操作。

2. 紧急逃生呼吸装置的使用训练应被视为船上培训的一部分。

3. 对被分配负责灭火的船员应通过开展船上培训和演习进行定期评估，以发现其需要加以提高的方面，从而保证其灭火技能方面的适任性得以保持，并确保灭火组织处于就绪状态。

4. 船上使用船舶灭火系统和设备的训练应尽快进行，不迟于船员上船两周。

5. 船上演习应每月举行一次。如有船员更换超过25%，应在该船离港后24 h内举行消防演习；应为演习期间所使用的呼吸器配备船上充气装置或适当数量气瓶。举行应变演习的日期、消防演习的细节等应记载于航海日志内和SMS文件内。

四、船上的培训手册

1. 应在每一船员餐厅和文娱室或在每一船员住室提供培训手册。

2. 培训手册应用船舶的工作语言写成。

3. 该培训手册，可能由数卷组成，应包含用易于理解的术语写成的应知信息，可能时配以图解。该信息的任何部分都可以以视听辅助教材形式代替手册。

4. 培训手册应详细解释以下内容：

(1)有关烟气的危害、电气危险、易燃液体和船上类似的常见危险的一般防火安全实践和预防措施。

(2)关于灭火行为和灭火程序的一般性须知，包括报告火灾及使用手动报警按钮程序。

(3)船舶各种警报的含义。

(4)灭火系统和设备的操作和使用。

(5)防火门的操作和使用。

(6)挡火闸和挡烟闸的操作和使用;脱险通道系统和设备。

(7)防火控制图的有关内容。

(8)客船应充分考虑到通知乘客及乘客向集合站和登船甲板的撤离说明。

5. 对船员培训

在实施ISM管理中,船上培训是必不可少的内容,每一个公司都有详细的计划,对船员的培训严格要求,达到公司的安全管理目标。

(1)上船前的培训

当船员接到上船的调令后,由负责ISM管理的人员对其培训,其中包括应急知识和技能培训,并进行考核。成绩合格后,由主管人员授予培训证明,培训证明应准备两份,一份放在公司存档,另一份由船员带上船交给船长审核和确认,并存档。

(2)上船时的培训

当船员到达船上交接班时,交班人应对接班人介绍包括有关应急设备的位置、应变中的任务与职责、集合站的位置等内容,接班人确认完全了解其相关内容后,接班人和交班人同时在船员熟悉检查表上签字,一式两份,一份张贴在船员房间内,另一份交给船长存档,供PSC检查和ISM内审及外审之用。

(3)每月的培训

每月都有一个安全日,组织船员进行有关安全培训,其中包括消防内容和技能。

每月一次的消防演习,也是对船员知识和技能的再次培训。每次演习中,设定失火位置不同,根据应急计划实施,这些位置包括机舱、厨房、船员住舱、货舱、油漆间等。

船上公共场所、驾驶台和机舱备有培训手册供船员学习。同时,有的公司,在船上备有音像资料,定期组织船员观看和学习。

(4)对船员的考核

每季度对船员考核,由大副对支持级和操作级的船员进行有关知识和技能的考核,同时,也结合本季度船员在应急演习中的表现,按照公司的考核项目进行评分,并做好记录,每季将考核成绩寄给公司。如果船员考核不合格,船长向公司提出其解雇申请,公司人事管理同意后,此船员被解雇提前下船。当船员船上服务期满后,由船长对每个船员的能力进行评估、提出意见,包括以后继续雇佣、可以提升、不再雇佣等评语。

五、消防安全操作手册

为与消防安全有关的正确的船舶操作和货物装卸操作提供资料和须知,船上应备有消防安全操作手册。

消防安全操作手册应包含与消防安全有关的船舶安全操作和货物装卸安全操作所必需的信息和须知。该手册应包括关于船员在船舶装卸货物时和航行时对船舶总体消防安全所负责任方面的信息。还应对装卸一般货物时需采取的消防安全预防措施进行解释。对于载运危险货物和易燃散货的船舶,消防安全操作手册还应相应述及《国际海运固体散货规则》(IMSBC规则)《国际散装化学品规则》《国际气体运输船规则》和《国际海运危险货物规则》中有关消防和紧急货物装卸的须知。

须知配备在每一船员餐厅和娱乐室或在每一船员居住舱室内一份,以船上的工作语言写成。消防安全操作手册可与船上培训手册合并。

液货船应包括防止火灾由于易燃蒸气着火而蔓延至货物区规定,并包括液货舱驱气和或除气的程序。

第六节 船舶消防演习

一、船舶消防演习的目的

船舶消防演习的目的在于验证船舶应变预案和应变部署的可行性,符合实际情况的程度。通过船舶消防演习可以达到如下效果:

1. 检查船员应对可能发生的船舶各部位火灾的应急能力,对个人应变任务的熟悉,以及在整个应急过程中船员之间的相互支援和协调程度。

2. 检验执行船舶应急预案中指挥人员的应急能力,包括现场人员组织、指挥、救援能力,以及船员对有关警报响应能力和应急过程中的有关指令的执行情况。

3. 可以证实应急预案的可行性,从而增强所承担应变任务的信心,对于每个船员,提高消防技术的能力。

4. 可以发现船舶应变预案和应变部署中存在的问题,为公司制定的应急预案提供反馈意见,进行有关细节的修正;同时,在演习中,可以检查消防设备存在的问题和不足,以便尽快维护保养。

二、演习基本要求

每艘船舶都有各种年度演习计划表,除公司 SMS 有明确规定①以外,船舶应每月至少进行一次消防演习。

参与演习人员应着装规范。每次演习应假设火灾场所、火灾种类和火灾蔓延趋势。根据船舶种类,相应成立消防队、技术队、救援队等,客船还应组成乘客疏散队。这些小组应具备在任何时候都能完成其职责的能力。

船舶处于营运期间的消防演习由船长任总指挥。机器处所的现场指挥由轮机长担任,其他处所的现场指挥由大副担任。拖船船队的总指挥由拖船船长担任,现场指挥由拖船大副或被拖船舶负责人担任。

船舶火警发出后,船员按应变部署携有规定的器材 2 min 内到指定地点集合,听从现场指挥的命令,实施各自的行动。

演习结束,应进行评估,并在航海日志和消防演习记录中记录:

1. 演习起止时间、船位、参加人员。

2. 假设的火灾部位。

---

① 有的航运企业规定每周举行一次消防演习。

3. 演习内容和全过程中：(1)信号是否明确；(2)动作是否规范；(3)人员是否到位；(4)演习程序是否符合本标准要求。

演习中使用过的器材、设备应立即放回原处并恢复到完好的操作状态，发现任何故障和缺陷，应尽快消除。

在6个月内，每次演习选择的处所不能重复，并应覆盖所有科目和处所。

三、演习通用程序和要求

1. 火灾的发现与报警

驾驶室值班人员发现火灾报警控制板显示火灾信号；或发现火灾人员大声呼叫某处所失火，并向驾驶室值班人员详细报告失火部位和情况；或某处所的值班人员发现火灾，应立即击发附近火灾报警按钮。

2. 发出全船火灾警报信号

驾驶室值班人员立即向总指挥报告，并发出全船火灾信号。

3. 全体船员的行动

船长接到火灾报告，应立即到驾驶室指挥火灾扑救。驾驶室值班人员按总指挥命令，关闭驾驶室所控制的通往火灾区域的通风，操纵船舶使着火部位处于下风。根据指令，将船舶移至安全地点，并做好如下记录：(1)接到火灾报告的时间、船位；(2)报告人、着火部位；(3)火灾扑救的过程。

机舱值班人员按总指挥的命令做好主机备车、减速、停车准备工作，迅速起动消防泵或应急消防泵。

除固定值班人员外的人员按照应变部署规定携带消防、救护器材到指定地点集合。听从现场指挥的命令，并完成下列工作：

(1)消防队负责现场探火、灭火；

(2)技术队负责关闭现场通风、门、窗、舱口、风斗、手动防火门及防火挡板，切断燃油、电源，利用浸水毛毯堵住孔洞或进行破拆，搬开靠近火灾区域的易燃品；

(3)救援队组负责现场救护伤员，向现场提供救援所需的器材；

(4)疏散组负责引导旅客至安全处所。

4. 实施火灾扑救

(1)对火灾处所采取防止火势蔓延的控制措施。

(2)向报警者了解情况，进行火灾现场的外部观察。

(3)组织人员探火，查明火源和人员是否被困。

(4)根据现场了解和探火查明的情况，决定采取扑救措施。

现场指挥随时将现场情况向总指挥报告；总指挥根据现场情况报告决策扑救方案。

5. 演习完毕

由总指挥发出解除警报，信号为警报器或汽笛鸣放一长声。

四、各处所演习和要求

1. 机舱处所

现场指挥组织指挥机舱人员：利用机舱内的消防器材进行现场施救；铺设消防水带灭

火。假设现场扑救无效,火势蔓延无法控制,下达封舱命令,同时指定人员到固定式灭火系统控制站做好释放灭火剂的准备。被指定到固定式灭火系统控制站做释放灭火剂准备的人员按要求做好释放准备,并将准备情况报告总指挥。

现场指挥根据总指挥下达的封舱命令,立即组织现场人员撤离,同时指定人员:

(1)戴好紧急逃生呼吸器,携带轮机日志及各类文件、资料,撤离机舱;

(2)关闭油柜速闭阀,起动应急发电机;

(3)关闭水密门、防火门、通风筒、机舱顶部通风口;

(4)释放储气钢瓶压力容器安全阀。

假设有人受困,探火员穿戴消防员装备进入机器处所,搜寻抢救被困人员。现场指挥根据各部位人员的情况报告、清点人数,确认人员全部撤离机器处所,确认无人滞留火场。

现场指挥向总指挥报告封舱情况,人员已经全部撤离,请求使用固定式灭火系统。

总指挥根据现场指挥的报告,下达命令开启固定式灭火系统,释放灭火剂;对机舱围蔽进行冷却、监护。确认火势得到控制后,派人进入机舱处所探火。

2. 客船客运区

客运部主任组织指挥客运工作人员:抢救起火部位被困旅客和伤员;稳定旅客情绪,指导旅客穿好救生衣;在通道口、楼道口、拐弯处引导旅客至安全处所;清点旅客人数:清理有关资料,做好转移准备。

现场指挥根据总指挥的指令,指挥各队人员:

(1)利用消防器材对现场进行隔离控制;

(2)切断现场电源,同时关闭门窗、防火门、水密门和通风系统;

(3)探火人员佩戴消防员装备进入失火部位搜寻抢救被困人员;

(4)铺设消防水带扑灭火灾;

(5)疏通排水孔,及时排水;

(6)穿戴消防员装备进入现场探火。

3. 起居服务处所

现场指挥组织指挥各队人员:

(1)关闭火灾区域的门窗、防火门、通风系统,切断电源,关闭通往厨房油路(使用油灶或气灶);

(2)控制和撤离易燃物品;备好必要的灭火器材,铺设消防水带,冷却与火场相邻的舱壁。

(3)进入火场,利用灭火器及消防水对起火部位进行扑救;

(4)佩戴消防员装备进入失火部位疏通排水孔,探明火源,搜寻被困人员。

假设在失火处所发现有被困或受伤人员,现场指挥应指定人员穿戴消防员装备,携带抢救器材进入失火处所,将被困或受伤人员抢救至安全处所。

4. 干货舱

现场指挥根据货物性质穿戴防护用品,组织各组人员正确选用手提式灭火器对着火部位进行扑救;铺设消防水带,做好喷射准备。

火势蔓延无法控制,现场指挥组织指挥各组人员:

(1)撤离现场。

(2)关闭失火货舱舱盖、货舱通风系统及电源。

(3)用消防水对失火货舱的甲板、舱壁进行冷却。各组人员将实施情况向现场指挥报告。

开启固定灭火系统,释放灭火剂,现场指挥派人确认失火货舱无泄漏孔洞。对货舱围蔽进行冷却、监护;确认火势得到控制后,安排人员进入货舱探火。

5. 液货舱

总指挥命令起动消防泵、水雾喷淋系统。指定人员做好开启固定式灭火系统的准备。被指定到固定式灭火系统控制站做释放灭火剂准备的人员做好释放准备,并将准备情况报告总指挥。

现场指挥根据货物性质穿戴防护用品,组织各组人员:

(1)油舱:立即停泵,拆除输油管;关闭相关的阀门、透气阀;铺设消防水带,冷却甲板。

(2)液化气舱:开启应急截止阀;停止货泵/货物压缩机运转;关闭货物管道上的所有阀门、所有水密门、除封闭循环外的所有通风装置;穿戴消防员装备在水雾的保护下,关闭处于火场中可切断且没漏气源的阀门;用足量的水冷却失火货舱及其附近区域,对漏出的液化气进行有控制的燃烧。

现场指挥组织指挥各组人员实施:

(1)使用甲板泡沫炮或泡沫枪(干粉炮、干粉枪)向着火区域实施灭火;

(2)有受伤人员,现场指挥应指令救护队对伤员进行救护。

6. 甲板区域

现场指挥根据货物性质,组织各组人员正确选用手提式灭火器对着火区域进行扑救,关闭着火区域货舱舱盖、通风系统及电源;铺设消防水带,对着火区域甲板、舱壁等进行冷却、灭火。

7. 物料间(油漆间)

现场指挥组织各组人员:关闭门、窗、通风系统,切断电源;控制和撤离易燃物品,备好必要的灭火器材,铺设消防水带,冷却相邻的舱壁;利用灭火器及消防水进行扑救。

五、演习质量评估

每次演习都要对演习质量进行评估,虽然演习程序及内容,没有国际统一标准,公司、船舶、船长等的做法存有差异,但仍有一些共性内容,而且也是一些国家 PSC 重点检查项目。

评估演习质量的好坏,应考虑下列内容:

(1)对假定火灾演习场所是否熟悉。每次演习假定一个火灾地点,船员是否对这个场所熟悉?诸如其内部主要设备实施、报警人员是否能清楚说明假定火灾失火位置和性质。

(2)报警所需的时长。假定火灾被某位船员发现,其通知值班人员火的位置及性质,以及值班人员确认并发出全船火警,记录从开始到结束所用时间,判断是否满足目标要求。

(3)船员集合所需的时间。从火灾警报发出开始,船员穿戴个人防护装备,携带消防器材及工具到达指定集合地点,到所有人员就位结束的所需时间。

(4)船内通信与沟通。总指挥、现场指挥、各个应急队之间的通信是否畅通?是否有命令下达、现场情况与反馈?使用通信设备状态是否完好?船长指挥和现场指挥能力如何?

(5)船员间合作状况。按照应变部署,船员之间相互配合情况,是否熟悉消防设备及其使用?假定某一个船员不能参加,由哪个人替代?

(6)应急反应的时间和设备准备状况。从火警发出开始,到灭火现场做好各项灭火及隔离准备工作的所需时间;消防泵起动、水带和水枪的连接与消火栓(不能扭结)、通风及燃油控制等。

(7)船员扑救火灾的动作。进入火场开门动作、舱内行动、操作灭火设备、安全防护等动作是否规范?模拟使用固定式灭火系统操作。

(8)火灾扑救后的管理和讲评。做好演习中所用设备检查、所用器材归位、消防员呼吸气瓶充填或更换、消耗材料补充等事项;讲评并记录演习全过程,其中包括不足方面、改进措施,留记录备查。

第五章 控制船舶火灾的战术与指挥

第一节 船舶灭火基本战术

一、灭火战术指导思想

对于一场火灾，人们希望在最短时间内，以最快的速度、最少的消耗迅速扑灭它，并能做到最大限度地减少火灾的损失。因此，通过多年实践和总结，对扑救火灾行之有效、通用性强的灭火战术原则和战术方法统称基本战术。

灭火战术指导思想是指导灭火战斗的基本观点，它属于灭火战术原则范畴。

1. 速战速决

速战速决实质是体现一个"快"字，还有一个"准"字。以最快的速度，在最短的时间内，在准备充分的条件下，以迅速的行动和有效措施制止火灾蔓延，与火势蔓延速度争时间、抢速度，达到以快制快，即：报警要快，全体船员能以熟练的动作行动，确保在极短时间内迅速、安全到达集合地点；火情侦查情况要快而准确；灭火的指挥决策要快而准确；灭火战斗展开要快，占领位置要快，向火点进攻要快。目的是不失时机，迅速扑灭火灾，把火灾消灭在发展的初级阶段，使火灾损失减到最小。

灭火行动是在有充分准备条件下进行的，火场指挥必须心中有数、判断正确，及时迅速向火场派出足够的灭火力量，正确选择主攻目标；正确选择灭火剂及灭火方法；保证火场通信联络畅通无阻。

2. 集中人力

集中人力，是指在灭火战斗中把兵力集中调配到火场及其主要方面和地段。也就是说集中人力于火场，集中人力于火场主要方面，以使灭火力量与火势的对比形成优势，保证有足够力量来控制火势，进而扑灭火灾。

集中人力的目的：一是及时扑灭初期火灾；二是有效地控制中期火灾，为最终控制火势，消灭火灾创造条件。

3. 打歼灭战

歼灭战是灭火战术的基本要求，是灭火进攻战斗的基本原则。打歼灭战必须以先集中人力为前提，抓住有利战机，根据火场的具体情况，灵活运用战术，对火势实施有效控制，包围火点，速战速决，在短时间内夺取灭火的胜利。

歼灭战是实现快速扑灭火灾的主要手段。选择火势蔓延猛烈方面进攻，集中足够人力，制定周密的应急预案，充分发挥协同作战的威力，是确保实施歼灭战的重要条件，积极控制火势，迅速全面彻底扑灭火灾。

二、灭火战术的原则

灭火战术的原则是从灭火战斗活动规律中抽象出来的指导灭火战斗的准则，是具体灭火中一个总体指导原则，是灭火战斗行动的依据和指南。其原则是“先控制，后消灭。先探明火情，后采取行动”。

1. 先控制，后消灭

船舶火灾与其他火灾相比有着空间狭窄、机器设备集中、在海上难以得到外援等特点，船舶一旦发生火灾，往往火势迅猛，难以控制。根据船舶火灾事故的统计资料，90%的损失是由于对初期火灾缺乏控制而引起的。

“先控制”是指火灾发生后，最先发现或赶到的人员首先采取积极的控制，对发展的火势实施有效控制，防止蔓延扩大，为迅速消灭火灾创造有利条件，若盲目采取灭火行动，则往往灭火不得要领，致使火灾扩大开来，导致无法扑救的严重后果。值得注意的是不能简单从字面上理解先控制，对于初期小火，在有足够灭火器材和人力的条件下，可以一举扑灭的火灾。对不同的火灾，有不同的控制方法。一般地说，有直接控制火势，防止灾情扩大。有间接控制，如对火场周围进行冷却，防止热传导；切断通风，关闭门窗；防止油品沸溢；阻止可燃液体流散；防止飞火，防止复燃；排除或防止危险货物发生爆炸等均在控制之列。控制是通过一系列战术、技术措施来实现控制目的的。

“后消灭”就是在控制火势的同时，集中人力对着火目标展开全面进攻，逐一或全面彻底消灭火灾。“后消灭”，不能理解为消极地等待控制之后，再组织进攻扑灭火灾。消灭火灾是灭火战斗的最终目的，彻底扑灭火灾总是在控制之后最终完成的。“后消灭”，是在控制的前提下，主动向火点进攻，在控制过程中开始进行消灭，直至达到全面彻底完成消灭火灾的目的。

“先控制，后消灭”包含着控制与消灭，被动与主动的辩证关系。“先控制，后消灭”虽从字面意思像有先后之分，但在灭火战斗实践中，两者是紧密相连的，不能截然分开。前者是扑灭火灾减少损失的有效手段，后者是前者的继续和发展。

2. 先探明火情，后采取行动

灭火行动实际上就是一场战斗，要想取得战斗的胜利，必须对“敌人”的情况做到心中有数，“知己知彼，百战不殆”。不探明火情，就匆忙采取灭火行动，达不到预期效果，可能造成更大的次生灾害。

先探明火情，就是运用适当方法对火灾区域、火灾的性质、火灾的规模进行调查研究，特别是有无受困人员和危险货物,为采取正确的灭火行动提供丰富的材料。有的时候火灾太大,人员根本无法接近,就不能机械地等待探明全部的火情,白白丧失扑救时机。正确的做法是尽可能多地获取火情资料,利用已掌握的材料,大胆做出判断,发出灭火行动命令。

后采取行动,实际上就是扑救的行动。在探明火情的前提下采取行动,坚决反对盲目行动,特别是危险货物,盲目行动会造成更大的损失。

3. 战术原则的运用

运用船舶灭火战术原则时,要注意下列几点:

(1)“先控制,后消灭”与“先探明火情,后采取行动”是紧密相连的。这两条原则是不分先后,一个问题的两个方面。对一个具体火灾时,既要控制,也要探明火情,绝不能人为地将他们割裂开来。采取灭火行动时,没有“控制”是不行的,没有“探明火情”也是不允许的。

(2)充分调查研究。首先要熟悉掌握火场的各种情报信息,包括当时船舶情况、火场实际情况、火场周围情况、航道水深和通航密度情况、海上风浪等。船舶指挥人员既事先心中有数,又充分掌握实际火场情报,便于正确决策。充分调查研究,正确认识客观,达到主客观一致,是贯彻战术原则。

(3)掌握好有利时机。任何火场都存在着控制火势、消灭火灾的有利时机。只有掌握这一时机,在恰当时间、空间,合理使用人力,才能运用好“先控制,后消灭”的战术原则,掌握灭火主动权。抓住有利战机是实现控制火势、消灭火灾的重要环节。

三、基本战术方法

船舶灭火的基本战术是根据火的燃烧理论,结合船舶灭火的实际需要,总结出一些通用性强、具有普遍指导意义的方法。基本战术可以单独使用,而在部分情况下则需综合运用才能达到灭火的目的。每一个基本战术都有其运用的时机、运用的要求和应该注意的问题,只有深刻理解其正确含义,才能在实际灭火时灵活返用,发挥出有效的作用。船舶灭火的基本战术如下:

1. 封堵火势

这一战术在船舶灭火过程中应用十分广泛,封堵火势既是对火灾的初期控制,有时也是一种具体的灭火方法。其原理就是通过封闭所有通风孔,断绝燃烧所需要的氧气,使火灾窒息消灭。

封堵的时机是初期火灾,到场的人员较少或无合适的灭火手段,此时最有效的灭火方法就是将所有通风孔关闭,使火灾窒息消灭。船上装有易燃货物时,如棉花、煤炭、黄麻等,因人员和设备不足,开舱直接扑灭会使火灾扩大,也应采取封堵火势这一基本战术。机舱或其他舱室火灾迅猛,根本无法接近时,最好的办法也是采取封堵战术。

一旦决定采取封堵火势的战术,则要求务必彻底封闭所有与该舱室相连的通风孔,尤其船龄较大的船舶舱密闭性差,必须仔细巡视,将可能通风之处用封舱胶布进行封闭,否则非但不能扑灭火灾,反而使火灾蓄势待发,隐藏着更大的危险。

封堵火势的过程中,为了增强灭火效果,往往与其他战术综合运用,这时需要特别注意的是要充分调查与研究，判断可行性和有无其他危险。

2. 防护周围

防护周围，就是防止火从起源处蔓延出去。如果能达到此目的，火灾通常就能够加以控制，并且能减少损失。防护周围，首先必须将火势从六个方面有效地围住，用消防水对所有可能引起火灾蔓延的通风口和开口以及舱壁进行周围冷却，特别是对存有危险货物和重点保护区域的地点，要重点防护。

这一战术显然不是一种直接灭火的方法，但是却作为一种辅助措施经常被使用。如某船一舱失火，而它的邻近舱室装有危险货物，在扑救火灾的同时还必须用水喷洒与它相邻的舱壁，防止热传导造成危险货物燃烧甚至爆炸。防护周围的运用时机是在火灾周围存在易燃易爆等危险货物时，为防止热传导对其造成危险而采取的一系列措施。具体地说，油船失火、机舱失火、装有危险货物等情况下，在进行灭火的同时，必须运用“防护周围”的战术作为辅助。有时为了防止火灾引燃其他货物而采取的移动货物，留出足够的隔离带，也属于这一战术的具体应用。

3. 直接扑救

直接扑救是指灭火人员接近火区，将灭火剂直接喷射到着火点上，使火熄灭的扑救方式。这种人与火焰面对面的搏斗，需要灭火者具有顽强的毅力和奋不顾身的精神。运用时机是在火灾已被控制住，且对火情已调查清楚，有充足的人员和装备时，在灭火中应尽可能地采用这种方式，因直接扑救法能起到最快地扑灭火势和使火灾损失降低至最小的效果。在火场面积大、温度高或浓烟不散的情况下，直接扑救需要消防队员佩戴空气呼吸器、携带消防员装备、采取通风排烟措施和水枪掩护等情况下展开。

对于封闭舱室的火灾，舱室内火场的温度及其周围的温度，一般可达 760 ℃左右，如果此时直接打开防火门进入火灾现场，会使大量新鲜空气进入火区，产生“回火”现象，使火势迅速增大，十分危险。正确方式是对防火门周围进行充分冷却降温，当门周围温度低于 55 ℃时，方可在消防水掩护下，将门打开一道缝，使用开花水枪对舱室顶部喷洒降温，再进入火场。

4. 间接扑救

间接扑救大多用于舱室或封闭空间内发生的严重火情，在这类舱室内火势猛烈，火浪灼炽，毒烟弥漫，使灭火人员无法进入和接近；或者当着火舱室内存在气瓶、油桶即将爆炸的危险时，可采用间接扑救方式灭火。在这种情况下，要严密封闭门、舱口和通风系统，切断空气进入的通道及火灾可能蔓延的途径，然后起动固定二氧化碳灭火系统释放二氧化碳进入火场。使用二氧化碳作灭火剂的间接扑救，能收到更好的灭火效果。在施行间接扑救的同时，应组织力量用水枪对着火舱室外壁喷水冷却，避免灼热舱壁烤燃邻室，发生二次火灾。

也可从火区较远的合适地点打开一个或几个小口，插入喷雾水枪喷嘴，尽量将水雾连续向着火面覆盖，火焰及火区的高温将把水雾转变成蒸汽，使其产生冷却和窒息作用。这种灭火方法在火被严密封闭，水蒸气能够起到减少火区空间氧气浓度的条件下，才能达到预期的灭火效果。但在舱容大，可燃物多，火势已极为猛烈且舱壁强度相对较薄弱的情况下，采用上述扑救方法应十分谨慎，防止大量水蒸气的高压导致着火舱室爆炸的恶性事故的发生。

5. 疏灭结合

在扑救货舱火灾过程中，由于起火点隐藏在货舱深处，舱面和开口只是出现大量浓烟，难以发现火源，在积极采取灭火行动的同时，为减少货物的水渍损失和方便灭火，组织人力进行疏散货物（卸出货物），将舱面的货物转移到安全的地方，逐渐使起火点显露出来，对火点展开扑救。一定是在火灾区域得到控制后，在保证船舶稳性和纵向强度的前提下，组织实施此战术。实施此战术应注意以下几点：

（1）应组织有足够的人力、消防能力和装卸设备及人员防护用具，确保进入火场人员的安全。

（2）将周围舱室内货物卸出后，为保证船舶稳性，应边灭火边排除舱内积水，防止船舶倾覆。

（3）应对火场内部进行侦察，确认没有爆炸和燃轰的危险，且内部温度不高，人员方可进入。

（4）进行疏散货物时，消防队要有效控制，控制通风，驱除烟雾，保证人员呼吸。

多起火灾扑救实践证明，在港口内采用疏灭结合战术效果明显，特别是对客滚船和集装箱船的货舱效果好，火灾造成损失少。

6. 确立重点突破，逐片消灭

当火场上的火势猛烈，烟雾弥漫，进攻的危险性较大时，由于灭火战斗需要又必须去完成某些艰巨任务（营救生命、排除险情、保护要害、打开通路），而必须从火场上的关键部位、关键时机强行打开突破口，强攻火点，选准突破点，强行攻击的战术突破方法，称为重点突破。重点突破，必须组织精干力量，选用精良有效的装备器材和灭火剂，配备安全防护装具，选准突破口，选准时机，坚决果断，完成预定的目标。

逐片消灭是在重点突破基础之上，将大面积火区或火灾态势比较复杂的火场进行分割、包围后，逐片控制消灭。

7. 转移灭火阵地，变不利为有利

船舶火灾既能发生在港口区域，也能在远离港口的海区。在航行中发生火灾，有的部位火灾可以依靠船员的力量，进行扑救，如居住区、物料间等，但对于货舱火灾等由于起火点不明、燃烧物的性质不明，考虑到人员安全和船舶安全问题、货物损失等问题，船舶采取“保守”措施，先采用间接灭火战术，封闭舱室，注入二氧化碳，用水冷却周围，但在海上不可贸然采取开舱察看，以免新鲜空气进入，导致火势难以控制。

船舶采取积极控制火情的同时，改变航线驶往就近港口，请求水上消防队救援，由专业消防队员扑救，即使这样，有的港口水上消防设备配备不足，因失火船舶船舷较高、风浪大，难以有更多消防力量靠近船舶，灭火效果受到一定影响。如条件允许，将船引航至港内空旷码头靠泊，组织大量人力和扑救力量对船舶火灾扑救，消防员登船方便，进攻点多，还可避免海上涌浪对船舶影响，使海上船舶火灾变成“陆地”扑救，将不利条件变为有利条件。

第二节 船舶灭火指挥

一、火场指挥概述

船舶灭火是一项非常复杂的工作，不仅需要船员掌握一定的消防技术，同时，灭火指挥的成败也是灭火行动的关键。良好的指挥，可以使船舶利用有限的资源，发挥最大的效用，减少伤亡和损失；糟糕的指挥，将会使灭火行动成为一盘散沙，不仅不能有效地扑灭火灾，甚至会使船员、船舶的安全受到更大的威胁。

（一）火场指挥的能力要求

1. 冷静思考

冷静思考主要是指面对火情的发展变化能够沉着冷静，及时查明和准确判断火情发展变化的能力。船舶火灾，通常火势发展变化异常迅速、猛烈，热、烟、毒的危害性极大，有时火场情况难以预见，指挥人员要看清火情，就必须具备敏锐的观察思考能力；要随时掌握灭火信息，信息是灭火成败的关键，指挥人员只有时刻把握火场信息，才能运用科学的逻辑思维和辩证的思维方法，对火场情况做出准确的分析判断，有效地布置好兵力，掌握灭火战斗的主动权。

2. 快速决断

对于复杂的火场都应多谋善断，对于复杂火场，指挥人员必须运用所掌握的渊博知识，运筹帷幄地把握战机，做到查明情况快、做出判断快、决策快。“当断不断，必遭其乱”，充分说明指挥人员在火场上多谋善断的重要性，它直接关系到灭火的成败。

3. 及时应变

船舶火灾、火场情况复杂多变，指挥人员应具有较强的现场应变能力，以积极主动的战斗行动保持有利态势，善于收集和分析船舶案例、战时能够基于火场实际，审时度势，打破“常规”，采取及时、恰当的灭火行动方法，以达到快速灭火的目的。

4. 良好的组织协调

火场就是战场，一个大的火场，要想扑救成功，最大限度地减少损失，作为灭火行动的指挥者，必须有协调火场中各要素之间关系的能力，即船员编组，组与组之间的配合行动，消防器材设备的合理分配等；否则极易造成火场混乱。

5. 科学管理

科学管理主要是指正确实施火场管理的能力。现代灭火战斗，由于参战的各种灭火力量多，固定式、移动式消防器材装备、设施复杂，火场情况千变万化，给火场管理带来一系列问题。指挥人员应当运用科学的管理方法，通盘筹划，科学管理。

二、火场指挥原则

1. 兼顾全局，把握重点

灭火指挥在决定灭火措施时，必须在统一的应急计划下，树立灭火战斗的整体观念，坚决完成战斗任务。在兼顾全局的前提下，灭火指挥还必须着重关照好重点区域的灭火情况。在兼顾全局的过程中要抓住主要矛盾，应把自己注意力的重心始终放在那些对全局具有决定意义的重点环节上，而不应放在其他问题上。重点环节有：火场情况的发展、人员营救、人员和设备部署与运用、战术方法选定等。只有抓住重点问题，才能使问题一个一个地迎刃而解，推动全局的发展。

2. 及时、正确下定决心，迅速、周密组织战斗

决心是指挥者对灭火作战目的和行动的基本决定，是组织指挥的基础，是灭火行动的依据。下定决心的基本要求是及时、正确。所谓及时，就是切合战机。所谓正确，就是使主观指挥符合客观实际。及时、正确，两者是密切联系不可分割的。及时、正确的决心是靠正确理解任务和对各种情况做出正确判断的过程。下定决心可以根据搜集资料、积累的经验运用科学方法分析判断，形成几个方案，再从中优选。

下定决心后，即应组织战斗，组织战斗的基本要求是迅速、周密。迅速是为了不失时机扑救火灾，力争在火灾初期阶段予以消灭。周密组织在于应付扑救过程中出现的各种复杂情况，保障决心实现。为此，应尽量提高组织灭火战斗的效率，全面考虑到战斗全过程的各个阶段和各个方面，要充分估计到可能出现的情况，做好应付各种困难复杂情况的多手准备。既要统筹全局，安排好各项工作，又要确保重点，集中时间和精力解决好对战斗全局起关键作用的问题。

3. 集中指挥

实行集中指挥，就是将灭火应急计划、船舶灭火力量，以及消防设备、设施全部的行动统一起来，使其协调一致地去完成总的灭火战斗目的。在灭火行动过程中，现场指挥及船员应积极贯彻船舶总指挥的意图，坚决执行命令，严格遵守火场纪律，增强时间观念，按统一的部署行动，确保集中指挥的实现。

4. 实施坚定、灵活、不间断指挥

坚定、灵活、不间断指挥是灭火指挥的基本要求，也是灭火战斗指挥艺术的集中表现。有效的灭火行动，取决于有效的指挥和控制。

灭火指挥的坚定性，就是坚决贯彻既定决心，以无可动摇的信心和毅力去完成的灭火任务。现代船舶灭火战斗，火场形势紧张、激烈、艰苦，特别是在恶性火灾面前，会对指挥人员产生巨大压力，火场指挥人员应勇于克服困难，坚定沉着保持作战方向。

灭火指挥的灵活性，就是在火场情况发生根本变化时，原定的计划已经部分不符合或完全不符合客观实际时，不能呆板行事，坐等灭火主动权从自己手中丧失，要善于根据火场上变化的情况，当机立断，毅然改变计划，变更决心，快速反应，实施灵活指挥。

灭火指挥的不间断性，就是对火场情况反复连续地实施实地调查、研究，全面掌握火场情况，按住火情发展的脉搏，善于预见灭火战斗的发展变化，对灭火战斗行动实施不间断指导，以加速灭火战斗进程，促使战斗向胜利方向发展。

三、火场指挥的形式和方式方法

1. 按照船舶火灾应急预案指挥灭火

若火场情况与船舶火灾应急预案相符或基本相符时，作战指挥可以按灭火应急预案的战斗部署进行，或可以参照灭火应急预案，结合火场现场实际进行指挥。

船舶火灾应急预案是经过事先大量调查研究、周密计算,甚至经过实地演练,几经修正制定的灭火行动方案和最佳的灭火行动措施,因此,按照船舶火灾应急预案指挥具有一定的优越性:

(1)灭火指挥人员能保证火场上灭火作战的整体性,减少或避免作战行动的盲目性;

(2)参与灭火的船员对船舶的特点等情况比较熟悉,任务明确,思想上和行动上事先都有所准备,大大缩短了指挥和灭火行动的时间,赢得灭火主动权;

(3)根据应急预案提供的各种依据和提示,可帮助指挥人员应付火场上情况的突变,提高应变能力。

按照船舶火灾应急预案指挥灭火,并不意味着在火场上一定按照预案一成不变地处理,应以应急预案为依据,结合火场实际,审时度势,不断进行战斗部署的调整,以适应火场新情况的发生。

2. 临场指挥

临场指挥是根据火灾现场的实际情况,临场确定灭火指挥决策和灭火行动方案的指挥形式。其原因是没有制定灭火应急预案的火灾现场;灭火应急预案所对应的火灾情况与火灾现场的实际情况不相符或相差甚远,按照灭火应急预案无法实施灭火行动的现场;火场发生突变,部分情况与原预案不服,灭火战斗行动需要进行较大调整和更改的火灾现场。

临场指挥应从火灾现场实际情况出发,结合灭火战术原则,灵活运用战术方法,正确部署灭火力量;尽力合理分配灭火力量,加强各灭火力量之间的协调配合,发挥其最大的灭火作用;尽早搜集情报,掌握信息,快速决策,提早下达指令;要通过各种手段,始终保持与各灭火力量的联系,发现问题、及时纠正。

四、灭火指挥决策

决策的含义是选择决定策略,也就是对策略的决断。及时、果断、正确的决策是每一个指挥在灭火战斗中最关心的问题、最重要的工作、最大量的活动,是灭火指挥的核心。

1. 决策的分类

灭火作战指挥中需要决策的问题很多,概括起来主要有三类:情报决策、组织决策和作战决策。

(1)情报决策。情报决策是分析判断情报真相,衡量其价值的决策。进行情报决策首先要确定情报资料,哪些是真实的,哪些可能是虚假的,同时对这些情报进行整理概括,并淘汰多余细节;对情报质量进行评估,从一个情况的各个特征中找出基本的、本质的特征,并与其他情况综合分析判断,得出正确结论。

(2)组织决策。组织决策为了达到预定的灭火战斗目的,对人员、消防装备器材、灭火设施等进行科学编组,使之发挥最佳作用的决策。如消防队、人员部署等是决策的主要内容。

组织决策可以在灭火战斗之前进行(灭火作战计划);也可在战斗准备阶段和灭火战斗过程进行;组织决策也可能在灭火战斗结束后才全部完成;组织决策可以是长久的,也可能是临时的。组织决策要以情报决策为前提。

(3)作战决策。作战决策是指为了达到灭火战斗目的,确定消防组及各种灭火力量所要采取的各种战斗及其保障活动的决策。它包括与战斗活动有关的各种决策工作。主要包括：确定灭火战斗行动的目标，明确火场主要突击方向；人力、装备器材的部署和使用方法；组织灭火战斗协同动作；组织各种保障等。作战决策是火场指挥官指挥活动中最重要，也是最复杂的决策。

2. 决策程序

在灭火战斗中，不论哪种决策，都要有一个科学的决策程序。一般概括为八个步骤：

第一步是发现问题。比较目前情况和所期望的情况之间的差距，有了差距就能找出问题。

第二步是确定目标。有了差距，就要追查产生差距的原因，通过调查研究，进行预测，弄清现状和未来，从而明确目标。

第三步是价值准则。价值准则是为以后评价和选择方案判定一个明确的标准。如，灭火战斗作战方案中，在具体执行时是以营救人员、控制火势；还是以向火场主要方面突击，控制火势，消灭火灾作为衡量方案优劣的标准。由于不同的火场标准不同，选择的方案就不相同。

第四步是拟订方案。充分发挥各级火场指挥的作用，拟出尽可能多的战斗行动方案供优选。

第五步是分析评估。当出现多个行动方案之后，必须再找出各种且要限制因素，以便逐步减少可行方案的数目，最后留下几个可以进行详细比较的方案，以便进一步优化。

第六步是方案选择。灭火指挥决策者通过对不同方案的分析对比，权衡利弊，从中选定一个方案。

第七步是试验实证。重要的决策，当方案选定之后，只要有可能，就要进行局部试验，以鉴定方案的可行性和可靠性（制定灭火预案时，更应如此）。对一些不能进行试验的作战方案，要力求进行模拟仿真试验。

第八步是最终实施。它是决策程序的最后阶段，在实施过程中，还必须加强信息反馈。采用追踪检查和决策修正的方法，以保证达到预定目标。

指挥官主要责任则是严格地掌握决策程序和把精力集中在信息反馈上，在发现问题、确定目标、方案决断中起关键作用。

3. 决策技术类型

在灭火战斗中，根据决策对象的性质不同，决策技术的类型也有所不同。常见的有确定型决策、风险型决策、非确定型决策和经验决策。

（1）确定型决策

确定型决策即已知某种自然状态必然发生，决策者根据希望达到的目标，在两个或两个以上方案中选择最佳的方案。

（2）风险型决策（随机决策）

风险型决策即不知道哪一种自然状态必然发生，但每一种自然状态发生的概率是可以预先估计或由其他方法得到的。这样就可以通过一些数学方法进行计算得出正确决策。风险型决策是带有一定风险的，其决策方法有最大可能法、期望值法、决策树法、矩阵法四种。

(3)确非确定型决策

非确定型决策是指存在两个以上不以决策者的意志为转移的自然状态发生的概率，而且每种自然状态发生的概率也不知道，往往不宜做出主观估计。非确定型决策又是灭火指挥过程中经常遇到的情况，一般用乐观值准则、悲观值准则、折中决策准则等可能决策准则。

决策技术必须根据现代灭火战斗特点，运用运筹学理论，为灭火作战指挥决策提供大量的使作战行动数量化、最优化方法。例如，用概率论、数理统计等方法，去描述主灭火作战中的大量偶然现象。

(4)经验决策

灭火战斗实践证明，传统的经验决策，仍然是处理大量决策问题的有效手段。以往的灭火战斗中，就指挥员决策思维的本质特征来说，也不外乎确定型、风险型、非确定型三种情况，由于灭火作战的许多问题还很难用数学方法作出定量描述，情报决策或组织决策在灭火战斗中遇到的问题，目前还不可能采用数学方法解决。所以，在灭火战例中屡次被实践证明是成功的并经过一定理论概括的经验，至今仍有实践指导意义。因此，经验决策也是科学决策一种，决策者在进行经验决策时，都必须确立见解，收集事实；都必须检验事实；要注意排除先入为主，以感情代替原则和固有的成见等非理性思考；还要考虑试探性的解决方案，充分发挥集体智慧，广泛听取有识之士的意见，尔后果断地进行决策并付诸实施。

灭火战斗中，火场指挥员要成为一位明智的决策者，必须加强个人的素质和修养。要学习理论，勇于实践，既要学习前人和别人的经验，又要认真学习自己的成功的和失败的经验，不断更新和充实自己的知识，才能成为一个合格指挥员。

第三节 火灾中船舶通信与协调

一、与船外通信

在船舶发生火灾时和在救火过程出现其他险情时，及时利用船舶通信设备将船内的紧急情况通知有关各方。

当险情出现后，马上与公司主管取得联系，船长向公司通信的内容要详细，供主管参考，及早采取相应的对策。

通信内容有如下几个方面：

(1)船舶火灾状况。其包括起火原因、时间(UTC/LT)、火灾位置、船首尾的吃水、预计火灾危险发展情况。

(2)船舶动力系统状况。其包括“四机一炉”状况以及消防水和其他管系情况。

(3)船位和天气海况等。其包括距浅滩的距离、流速与流向、预计船舶漂至浅滩的时间、天气和海况、天气预报。

(4)船舶采取的行动

人员：集合船上的应急组织；探火与救助前，探火队员的检查；执行船上应急的人员是否胜任？是否充足的后援组织？是否需要外界的援助？是否已考虑到撤离通道和时机？是否需要人员弃船准备？对伤员救护是否及时到位？

采取控制措施：隔绝火场；限制通风；切断燃油供应/从火场附近移走油漆、油等可燃物等；改变航向控制火的蔓延方向；冷却周围。

消防设备：哪些灭火设备在使用？需要哪些设备？灭火设备是否充足？如何才能发挥最大效率？

(5)对外通信情况：管理公司、船东、租船人、代理；P&I(船东互保协会)；当地搜救中心(RCC)、附近船舶情况。

(6)需要的援助：包括船员救助、医疗救援、救助设备、拖带作业等。

3. 与当地海事局和搜救中心联系

当船舶需要海上救助时，可通过海上通信无线电话、海岸电台、卫星地面站、应急无线电示位标或公众通信网(海上救助专用电话号“12395”)等方式，向RCC/AMVER(海上搜救中心/船位报告系统)报警。

向海上搜救中心报告信息时，应包括以下内容：事件发生的时间、位置；船舶火灾状况；船舶的名称、种类、国籍、呼号、联系方式。

如果时间允许，船方尽可能提供下列信息：船舶的主要尺度、所有人、代理人、经营人、承运人；船上人员的数量及伤亡情况；载货情况，特别是载有危险货物，应提供货物的名称、种类、数量；事发直接原因、已采取的措施、救助请求；事发现场的气象、海况信息，包括风力、风向、流向、流速、潮汐、水温、浪高等。

事故后应向海事局主管机关提交事故报告，其事故报告内容包括：火灾的原因与性质、事故及应急操作的过程、损失情况、避免发生同类事故发生及其引发的任何安全问题提供的建议。如船在国外，根据港口国格式提交事故报告。

4. 当地消防队通信

与当地消防队通信分两个部分：(1)向消防队报警；(2)当消防队到达船上与船舶之间的通信。

向消防队报警。有的港口规定，当发生火灾时，先向当地海事部门报告，然后，由海事部门将报警内容转发给消防队，消防队马上出警，到达现场。也有通过码头装卸部门报警给消防队，消防队出警到达船上，当然，对于外籍船舶，必须通知给代理后，由代理进行报警。原因是海事部门负责港口内的安全与监督，消防队只是消防专业队伍，其他安全事项必须由海事部门进行协调与组织，外籍船舶与消防队之间通信有语言障碍，同时，船上的通信网络很少没有与陆地电话网连接，只有发达国家在船靠泊后，在船上安装与当地电话网连接的电话，在船上发生紧急情况上，利用它直接报警。

消防队到达船舶上，首先应船上了解有关内容(前面已介绍)，通信协调是最重要的事项之一，目前，沿海港口和长航局消防队使用的无线通信设备的频率与海上船舶通信设备不一致，在协调上，会出现一些问题，因此，消防队与海事部门之间的通信，有的需要通过船上的通信设备进行协调，消防队与船舶上的指挥人员通信也需要协调好。船长应保持与当地消防队现场指挥通信联络，互通信息，进行协作，使用语言要简练，关键语句要重复。在国外,应使用 IMO 标准航海应急用语,保证通信内容正确性,避免发生混乱。

二、与船内通信

在火灾应急中,指挥员之间和各应急组的通话,主要使用船上电话和无线对讲机。使用船员工作语言。

1. 发话

(1)内容简明扼要,准确无误。发话前应对发话的内容进行整理,使用语句要求尽量短,去除不必要的内容,使受话人容易接受。同时,不要使用模棱两可的语句,如“大概”“可能”等。

(2)语调平稳均匀,清楚流利。发话时声音不要忽高忽低,速度不易过快,吐字清楚、正规、流利。

(3)间隔分明,关键语句应当重复。讲话时要词、句分明,前后连贯,关键词语要重复,使受话者能明白。

(4)讲话时,话筒与嘴的距离 15 cm 左右,话筒倾斜 45°左右。使用对讲机时,讲话时必须按紧,讲完“OVER”后,应立即松开按键。在室外有大风时,应使话筒在背风面,以免影响发话的清晰度。

(5)佩戴呼吸器时,声音要大些,话筒靠近呼吸阀,语速要慢。

2. 受话

受话时应精力集中,认真收听。对关键语句要复诵。对不清楚或不明白的语句,应及时询问对方,避免发生误会。通话噪声或有干扰,应及时调整或转换频道。

第六章
船舶灭火中的危险与应对措施

第一节
人员面临的危险

一、烧(灼)伤和烫伤

烧(灼)伤和烫伤①是由火焰和蒸汽等单纯高温所造成的机体局部组织细胞损害及机体各种反应。烧伤对机体造成的变化有局部病变和全身反应。

1. 现场急救

(1)灭火:尽量帮助伤员脱去着火或热浸渍的衣服。

(2)迅速脱离现场:对立即危及伤员生命的一些情况,如大出血、窒息、开放性气胸等应迅速处理和抢救。

(3)简单估计烧伤面积和深度,注意有无呼吸道烧伤、合并伤或合并中毒等。

(4)对面积不大的肢体烧伤可用冷水或冰水浸泡 0.5~1 h,可减轻损伤与疼痛。

(5)镇静止痛:一般可用哌替啶或吗啡,但有颅脑损伤或呼吸功能障碍者忌用。

(6)创面处理:可用烧伤制式敷料、其他三角巾或急救包进行包扎,但不要涂龙胆紫一类有色的外用药,以免影响对深度的估计。对较大面积的烧伤,可不包扎,而用干净衣服、被单等手边材料遮盖保护创面,以减轻疼痛,避免污染和再损伤,便于搬运。

二、化学性灼伤

在扑救火灾的过程当中,一些有腐蚀性的化学品如接触人体的皮肤、眼睛或者黏膜时,肯定会产生化学性灼伤。

1. 皮肤接触化学品的前期处置方法

(1)立即脱掉污染的衣服和鞋,马上用大量的水冲掉皮肤上的化学品,持续冲洗至少

---

① 此部分内容在《精通急救》和《船上医护》有详细介绍。

10 min。如在皮肤上仍残留有化学品的痕迹,应继续冲洗 10 min。

(2)将伤员转移到船上的诊疗室,如果化学灼伤面积较小,则每 10 min 给病人喝半杯水以补充体液损伤;如果化学灼伤严重并且面积大,应用无线电询医嘱。

2. 眼睛接触化学品的处置方法

尽可能快地用大量清洁淡水(没有淡水也可以用清洁的海水)冲洗眼睛。强行掰开伤者眼睑,小心细致地连续冲洗至少 15 min,必要时可延长冲洗时间以确保化学品被完全冲洗干净。

三、中毒

毒害性物品与人体接触时,可能仅对接触处发生局部作用,也可能因被接触处吸收而造成全身作用。例如可能对局部皮肤刺激,也可能通过皮肤吸收产生全身中毒症状。但是,如果仅接触眼睛时,很少会出现全身症状。消防过程中最常见吸入有毒气体。

1. 呼吸道吸入有毒气体

首先应迅速将伤员从污染的空气环境转移到无污染的新鲜空气地方,检查伤员是否有呼吸,然后按以下办法抢救和治疗。

(1)伤员无呼吸

①立即进行人工呼吸;

②如无脉搏,则在进行人工呼吸的同时进行心脏按压。

(2)伤员有呼吸但神志不清

①置病人于神志不清的姿势;

②查看病人口腔中是否有使呼吸停止的任何障碍物;

③将舌头向前拉;

④吸出或揩出多余的分泌物;

⑤从喉后部清除任何呕吐物;

⑥取出所有假牙;

⑦插入格德尔导气管以防止舌头滑并堵塞上部气道,应使之留在原位直到病人重新恢复意识;

⑧如伤员出现发绀和呼吸困难,应予以输氧治疗;

⑨给病人保暖;

⑩不要给神志不清的病人口服任何东西;

⑪不要给予酒类、吗啡或任何兴奋剂;

⑫对神志不清病人的进一步治疗见《国际船用医疗指南》。

(3)伤员有呼吸且神志清楚

如果伤员神志清楚但呼吸有困难,则可以按以下方法治疗:

①将病人置于半卧位的抢救姿势,并使其保暖;

②必要时进行输氧治疗。

如果采取了以上这些措施,病人的呼吸仍没有改善,可能已经产生窒息或者肺水肿。如病情迅速恶化,远程医疗援助获得医嘱。

如果病人呼吸困难,或脸、手、嘴唇发青超过 15 min,他可能会有下列并发之一:窒息、肺水肿、支气管炎和肺炎、循环性虚脱等。此时必须通过远程医疗援助获得医嘱，并设法得到医疗救助。

2. 接触毒害性物品

如果已经知道毒害品的名称，则可按其品名，依照《危险货物事故医疗急救指南》及《国际船用医疗指南》中相应的应急治疗的详细方法或建议进行治疗和处理。如果不知道毒害品的名称和性质，首先应仔细观察病人，以确定毒害品接触人体的主要途径，并判断毒害品是否具有腐蚀性。

四、冻伤

在扑救火灾的同时，如果液化气泄漏，则有可能造成船员冻伤。如果皮肤已被冻伤，对冻伤者的处置动作应缓慢并避免弯曲其关节，具体急救措施和注意事项如下：

1. 尽快将冻伤者脱离寒冷环境，进入室内，迅速脱去寒冷潮湿或束缚受冻伤部位而影响血液循环的衣服鞋袜（如衣服鞋袜不易脱落时，不要勉强，以免造成皮肤撕裂，可待融化后解脱）。

2. 立即将受冻部位浸浴于 40～46 ℃之间的恒温热水里复温（冻僵者可进行全身浸泡），但严禁烘烤。水温超过 46 ℃或烘烤会损坏受冻肌体的组织。

3. 解冻复温时间需要 15～60 min。开始时冻伤的肌体不觉得痛，似蜡状，呈苍白的黄色。随着慢慢复温解冻，转为蓝色，且感到疼痛，这时复温需要继续进行，直至淡蓝色的皮肤转为粉红色或红色为止。

第二节 船舶火灾中的危险

一、燃烧产物

燃烧是可燃物质的一种剧烈氧化放热反应，物质燃烧时产生热、焰、烟现象，以及各类气态生成物等，如图 6-1 所示。

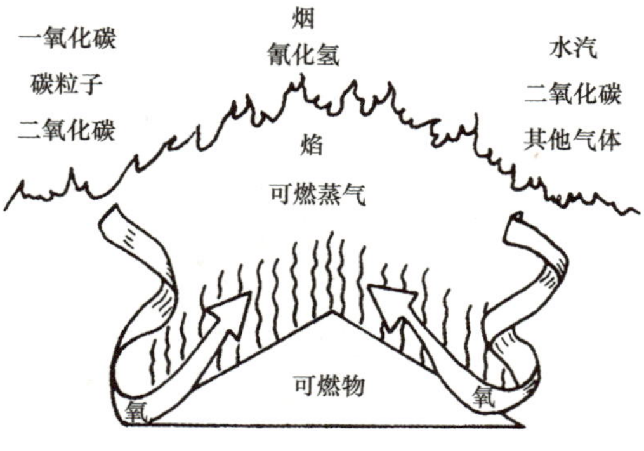

图 6-1 燃烧产物

烟是由于可燃物质燃烧时产生大量的极细小的悬浮状未完全燃烧的游离碳粒子(其粒径一般为 0.01~10 μm)、灰、尘及可燃物的其他燃烧分解产物(如氮气、二氧化碳、一氧化碳等气体)杂集而成,且和热空气一起流动。有些物质燃烧时产生的烟特别多,液体可燃物(如石油产品)燃烧时通常产生大量浓黑的烟;食油、焦油、油漆、食糖、橡胶、硫以及许多塑料等燃烧时一般也会冒出大量的浓烟。而且不同物质的烟的颜色也不尽相同,如木头燃烧时会产生灰黑色的烟;树脂则产生黑色的烟;纸张、草类燃烧会冒黄白色的烟;毛发、皮革燃烧会发出黄色的烟;磷燃烧会产生白色的烟等。

二、船舶火灾中的危险

1. 缺氧

在发生火灾的时候,可燃物燃烧要消耗空气中的氧气,同时产生大量有毒气体和惰性气体,使氧气浓度降低。若室内火灾发生至发展阶段时,室内空气中含氧量非常低,在某些特定区域几乎接近于零。空气中氧浓度降低,会给人体造成危害。一般空气中的氧浓度降到 19.5%时,就须增加呼吸频率,以补偿氧气的吸入量。空气中氧浓度下降对人体的危害及其生理反应如表 6-1 所示。

表 6-1　空气中氧浓度下降对人体的危害及其生理反应

氧浓度	对人体的危害
16%~12%	呼吸及脉搏数增加,引起晕眩、头痛,迅速疲劳
14%~9%	判断力下降,全身虚脱,发绀
10%~6%	意识不清,引起痉挛,6~8 min 死亡
6%	呼吸及心脏同时衰竭,为 5 min 致死浓度

2. 高温

火场中及其周围的空气和烟气,包括水蒸气,载有大量的热,人在这种高温、湿热环境中极易被灼伤、烫伤;吸入高温空气会损害人的呼吸道。尤其加上潮湿,其损害更加严重。当空气温度达到 49~54 ℃时,如很快被吸入人体内,会使血压降低,导致循环系统衰竭;吸收热气体过多又会引起肺水肿。

3. 烟和毒性气体

烟会刺激人体的黏膜,使人咳嗽、流泪和气喘,如长时间处于浓烟环境中,人将会中毒昏倒,甚至死亡。烟有遮光作用,火灾燃烧产生的大量烟雾,会导致能见度大大降低,影响人的视线。人在浓烟中往往分辨不清方向,一些受困人员常因视野不清而丧失逃生的机会。同时,视野不清也给消防人员的灭火和人员疏散工作带来困难,易造成人员伤亡事故。

火灾中常见有毒害性气体为一氧化碳、氰化氢、氯化氢、二氧化硫等,容易造成人员中毒。

4. 干馏

干馏是固体或有机物在隔绝空气或空气不足的条件下加热分解的反应过程。干馏的结果是生成各种气体、蒸气以及固体残渣,也就是易燃物质或可燃物质在缺氧的条件下发生不完全燃烧的过程。火场内部有大量的一氧化碳等有毒气体产生。

干馏危害的表现：

（1）有毒气体对进入区域人员构成威胁时，会导致中毒或窒息。

（2）高温气体对进入区域人员构成威胁，造成呼吸系统黏膜受热肿胀而窒息。

（3）易燃有害气体遇到新鲜空气，温度达到燃点后，会重新燃烧，产生新的火灾，造成更大的损失。

（4）烟越黑，一氧化碳浓度越高。

5. 轰燃

轰燃是在舱室内的火灾中，所有燃烧物瞬时全面燃烧的一个过程，是火灾变成全面燃烧阶段的一个重要转折点。一般情况下，当舱室内的某部分物质发生燃烧，燃烧的物质不断向外辐射出热量，高温的可燃烟气不断堆积在舱室顶部下方，燃烧物质的热辐射使得舱室的温度不断升高，当温度达到近 600 ℃时迫使房间内的其余物质分解出可燃烟气，使得房间瞬时呈跳跃式的全面燃烧。轰然的危险是火场热量非常高，温度快速升高，所有可燃物都会达到着火点，会将消防人员陷入火海中。即便消防人员穿戴消防员装备，火场的温度会超出防护服的耐火极限，如不能快速离开火场，将会造成消防人员严重烧伤或死亡，如图 6-2 所示。

（a）

（b）

图 6-2　轰燃

轰燃的征兆是消防人员感到温度上升，难以忍受；舱室顶部聚集大量热空气和可燃气体；烟气层逐渐下降，黑烟里"翻滚"或"跳跃"的火焰，或从烟雾里冲出来的火蛇。

6. 回燃

回燃是指当室内通风不良、燃烧处于缺氧状况时，由于新鲜空气的突然大量地引入导致热烟气发生的爆炸性或快速的燃烧现象，是一种特殊的火灾现象，回燃具有突然性和强大的破坏性，如图 6-3 所示。

回燃的发生需有两个条件：前导燃烧和通风条件发生改变，回燃发生之后，火灾会持续相当长的一段时间。

回燃前通常可能会出现一些征兆：

（1）在室外观察：着火房间开口较少，通风不良，蓄积大量烟气；着火房间的门或窗户上有油状沉积物；门、窗及其把手温度高；开口处流出脉动式热烟气；有烟气被倒吸入室内的现象。

（2）在室内观察：室内热烟气层中出现蓝色火焰；听到吸气声或呼啸声。

回燃发生前的征兆并不稳定，有时回燃发生前只能观察到一两种征兆。

(a)

(b)

图 6-3 回燃

7. 沸腾液体扩展蒸气爆炸

沸腾液体扩展蒸气爆炸(Boiling Liquid Expanding Vapor Explosion,BLEVE)指液化介质储罐在外部火焰的烘烤等条件下突然破裂,压力平衡破坏,介质急剧汽化,并随即被火焰点燃而产生的爆炸。该爆炸可形成很大的火球,并且爆炸容器残骸飞离很远,人员被碎片击中,受极高温度及辐射热影响之下,人员伤亡很大,如图 6-4 所示。

图 6-4 蒸气爆炸

沸腾液体扩展蒸气爆炸可以产生三种危害后果:冲击波、爆炸超压火球热辐射和抛射碎片,有时候也可能伴随延迟发生的蒸气云爆炸或闪火等事故灾害。其中,爆炸超压火球的热辐射式是最主要的伤害因素。

引发沸腾液体扩展蒸气爆炸的原因有许多,包括容器超压,压力容器受到机械撞击或腐蚀损伤,以及受压容器暴露在外部大火之中。当容器暴露在外部大火中,消防保护系统(如固定喷淋系统或消防水喷头)是一种使容器得到足够冷却以保持其机械完整性的有效方法。船上储物间内的液压油桶、润滑桶在火场内受到烘烤也会发生类似爆炸,在着火舱室存有这类物品,应警惕它的爆炸危险。

三、火场上应对危险气体防护的基本措施

1. 舱室外火灾

在室外发生一般火灾时,主要的危害是烟气,这就要求消防人员尽可能不要处在着火源的下风方向上,以避免吸入较多烟气而受到伤害。

2. 舱室内火灾

利用喷雾水流排烟,冷却周围的温度,掩护灭火人员进入。消防人员进入灭火时,必

须佩戴防毒面具或呼吸器，以避免中毒危险。

减轻干馏危险的方法及注意事项是：用水冷却密闭舱室的外部，降低其温度；在水幕的掩护下蜷身进入密闭舱室；用直流水枪向着着火舱室的顶部射水。

3. 发生在有毒有害处所的火灾

消防人员有头昏、恶心、发冷等中毒症状，应立即撤离火场，使其在安全环境中休息，吸取新鲜空气，严重者应立即进行急救。

被困火场的人员，在撤离时可用湿毛巾捂住口鼻，研究证明，毛巾折四折，即可过滤掉60%的烟气，并且可以保护呼吸道黏膜免受灼伤。当然毛巾不可太湿，也不是折得越多越好，否则会增加呼吸的困难。

第三节 危险货物消防

一、危险货物

凡具有爆炸、易燃、毒害、腐蚀、放射性等性质、在运输、装卸和储存保管过程中，容易造成人身伤亡和财产损毁而需要特别防护的货物，均属危险货物。容易引发火灾的危险货物种类如下：

1. 爆炸品

爆炸品系指在外界作用下（如受热、撞击等），能发生剧烈的化学反应，瞬时产生大量的气体和热量，使周围压力急剧上升，发生爆炸，对周围环境造成破坏的物品，也包括无整体爆炸危险，但具有燃烧、抛射及较小爆炸危险，或仅产生热、光、音响或烟雾等一种或几种作用的烟火物品。爆炸品按危险性分为六类：

（1）具有整体爆炸危险的物质和物品，如爆破用的雷管、电雷管等。

（2）具有迸射危险，但无整体爆炸危险的物质和物品，如燃烧弹、催泪弹等。

（3）有燃烧危险并有局部爆炸危险或局部迸射危险或两种都有，但无整体爆炸危险的物质和物品，如点火管、速燃导火索、礼花弹等。

（4）不呈现重大危险的物质和物品，如信号弹，烟花爆竹等。

（5）有整体爆炸危险的非常不敏感物质，在燃烧实验中不会爆炸。

（6）无整体爆炸危险的极端不敏感物品。

2. 压缩气体和液化气体

压缩气体和液化气体系指压缩、液化或加压溶解的气体，并应符合下述两种情况之一：临界温度低于 50 ℃时，或在 50 ℃时，其蒸气压力大于 291 kPa 的压缩或液化气体。温度在 21.1 ℃时，气体的绝对压力大于 275 kPa；或在 51.4 ℃时气体的绝对压力大于 715 kPa 的压缩气体；或在 37.8 ℃时，里德蒸气压大于 274 kPa 的液化气体或加压溶解的气体。

本类货物分为三项：易燃气体；不燃气体（无毒、不燃气体、包括助燃气体）；有毒气体。

3. 易燃液体

其包括易燃液体、液体退敏爆炸品。易燃液体是在闭杯闪点在 60 ℃(相当于开杯闪点 65.6 ℃)或在 60 ℃以下时放出易燃蒸气的液体或液体混合物,或含有处于溶液中或悬浮状态的固体或液体。液体退敏爆炸品是溶于或悬浮于水或其他液体物质、形成均一的液体混合物以抑制其爆炸特性的爆炸性物质。

此类货物按闪点分为三类:

(1)第Ⅰ类,初沸点≤35 ℃的液体。

(2)第Ⅱ类,初沸点>35 ℃且闭杯试验闪点<23 ℃的液体。

(3)第Ⅲ类,初沸点>35 ℃且闭杯试验闪点在 23 ℃至 60 ℃的液体。

4. 易燃固体、自燃物品和遇湿易燃物品

易燃固体系指燃点低,对热、撞击、摩擦敏感,易被外部火源点燃,燃烧迅速,并可能散发出有毒烟雾或有毒气体的固体,但不包括已列入爆炸品的物质。

自燃物品系指自燃点低,在空气中易于发生氧化反应,放出热量,而自行燃烧的物品。

遇湿易燃物品系指遇水或受潮时,发生剧烈化学反应,放出大量的易燃气体和热量的物品。有些不需明火,即能燃烧或爆炸。

5. 氧化剂和有机过氧化物

氧化剂系指处于高氧化态,具有强氧化性,易分解并放出氧和热量的物质。其包括含有过氧基的有机物,其本身不一定可燃,但能导致可燃物的燃烧,与松软的粉末状可燃物能组成爆炸性混合物,对热、震动或摩擦较为敏感。

有机过氧化物系指分子组成中含有过氧基的有机物,其本身易燃易爆,极易分解,对热、震动或摩擦极为敏感。

二、船舶载运危险货物应急指南(EMS)

船舶载运危险货物应急指南所建议的应急措施和应急行动适用于《国际海上危险货物运输规则》所列的物质和物品,适用于海上事故应急存在问题(如船上的设备、器材有限,在海上得不到其他方面的援助,船上缺乏专业人员等)的情况下,为船员在应急时提供清晰、明确的指导,从而给船员以最大程度的安全和保障。因此应与《国际海上危险货物运输规则》和《危险货物事故医疗急救指南》(MFAG)所提供的资料一起使用。

EMS 指南分为火灾应急措施表和溢漏应急措施表两个部分,在《国际海运危规》"危险货物一览表"中第 15 栏列出了每一个 UN 编号所对应的 EMS 应急代码,其中第一个代码系指火灾应急表号;第二个代码系指泄漏应急表号。如果第 15 栏中应急表号有下划线,则表示该物质、材料或物品有特殊情况,在参阅应急措施表时有额外附加建议,如表 6-2 所示。

表 6-2 危险货物一览表示例

联合国编号 (1)	正确运输名称 (2)	类别 (3)	副危险 (4)	包装类	……	EMS (15)
1129	丁醛	3	—	Ⅱ		F-E;S-D
2420	六氟丙酮	2.3	8	–		F-C;S-U

不同危险类别以及不同物质类型的物质、材料或物品,其火灾性质也不完全相同,所

需实施的灭火措施也完全不同。如爆炸品的火灾无论是切断空气还是用窒息材料隔绝都是无效的,在最短时间尽可能用大量水防止温度上升是唯一途径,因为温度的上升直接影响爆炸品的化学稳定性;再如易燃液体的火灾,喷水是危险的,因为很多有机易燃液体漂浮在水面上,若喷水会扩散液体而导致更大的危险;以及金属物质着火时,由于会遇水会发生危险反应,只能用沙子或特定的化学干粉进行灭火。因此,不同种类的危险货物所对应的灭火应急措施也不同的。在 EMS 指南中,根据危险货物的不同类型将火灾应急措施分为 10 种,可参阅对应的火灾应急措施表(如表 6-3 所示)。

表 6-3　火灾应急措施表

类别	说明	类别	说明
F-A	一般、常规货物	F-B	爆炸物质和物品
F-C	非易燃气体	F-D	易燃气体
F-E	非遇水反应易燃液体	F-F	控温自反应物质和有机过氧化物
F-G	遇水反应物质	F-H	具有潜在爆炸危险的氧化物质
F-I	放射性物质	F-J	非控温自反应物质和有机过氧化物

每一个对应的火灾应急措施表一般分为五个部分,分别为总体建议、舱面货物着火应急措施(区分包件及组件)、舱内货物着火应急措施、货物暴露在火中时应急措施以及特殊情况说明。溢漏应急措施及详细内容可参阅 EMS 指南。

货物在船舶运输时的应急措施是非常必要且关键的,货物应急措施确认流程如图 6-6 所示。注意事项如下:

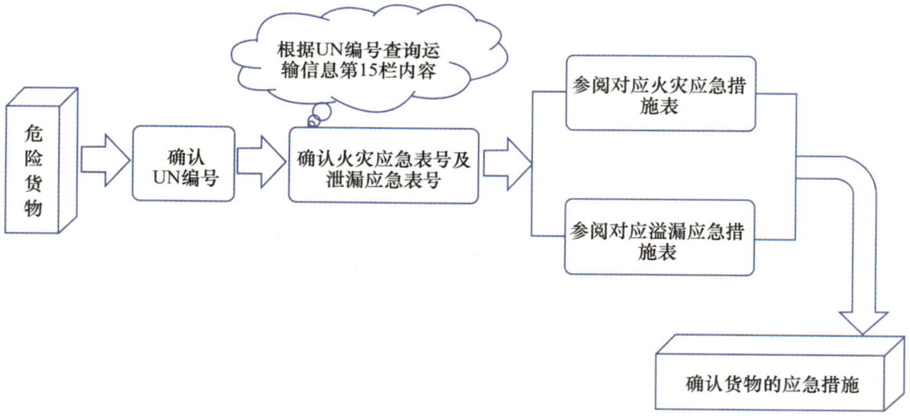

图 6-6　货物应急措施确认流程

(1)在任何情况下,人员(船员、应急人员等所有人员)的安全是第一考虑因素。

(2)EMS 指南为《国际海运危险货物规则》中规定的包装危险货物提供相关船舶运输应急指导,但并不适用于散装货船或不载运包装危险货物的船舶发生的任何火灾或溢漏事故。

(3)EMS 指南应与安全管理体系(SMS)结合在一起,在应急预案中的具体措施因船而异。应急防备应作为船舶安全管理体系的重要组成部分,建议将应急措施表(包括消防与溢漏)标明在危险货物舱单或配载图上,并直接与积载位置联系起来,确保相关人员能直接获得应急措施中给出的建议。

(4)应急措施对于"舱面"和"舱内"积载的措施规定是不同的。对于具体的船舶类型或货舱应采取不同的应对措施。

(5)应急人员在采取应急措施时,必须穿着防护服,佩戴防护面具及其他相关防护设备同时应避免直接接触危险货物,即便迫不得已地接触了危险货物,也应尽量缩短接触时间。

三、船舶运输危险货物防火要求

(一)承运与装船

1. 船舶接到危险货物货单后,必须通过代理从发货人处取得危险货物鉴定主管机关签署的"危险货物技术说明书"或相关资料,其内容必须包括:危险货物名称、联合国编号、理化性质、急救措施、消防方法、积载要求和积载注意事项、装卸及运输注意事项。

2. 积载计划一定要按照《国际海运危险货物规则》积载隔离要求合理配载,性质相抵触或消防方法不同的货物不得同舱积载;易燃、易爆危险货物的积载要与一切热源有足够的距离;遇湿产生有害气体或自燃的危险货物应装载在舱盖水密,舱内水管不渗不漏,通风良好的货舱。

3. 船舶要制定切实可行的危险货物运输安全措施,包括防火、防爆、防毒等工作部署及消防急救等应急措施,积载计划与安全措施应在装前会上详细说明,使有关人员明确任务职责,全体船员要熟知牢记。

4. 按规定备足消防淡水、防毒面具、呼吸器、消防器材、急救药物、防护用品、监测仪器及衬垫加固材料等,指定专人保管,并组织船员学会使用方法。

5. 用高压空气检查试验烟火探测器、报警器及各舱室、二氧化碳管路系统,使之通畅无误,检查各种活动灭火器及消防皮龙使之处于良好状态。

6. 检查各舱通风设备,保证良好状态并清洁、活络、加油通风道封闭装置,保证万一采取二氧化碳灭火时,二氧化碳气体不泄漏。

7. 船舶在装载危险货物作业过程中,船方和港方应在开工作业前通知港口主管当局。船舶申请监装、监卸危险货物,应直接或通过代理人向港口主管当局提出书面申请。

8. 危险货物在船期间一定落实防火措施。甲板及舱内严禁吸烟及明火作业,及时收放并妥善安置舱口灯,当班驾驶员和船员必须在现场落实各项安全措施,认真监装,严格把关。

9. 在装载危险货物期间,当班驾驶员要安排水手按港口规定悬挂或显示规定的信号。船长和大副不得同时离船,并应保持足够的留船人员。所有值班人员应按规定进行巡视检查,提高警惕严防火灾。装载爆炸品、一级易燃物品时,吊机应按额定负荷降低 25% 使用。

10. 船舶装载爆炸品时,船长应亲临现场,督促指导。装载一级危险货物时,大副、值班驾驶员及看舱水手必须在现场监装。

(二)运输期间

1. 船舶航行、锚泊或等待卸货期间,应指定专人定时测量货舱和货物的温湿度。进行合理通风,防止汗湿及可燃气体的积聚,并做好记录。

2. 当班驾驶员须定时察看烟火探测器,二管轮、木匠要定时测量油水舱及污水井,发现任何异常应立即采取有效措施,并记入航海日志。

3. 大副及时将船舶装载危险货物相关要求告知轮机部,货舱双层底燃油舱尽量不要加温,如需加温时应先取得船长同意,安排专人负责加温至油品能驳动为止,油少时加温更要注意,严禁空舱加温。

4. 抵达港口前,可视气象条件和海况情况开舱检查货物,检查前必须进行充分通风,防止货舱内缺氧或有害气体对人员的危害。

(三)卸货

船舶在开舱卸危险货物前,应先进行充分通风;在开舱盖时应有防止摩擦火花的措施,必要时应经有关部门检测合格后方可作业。值班驾驶员必须检查督促卸货工人严格按有关操作规程进行卸货,严禁不安全作业。

第四节
化学反应及船舶货物火灾

一、灭火中的化学反应

在船舶火灾的燃烧或灭火过程中都存在着许多化学反应。某些化学反应可以抑制燃烧,有益于灭火;也有一些化学反应可以产生大量的热而导致快速燃烧;有些化学反应则会产生有毒气体和大量的烟;有些化学反应能帮助燃烧,使火势失去控制,让灭火工作变得更加困难,甚至导致发生爆炸等剧烈反应。在灭火过程中,首先应了解燃烧物质的化学性质,适合的灭火剂,如果灭火剂与燃烧物质及周围发生反应,会使燃烧加强。使用水灭火过程中存有与水发生反应而自燃的物质,具体内容如下:

1. 活泼金属

活泼金属主要是碱金属和有些碱土金属及其合金,如锂、钠、钾、钙、钠汞齐、钾钠合金等。它们与水剧烈反应,生成氢气,放出大量热,使氢气在局部高温的环境下发生自燃,并使未来得及反应的金属燃烧。

2. 金属化合物

金属氢化物主要有氢化钠、氢化钙、氢化锂、氢化铝等。它们与水反应,生成氢气,放出大量热,使可燃气体燃烧。

金属磷化物,如磷化钙、磷化锌,它们与水发生反应生成磷化氢,磷化氢在空气中容易自燃。

金属碳化物如碳化钾、碳化钠、碳化钙、碳化铝等,碱金属的碳化物遇水发生分解爆炸;碳化钙遇水发出乙炔气,而产品中往往含有硫、磷等杂质,当磷化氢在空气中含量超过

0.08%，硫化氢的含量超过0.15%时，就会容易发生自燃爆炸；碳化铝遇水产生甲烷气体。

金属粉末主要有锌粉、铝粉、镁粉、铝镁粉等，纯铝粉、镁粉与水反应，同时生成氢氧化铝和氢氧化镁，在金属表面形成保护膜，阻止反应继续进行下去，氢氧化铝和氢氧化镁与水进一步作用生成偏铝酸镁，偏铝酸镁溶于水，破坏了形成氢氧化铝和氢氧化镁的保护层，使纯铝粉、镁粉与水不断剧烈反应，放出氢气和大量热，引起自燃和爆炸。

保险粉[连二亚硫酸钠($Na_2S_2O_4$)]在潮湿空气中，容易自行分解放热，使接触的可燃物着火。保险粉遇水呈炽热状态，并分解出氢气和硫化氢气体，有燃烧爆炸的危险性。

遇水反应发生自燃的物质的共同特点是放出可燃气体和大量的热，可燃气体在局部高温环境中与氧气结合发生自燃。如果热放出较少，未能使局部温度达到可燃气的自燃点，而与空气混合达到爆炸极限内，遇火源会发生爆炸，也是十分危险的。

此外，多种物质遇水发生反应，详细参阅《国际海上危险货物运输规则》。也有的物质与水接触，虽不产生可燃气体，但放出大量热，能将周围的可燃物引燃，如生石灰、过氧化钠、无水氯化铝等。

二、自燃

所谓自燃，就是可燃物质受热升温，在没有明火作用的条件下，发生自行着火燃烧的现象。自燃可分为以下两种：

(1)受热自燃：可燃物质由外部加热，温度升高达到自燃点时而自行燃烧的现象。由于火场周围温度高，即使用水进行周围冷却，也会使一些低自燃点的物质达到其自燃点，发生自行燃烧。船上明火作业、机舱和厨房的热表面是造成此类自燃的主要原因。

(2)蓄热自燃(本身自燃)：可燃物质在没有外来热源的影响下，由于本身的物理作用、化学反应或生物效能产生了热量，这些热量的积聚造成温度升高至自燃点而发生自行燃烧的现象。常见货物有煤、鱼粉、种子饼等。

三、货物火灾

船上货物发生火灾和爆炸多数是由货物在货舱内发生自燃而引起的，货物自燃首先是货物本身发生某种化学反应或生化反应散发出热量，热量受周围的货物及其货物包装、衬垫等限制而无法全部散失掉，货物内部温度上升。大多数化学反应的速率随着温度的升高而增加，通常温度每上升10 ℃，反应速度会成倍增加。随着自发热和货温不断增高，最终导致货物本身和周围物质发生火灾。

1. 货物发热的反应类型

(1)氧化反应。货物与空气中的氧气或水发生化学反应，如煤、种子饼、直接还原铁矿和各种金属加工屑(刨丝)。

(2)分解反应。在一定条件下由一种物质生成两种或两种以上其他的物质的反应，如次氯酸钙，它受热、遇酸或日光照射会分解放出刺激性的氯气，遇水或潮湿空气会引起燃烧爆炸，与碱性物质混合能引起爆炸，接触有机物有引起燃烧的危险。

2. 影响货物自发热的因素

(1)氧气的供应。舱室内存有充足的氧气，货物发生氧化反应。如散货船货舱内装载大量煤,航行中货舱要保持封闭,就是限制与氧气接触而发生氧化反应,货物的温度就不会升高至发生自燃的温度。

(2)水的供应。舱室内进入水,货物发生氧化反应,如直接还原铁矿(DRI),如果有水进入舱内与货物接触,就发生氧化反应产生热,因此,直接还原铁矿应保持舱内干燥。

(3)空气(氧气)进入在货物内部并扩散。如果足够的氧气进入货物内部中,与货物发生氧化反应产生热,热量不能散失而使货物升温,逐步达到货物本身自燃的"危险"温度。如活性炭就需要密封在包装中运输,防止它与空气(氧气)接触;散装煤也需要平舱并压实来限制空气进入货物内部。

(4)货物的温度。货物温度越高,其化学反应速度越快,所以需要限制某些货物的装载温度,降低其反应速度。例如,散装煤装载时最大温度不超过 55 ℃。

(5)货物的反应性。因有的货物反应性高,在装货前需要将它暴露在空气中,使最容易发生反应的物质发生过反应,从而降低货物中的活性物质,降低货物的氧化速率。如木炭和直接还原铁矿在装货前必须适当"钝化"。

(6)货物积载的大小。货物积载体积越大,内部的热量就不容易散失。有些货物包装尺寸和积载都有限制。

3. 控制货物自燃的措施

首先,熟悉 IMDG 规则和 IMSBC 规则以及其他相关的要求或指导中的影响货物自发热的因素。其次,视货物类型而定,采取关闭和密封舱隔离空气和水;使用惰性气体进入舱室;限制货物装载最大允许温度;远离热源,不能阳光直射;货物装船前进行适当的"钝化";控制货物包装尺寸。

四、常见自燃散装货物

1. 煤

煤的品种多种,产地不同煤的化学性质也不同,按照 IMSBC 规则,它属于仅在散装时有危险的物质(MHB),它在散装时的特点如下:

(1)产生可燃气体一氧化碳,有的也会产生甲烷气体,如印尼产的煤,在空气中,可燃气体含量达到 5%~16%,就有爆炸危险。

(2)有自燃危险。煤自热后产生一氧化碳气体,如果货舱空间中的一氧化碳浓度达到 50 ppm 或连续三天稳步上升,就有可能引发自燃。

(3)腐蚀性。有的煤与水发生反应产生酸,其腐蚀船舶结构,造成舱底板严重腐蚀。

(4)易液态化。运输煤的颗粒直径小于 7 mm,在含水量超过一定限度时,会造成货物的液态化。

防止煤发生自燃的应对措施:

(1)装货前应获得发货人的详细货物资料,其包括煤的含水量、含硫量、颗粒直径、是否为散发可燃气体或自热性。

(2)装货前,给所有货舱盖下的滑轮加油,防止其在开关舱因摩擦产生火花;检查舱灯、电缆和货舱附近其他电气设备绝缘,确保其安全。

(3)装货和离港后,甲板上禁止吸烟和明火作业,检测货物的温度。

(4)通风只在离港后 24 h 内进行，检测舱内温度不超过 55 ℃、一氧化碳浓度不超过 50 ppm、可燃气体浓度[①]爆炸下限的 20%，如果舱内数值超过上述值，应采取特殊措施，如表面通风(不许开舱)，通知船东及发货人获得指导。

(5)IMSBC 规则建议煤发生火灾，不能使用水灭火，最好使用惰性气体(如二氧化碳)灭火，甲板冷却。

2. 直接还原铁

直接还原铁一般是由四氧化三铁在高热条件下在氢气流或一氧化碳气流中还原生成，主要成分为结构疏松的单质铁，其微观结构又十分疏松，其表面积大，也叫作海绵铁，因其结构的多孔性且孔内的表面积非常大，因此它具有高活性，易与水和空气中氧气发生反应发热，产生氢气，有爆炸危险。

按照 IMSBC 规则将直接还原铁分为 A(大铁块)、B(小块或小球状)、C(粉末状)三类，其中 C 类最为危险。在装卸及海上运输期间采取正确应对措施：装货前，货物必须“钝化”一个月以上；控制货物湿度，A 类在 1%以下，其他在 0.3%以下；货物温度不超过 65 ℃；货舱盖保持水密；控制舱内含氧量；使用机械通风时，其设备必须为防爆型。

3. 种子饼

种子饼是指含植物油的经机械压榨后剩余的残渣，常见有大豆饼、椰子饼、花生饼等。种子饼含油和水超过一定比例会缓慢自热，若潮湿或含有过量的未经氧化的油类则会自燃，易发生氧化从而引起舱内氧气减少。IMDG 规则中将种子饼列为危险货物，它是指种子饼含油量 10%以上或油和水分含量合计超过 20%；经溶剂提取物或压榨后的种子残渣，含油量不超过 10%，而且当含水量高于 10%时，则油和水的含量不超过 20%；经溶剂萃取的种子饼，含油量不高于 1.5%且含水量不高于 11%。

防止发生自燃的措施：发货人应提供货物性质的说明，包括含水、含油量、存放风干日期等；货舱盖水密性良好，装完货后要用封舱胶布封舱；定时测量货舱温度并加以记录，如果温度超过 55 ℃，应速报船东；当货物温度超过 40 ℃，及时选择在晴朗白天进行通风；若发现货温超过 55 ℃，并继续上升，注意不要往舱盖上洒水降温，否则舱内会出现更多的汗水，使货物表层湿度加大，反而增加了发热的可能性。

第五节
水灭火对船舶稳性和强度的影响

稳性是船舶受倾斜力矩作用偏离其初始平衡位置，当倾斜力矩消除后，能自行恢复初始平衡位置的能力。当船舶稳性不足时，船舶受倾斜力矩的作用大于稳性所提供的恢复力矩时，就可能导致船舶的倾覆。

使用水灭火对船舶稳性的影响主要表现在以下两个方面：

---

① 不超过船上使用的大多数测爆仪是对多种易燃/爆炸性气体和显示一个单一的读数，因大多数设备使用甲烷气体校验的，其测量爆炸下限的浓度会存有误差；多种类型测爆仪在氧气含量低于 10%时，其显示数值不准确。

一方面，大量使用水灭火会形成自由液面，当船上存在自由液面时，如果船舶发生横倾，则液体的重心将发生纵移和横移，不但使船舶的初稳性高度降低，而且在重力的作用下也产生了相当大的倾侧力矩，船舶就有倾覆的危险。

另一方面，大量使用水来灭火，会造成船舶重心发生变化。对于大型船舶，舱室内存有大量水，水的重量增加会对船舶原有货物配载的纵向强度产生影响，其剪力和弯矩可能超出许可范围。

作为船舶的灭火指挥，在灭火的指挥过程中，应充分意识到这一特殊的风险，并根据火情和船舶的实际稳性情况，采取正确的灭火战术，以保证船舶的安全。

一、船舶稳性和强度的影响

（一）船舶稳性

1. 自由液面对船舶稳性的影响

当船舶发生火灾时，对于某些特殊的情况，船上不得不使用大量的水来进行灭火，这样将会产生自由液面，造成船舶稳性下降，给船舶带来危险。

自由液面对船舶稳性的影响可用下面的公式表示：

$$\delta GM = \frac{\sum \rho k l b^3}{\Delta}$$

式中：δGM——船舶初稳性高度的改变量，为负值；

Δ——船舶排水量；

ρ——消防水的密度；

l——舱室的长度；

b——舱室的宽度；

k——惯性矩的系数，当舱室为长方形时，$k=1/12$；当舱室为等腰三角形时，$k=1/48$；当舱室为直角三角形时，$k=1/36$。

如果舱内（和甲板上）有货物，由于船舶倾斜影响，可能会造成货物的移动，更加快船舶倾斜。

2. 使用水来灭火时，大量水进入货舱，因货物原因水无法进入船舶的污水井，在舱内增加载荷，随着水重量增加，对船舶的纵向强度产生影响。

（二）船舶强度

按船体结构的整体的受力状况为总体强度，包括总纵强度、扭转强度和横向强度。总纵强度表示船体结构抵抗总纵弯曲的能力。作用在整个船体上的重力、浮力、波浪水动力和惯性力等，使船体像自由漂浮的空心梁一样产生总纵弯曲，有船体中段上拱而首尾部下垂和船体中段下垂而首尾部上翘两种状态。前一状态造成甲板纵向构件受拉，船底纵向构件受压；后一状态则相反。在总纵弯曲时，船体中受压的构件，常因过度受压而产生屈曲，大大降低船体抵抗总纵弯曲的能力。

如船舶某一舱室内发生火灾后，使用水舱内灭火，会有大量水进入舱内，如不能及时排出船体外，相当于在此位置增加了船舶的负荷，需要对舱内水的重量进行估算，通过船上装载仪计算或通过船级社应急反应服务（ERS）系统核算是否满足船舶的强度要求（许用剪刀和许用弯矩)。若船体结构的强度和刚性不足,就有可能使船体总体或局部的结构发生断裂或严重变形。船体结构抵抗纵向弯曲不使整个结构遭受破坏或严重变形的能力称为总纵强度。一旦船体结构遭到破坏或严重变形,船舶和人员的生命财产安全将会受到严重威胁。

二、船舶倾斜的纠正程序和措施

在灭火过程中,船舶发生倾斜应立即采取纠正措施,恢复正浮状态。其纠正程序和措施如下:

1. 使用船舶破损控制图和破损控制手册

船舶破损控制图和破损控制手册能提供有关船舶水密舱室以及维护舱室边界和保持分隔有效性装置的准确信息,以便在船舶破损情况下,能给予合适的预防以避免通过开口进一步进水,并采取有效措施以便快速减轻,可能的话,使船舶损失的稳性得到恢复。

船舶灭火过程中,消防水进入舱室内与船舶破损进水有相似之处,船长和高级船员应熟悉船舶破损控制图和破损控制手册内的破损指导,制定相关应急措施。

2. 计算舱室内消防水数量

船舶发生火灾后使用消防水,对于有多少消防水留存在船上,要进行估算。估算方法有:

(1)水位的测量法

先测量水位的深度,利用舱容表或根据失火舱室的形状及尺寸,可以查到或计算出舱室水的数量。

(2)水枪流量的估算法

对于有的舱室,在发生火灾时,人员无法靠近进行测量,或者没有方便的测量装置,应采用水枪流量进行估算。

$$Q = NT_1 q_{水枪} + AT_2 q_{水雾}$$

式中:Q——舱内水量(L);

$q_{水枪}$——单位时间内水枪的流量(L/min);

N——共使用的水枪数量

$q_{水雾}$——单位时间内水雾喷头的流量(L/min · m^2),一般按照规范要求进行计算的 6 L/min · M^2;

A——所使用水雾系统所保护的舱室面积(m^2);

T_1、T_2——水枪和水雾分别使用的时间。

3. 控制与排出船舶舱室内消防水

组织机舱人员使用舱底泵排放船舶舱室内消防积水,同时,控制内部水密关闭装置防止消防积水流到其他舱室(如滚装船);也可采用便携式潜水泵,排出船舶舱室内的积水(如居住区内、舵机房内等)。

4. 稳性和强度的计算及纠正方法

用船舶专用破舱稳性软件或船舶货物装载仪,快速进行船舶稳性计算,包括压载水排出或压入、燃油舱调拨,纠正船舶的倾斜,并尽快实施此计划。如果与船级社有船舶应急响应服务协议,可及时获得船级社的支持,如 CCS 的应急响应服务系统(ERS)。

5. 在海上谨慎操作船舶

船舶在海上航行时，有涌浪造成船舶摇摆，如船舶摇摆周期与波浪周期发生谐振，会危及船舶安全，有时发生应操纵船舶与涌浪或风浪方向最佳角度，最大限度减少船舶的横摇状况，给纠正船舶倾斜创造良好海上环境。及时调整航线避开风浪区，驶往安全水域。

如果船舶甲板上、货舱内载有重大件时，应采用硬物加以塞垫、增加拉索等，防止其移位。

6. 防止船舶靠泊时倾覆

在码头上扑救船舶火灾，当船体开始倾斜时，及时在船舷侧与码头之间系带更多的横缆并收紧，控制船舶横倾，防止倾覆；还可以寻求港方援助，如多艘拖船的顶推。

第六节

机舱重要的设备与设施失火

机舱内在主机运转过程中，机舱重要的设备与设施因各种原因导致发生火灾，主要分为扫气箱着火、烟道失火、废弃锅炉火灾、曲轴箱火灾。机舱设备布置图如图 6-7 所示。

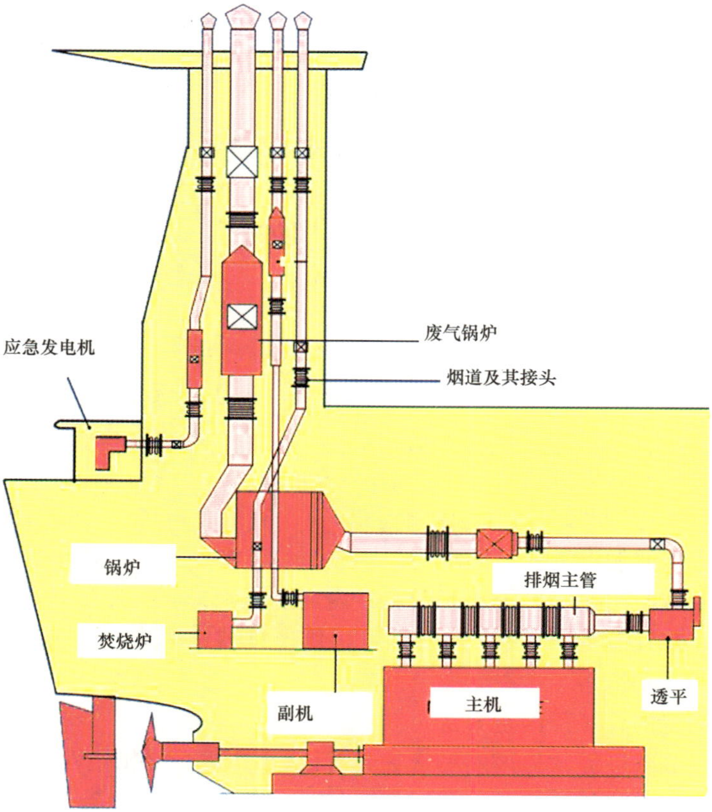

图 6-7　机舱设备布置图

一、扫气箱着火

扫气箱着火是船舶大型低速柴油机最为常见情况之一。扫气箱着火的原因是扫气箱内积聚有可供燃烧的物质，此燃烧产物经气缸和扫气口漏入以及过多的气缸油或没燃烧的燃滑油沉积在扫气箱内蒸发而成很容易着火的可燃气体；高温火源由于燃气下窜或扫气压力过低，废气倒流入扫气箱而造成温度过高。着火表现为排气温度升高、排气冒黑烟、柴油机转速下降、扫气温度高、扫气箱过热甚至表面变色、油漆脱落以及增压器会发生喘振等，当打开扫气箱放残旋塞检查时，会有烟雾和火花喷出。

扫气箱着火时的应急处理措施包括：

(1)火势不严重，降低柴油机的转速，切断着火缸的燃油供应，适当加大着火气缸的滑油注油量，可待积油烧完为止。必要时，将燃料油供应转换为柴油。

(2)起动备用辅机、辅助锅炉，停用造水机，不能停用滑油泵。

(3)火势严重，经驾驶台确认航行安全后立即停车，用转车机盘车，打开示功器旋钮，手动汽缸润滑，关闭通往扫气总管(船若装有)的涡轮增压器排气阀和(或)遮盖滤器滤芯，以防止空气不会通过涡轮增压器进入。

采取灭火措施时，用二氧化碳或蒸汽进行箱内灭火。必要时也可用热水喷射扫气箱外壳以降低其温度。在扫气门附近备妥手提式灭火器。火扑灭后，一般情况下过 5～15 min 后，可重新恢复对着火的气缸的供油，起动柴油机，缓慢加速，并将气缸注油量调至正常。

二、烟道失火

烟道失火主要是指发生在主机和锅炉排烟总管中的烟道、炉水预热器、废气锅炉等处的火灾。主机和锅炉燃料燃烧时产生烟和废气，其中包含许多极小的悬浮状物质未完全燃烧的碳粒子和烟灰，经过烟道排出至大气时会在烟道内产生积聚的现象，特别是在经过废气锅炉内部等时，由于空间较小，压力较大，也会在其内部积聚。通常干燥烟灰和碳粒子有着较高的燃点，但当烟灰与碳氢化合物蒸气变湿时，其燃点降至 150 ℃左右，就可能导致烟道失火。一旦内部发生火灾时，绝不能使用蒸汽吹烟道内部，否则，烟尘在蒸汽吹通下会导致蒸汽转换为氢气并导致金属火。

根据 IMO 的建议，当船舶发生烟道失火时，应采取下列扑救方法：

(1)应关闭锅炉和主机，关闭烟道的风门，防止空气的进入。特别应注意的是，要关闭炉水预热器的门，否则会有爆炸的危险。

(2)用海水冷却锅炉和烟道的外表和火场的周围，并保持其温度逐渐下降。

(3)关闭调节阀和锅炉换气阀，以防空气进入着火部位。

(4)保护着火区下面的主要的电子设备。首先，应将锅炉舱内与灭火无关的电源关闭；其次，可以对其中的某些设备用防火、防水材料覆盖，以防止被水损坏。

(5)继续冷却，直到确认打开炉水预热器进行检查和全面清理至完全安全为止。

三、废气锅炉的火灾

废气锅炉是利用柴油机排气中的余热来产生蒸汽的设备，其使用对节能减排及提高船用燃油总效率具有积极的意义。

1. 废气锅炉火灾的原因

（1）炉内积灰的形成。柴油机为追求更低的油耗和更高的热效率而进一步降低其排烟温度，为加大加热蒸汽需求量又必须设法提高废气锅炉的换热量，即进一步加大换热面积、降低烟气流速；随着石油的进一步精炼，渣油中的沥青、残炭、硫分等杂质进一步增多，所有这些都使废气锅炉的积灰有增加的趋势；随着柴油机效率的提高，透平后的排气温度降为 240~270 ℃，而在提高废气锅炉换热量的同时，烟气加热炉水后出废气锅炉的温度也进一步降低，排气温度较低，特别是达到酸露点时，烟灰比较黏，容易沉积。

（2）积灰增多和排烟中有足够的氧气。在炉内烟灰颗粒沉积，如没有按要求进行废气锅炉吹灰和及时清理，炉内烟灰就会越积越多。排烟中含有相当高的氧气含量，能够满足积灰着火所需，如典型柴油机排放气体中的氧气含量可高达 14%。

（3）着火。积灰点燃温度可能在 300~400 ℃。灰中存在未完全燃烧的燃油时，点燃温度可能降低到 150 ℃，在极端情况下可能达到 120 ℃，可燃积炭暴露在足够高的温度下并产生可燃蒸气，就可能被火花或火焰点燃。积灰的轻微着火基本发生在低负荷下的机动航行阶段，着火产生的热量可被循环的炉水或蒸汽带走，一般不会发生重大损害，但应密切注意。

在某些条件下，轻微着火可能发展成为大火，一旦积灰烧起来后，废气锅炉不能将燃烧热量及时排出，当温度达到 650 ℃，大量可燃成分进行燃烧。当温度升到 1 000 ℃时，如有漏入的蒸汽，水管中的铁将在蒸汽中燃烧生成四氧化三铁，同时放出大量的氢气，产生大量的热量支持燃烧持续进行，产生“氢气燃烧”现象。局部温度会进一步升高到 1 100 ℃时，会使换热面中的铁发生燃烧，称为“金属燃烧”，甚至产生爆炸。

2. 废气锅炉火灾的征兆

废气锅炉火灾的征兆：闻到从废气锅炉里散发出来的烟味；锅炉本体的温度过热；浓烟和火花从机舱烟囱冒出；烟道的温度突然急剧升高；能够观测锅炉节能器上有火焰燃烧现象。

3. 废气锅炉火灾的应对措施

当废气锅炉火灾被发现，采取的行动：立即通知驾驶台和轮机长，主机逐渐降速至停车；使用水对锅炉外面冷却；锅炉循环泵必须保持运行，如果锅炉内部管路出现大量漏水，应停止泵的运转；主机进行几次起动和停机，吹出烟道内的烟尘，绝不能对内部进行吹灰操作；注意可能会引起氢气燃烧和水管被烧塌。

当锅炉发生失火后，在温度达到 700 ℃之前，废气锅炉火灾的应对措施和灭火的方法是：

（1）主机减速，关闭锅炉燃油供应、通风、防火挡板等。

（2）降低锅炉内部压力，增加炉内水位，保持炉内水不断流动。

（3）如果管道已经着火。应立即直接通过燃烧孔或相当的地方用直流水柱向火源处注射最大数量的水。

（4）用水对烟道和锅炉外面进行冷却，应避免用水雾喷嘴、泡沫灭火器和二氧化碳直接灭火。应特别注意的是：“用大量的水来灭火”这种方法只适用于铁在蒸汽中燃烧的特殊情况。

四、曲轴箱火灾

因机械故障和操作不当等原因导致主机曲轴箱的温度急剧升高，机油温度显著上升，如果操作不当就会造成曲轴箱爆炸、燃烧事故。曲轴箱爆炸事故的破坏力是双重的，既发生火灾也存在冲击破坏，可能造成人员伤亡事故。

1. 曲轴箱爆炸的原因

（1）曲轴箱内油气浓度达到爆炸极限之内。柴油机运行中，自转动的曲柄甩出大量的润滑油滴，飞溅至气缸壁面、曲轴箱壁面。部分滑油汇集于油底壳返回主滑油循环柜，少部分滑油由于飞溅、碰撞及蒸发形成大量的可燃性油气。可燃性油气在空气中的爆炸下限为 1.7%，爆炸上限为 11.2%。

柴油机曲轴箱在封闭之后其内部积存大量空气，也会有增压空气自扫气箱漏进曲轴箱。曲轴箱透气管出口网罩易脏堵，曲轴箱内油气逸出困难，容易使曲轴箱内可燃混合气处在爆炸浓度极限内。滑油蒸气着火下限 270~350 ℃，上限高于 400 ℃，润滑油蒸发温度为 200 ℃以上。燃油漏入曲轴箱会降低滑油着火温度，从而使曲轴箱可燃混合气在较低的温度下产生爆炸。

（2）曲轴箱内存在高温热源是引起爆炸的决定性因素。在正常情况下曲轴箱内的温度是较高的，但不应出现高温热源。两种金属在相对运动不正常摩擦、接触时会导致出现高温热源，如主轴承、连杆大端轴承及十字头轴承过热或烧等；拉缸、活塞环密封不良燃气漏泄且活塞杆填料函气封环失效；扫气箱着火等。

2. 应对措施

（1）当发现曲轴箱不正常发热、透气管冒出大量油气和嗅到油焦味或油雾检测器发出警报时，都表明曲轴箱内存在潜在的爆炸危险，应立即降速并加强气缸润滑，注意不能立即停车和停冷却水泵、滑油泵，让主机在低速下缓慢运转几分钟，使烟气从曲轴通风管等处缓慢排出，以此降低柴油机整体的温度。当温度降低 60 ℃以下后，小心打开道门。

（2）当发现曲轴箱有爆炸危险时，任何人不准在柴油机装有防爆门的一侧走动或滞留，避免造成不必要的人身伤亡。

（3）当曲轴箱已经发生爆炸并将防爆门安全阀冲开时，如发生道门弹出事故，大量烟雾冒出时，采取紧急停车。打开天窗和顶部的门排烟，不要起动风机排烟，避免触点火花点燃油气而引起火灾。如有火焰产生，使用二氧化碳灭火为佳。要立即采取灭火措施。但切忌马上打开道门，防止新鲜空气进入曲轴箱，导致发生危害更大的爆炸事故。

（4）用机体外专用灭火接头引入灭火剂，但注意不要轻易使用灭火剂以防机体部件受到腐蚀，尤其要慎重使用。

第七章
船舶灭火程序与火灾扑救

第一节
海上灭火程序

船舶在海上发生火灾，没有外援，必须遵照船舶消防应急预案和灭火程序，依靠船员自己的力量控制和扑灭火灾。

一、发现火灾后的行动

发现火灾后，最重要的是立刻发出警报并报告火的位置。

1. 发现者的行动

1）发出警报

火灾警报可能有两种情况：船员发现火灾和失火自动探测系统发出火灾警报。

（1）船员发现火灾

船员发现火灾、烟雾或闻到物品烧焦味道等火灾迹象时，首先要保持镇静和立即发出警报。发现者使用就近手动火灾报警按钮报警，其能立即引发全船警报系统，如果附近有人员，应立即大声呼叫“着火了！”“着火了！”。发现火灾时，不论火势多么小，除非确有把握能正确地使用单个灭火器将火扑灭，在发出警报之前，不应有船员试图去灭火，否则耽误了报警，可能导致火灾扩大，贻误战机。

如果有两个或更多的人发现失火，一个人迅速发出警报，其他的人则应控制火灾，即关闭起火舱室的门、其他进出口及通风设备，等待救援。在没有合适的个人防护设备时，不能进入烟雾区。

另外，对所有火灾，甚至自行熄灭的火灾都应报告。最后的调查可以揭示存在的缺陷和火灾隐患，便于及时消除，防止今后再发生此种火灾。

（2）失火自动探测系统发出火灾警报

对于来自失火自动探测系统发出火灾警报，值班人员首先进行核查，绝不能当成误报警。一旦确认火警,立即采取接下来各项的应急行动。

2)报告失火位置

发出警报的船员必须确切指出失火位置,包括具体舱位和甲板层次。其作用是:

(1)它可为船上消防队提供着火位置的所在。

(2)它将为消防队提供有关即将处理的火灾类型的资料。

(3)确切的位置可以指明是否要切断某些通风系统。

(4)它指明必须关闭哪些门和舱口,以隔绝火灾。

如果只能看到烟或闻到烧焦的味道,看不见确切的失火位置,其起火点可能隐蔽在暗处,确认烟或烧焦的味道来自何处。在打开舱室门检查火灾之前,应查看门的状况,发现油漆褪色起泡则表明火情就在门的后面;当发现有烟从门缝中冒出来或者从舱壁上一丝丝冒出来时,应先用手摸摸舱壁或门,如果感到明显地比其他部位热,则其后面可能隐藏着火情;只是闻到烧焦气味浓度大的处所,有可能是电器过载造成的,应检查附近的电器和电缆。

3)采取适当的预防措施

火灾发现者,采取适当、有效的预防措施,诸如关闭起火舱室的门、其他进出口及通风设备,隔离附近电气设备等。火灾发生在封闭舱室内且有较大烟雾从门缝冒出,在消防队和救援人员未就绪之前,千万不要打开通往此处所的门,避免发生“回燃”现象。

2. 驾驶台的行动

驾驶台接到报警后,首先应用汽笛或警铃向全船发出消防警报,可通过广播或对讲机通知船上人员的火灾位置。关闭在驾驶台内控制的火场处所的机械通风。采取有利于控制火势蔓延的航行方法:应通知机舱备车,采取减速、停车,调整航向,操纵船舶使失火地点处于下风,有助于控制火势蔓延,如图 7-1 所示。

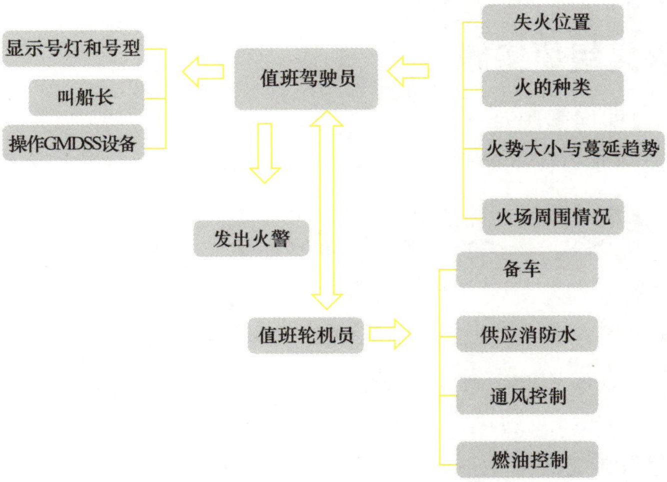

图 7-1 驾驶台的行动

夜间,打开甲板照明灯;白天,悬挂显示有关船舶动态的号型。通过 VHF 将船舶紧急情况通报给周围船舶,让周围船舶避让本船舶,将船位输入 GMDSS 设备中的遇险或紧急通信报文中。

在适当时候将火灾发生的时间、地点、火的种类、发现者的姓名、当时的船位等内容详细记入航海日志。

3. 全体船员的行动

听到警报后,船长应立即上驾驶台,进行指挥全船的灭火行动。船长到达驾驶台后,值班驾驶员应将火灾等有关信息报告给船长,传达船长的命令。船长根据当时情况,迅速做出决策,及时向公司、最近海事部门报告火灾的情况,并请求指导和必要的援助,同时借助于一切可用的手段,向周围船舶表明本船的危险或请求援助,例如用各种遇险信号、通信方式等。

听到消防警报后,船员应 2 min 内奔赴指定的集合地点,按照消防部署表所指派的任务,穿戴好个人防护用品,携带灭火器材,随时执行本人承担的各项任务。现场指挥清点人数,检查人员状况、个人装备及灭火器材情况,确保所有任务准备就绪,并向总指挥报告。

如果是机舱火灾,轮机长负责现场指挥。船舶其他部位火灾,大副负责现场指挥。现场指挥到达现场后,应及时与驾驶台取得联系。此外,还要注意下列几点:

(1)机舱值班人员要确保应急消防泵起动、与火灾有关的通风和空调停止工作。

(2)大副要确保货物系统的安全。

(3)大厨要确保厨房用火的安全。

(4)驾驶台联络员要将便携式对讲机分发到所有队长手中。

(5)消防泵在 5 min 内出水。

(6)如果机舱火灾,尽早做好放艇准备。

二、船舶灭火组织实施

1. 查清火情,立即向驾驶台报告

调查火情就是判断火灾的情况。现场指挥员应尽快组织力量对火灾现场进行调查,收集火场周围情报,需要查清如下事项,迅速报告驾驶台:

(1)火灾的位置、类别(燃烧的是哪一种可燃物质)、火灾范围、蔓延方向。

(2)在火场中是否有人受困,如有,人员数量、姓名、大约位置、抢救的通道情况。

(3)火场周围是否存有无爆炸、毒害等物质,如有,其数量、存放形式、具体位置。

(4)火场内是否有未切断电源的设备。

(5)火场的通道、开口及通风设施状况。

2. 火场情况侦察的方法

外部观察:对外部火焰的高度、方向、周围温度、烟雾的颜色、流动方向和周围情况等进行侦察,以判断火场情况。对于货舱火灾,可使用红外线测温仪测量燃烧货舱外部各处温度值,进行比对,其最高值就是火灾发生的部位,如图 7-2 所示。

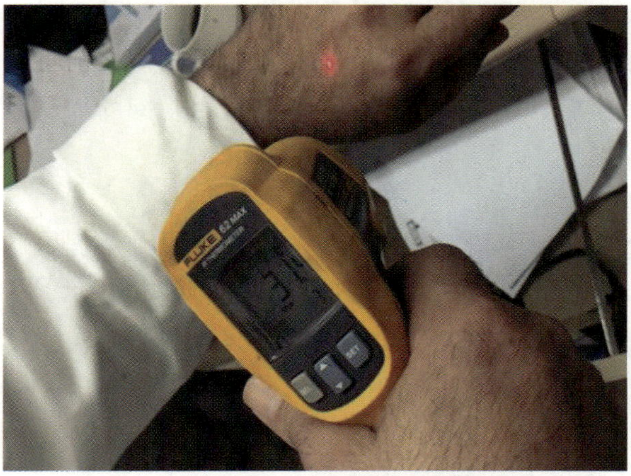

图 7-2 红外线测试温度

询问火灾发现者：在火灾发现时，火灾较小，火灾发现者对当时情况有足够的了解，快速获得所需的信息。

内部侦察：对于舱室内火灾，在外部无法通过上述方法判明内部燃烧情况时，起火点情况不明，应组织人员佩戴消防员装备进入火场进行探火与救助，具体操作请参考前面章节有关内容。

平时对失火处所、所载货物的了解情况：船员对于船舶各个位置情况和通道及物料存放都比较熟悉，装载货物情况及其位置都了解，这样侦察到火灾的位置，基本上可判断火灾燃烧的性质。

利用感觉器官侦察的方法有：

看：察看火焰燃烧的情况，烟雾特征，火势蔓延的方向，舱室受火势威胁的情况，能见度低，可借助强光照明灯。

听：对于困于火场内的人员，倾听他们的呼喊声和敲击声；对火灾燃烧和爆炸声位置，作出正确的判断。

喊：可主动呼喊寻找被困人员。

嗅：通过嗅觉辨别燃烧物质的种类和性质或尚未燃烧物质的种类和性质，对于有毒烟雾，不能采用此方法，以免中毒。

摸：用手摸，通过温度感觉来判断火源的位置。

利用消防水射流：喷射在燃烧的舱内构件上，检查构件的强度；在烟雾中或夜晚等能见度不良处，用直流水枪冲击前行通道的地面，通过声音辨别路面情况，防止掉入坑中。

3. 进门程序

1）靠近门

用眼睛检查门的外表，是否存在的烟气（脉冲或非脉冲），门底部的橙色亮光，变色，剥落的油漆等情况。找到合页或者门挡的位置，以确定门朝哪个方向开。

用水打湿一下门，可以看出室内烟气层的高度，门上与烟气层高度相对应的部分会使水蒸发。门的开启方向和门把手的位置，决定了两名消防员应该如何确定自己的位置。

2)冷却烟气

当通往门的房间里有烟气时,消防员必须在打开房门之前将烟气冷却。如果隔壁的房间着火了,火焰就会从敞开的门里冒出来。流入相邻房间的烟气可能与空气充分混合,使混合气体处于可燃范围内。

3)开门和射水

水枪手先会观察一下室内情况:内部是否有烟气层?烟气层有多高?着火点的位置在这里吗?舱内从上到下是否都充满了烟吗?是否有大量的新鲜空气流入?

检查温度,通过将单个脉冲水流直接射向水枪手上方来实现。然后,水枪手会观察水的作用,倾听水蒸发时,发出的嘶嘶声,并感觉是否有水滴会再次下落,以此来评估房间内的温度。

根据门后的情况,采取相应的行动:

(1)如果室内有一层烟气层,到天花板上约 1 m 厚。将水枪对准房间,并喷射长脉冲射流(雾状)。需要将水射进房间,以此来冷却门后的烟气层。

(2)如果门后房间内是全面燃烧的火焰。水枪手先间接进攻,然后直接进攻以冷却所有剩余的着火物体,以实现完全灭火。

(3)门后的房间里充满了黑色高温烟气。由于新鲜空气从门中流入,火焰很快就会形成,使用间接进攻技术。

4)进入

决定进入房间内时,铺好了足够的水带线路,并为弯成一个圈的水带留出足够的余长。

水枪手一进到里面,就会开始冷却烟气。很可能他会使用长脉冲,他也将开始前进。拿水带的人会确保房间里有足够长的水带线路,然后才会在几米远的地方跟着进去。

4. 隔离火场,组织人力救助被困人员

如果有人被困火场,迅速组织人力,组织救援,牢记“救人为第一位”。具体操作请参考前面有关内容。

5. 确定火灾扑救方案

根据侦察的火灾情况,确定火灾扑救方案:

(1)根据火场情况,确定防止火灾蔓延的方案进行火势控制和防护;

(2)确定合适的扑救方法;

(3)根据灭火任务和当时情况,确定所需要的人力,必要时,对应变部署的人员进行调整。

以机舱为例,其灭火应急程序如图 7-3 所示,如果因舱室内火情不能保证灭火人员安全时或使用消防水、灭火器、水喷淋装置不能灭火时,应使用固定式二氧化碳灭火系统,其应急流程如图 7-4 所示。

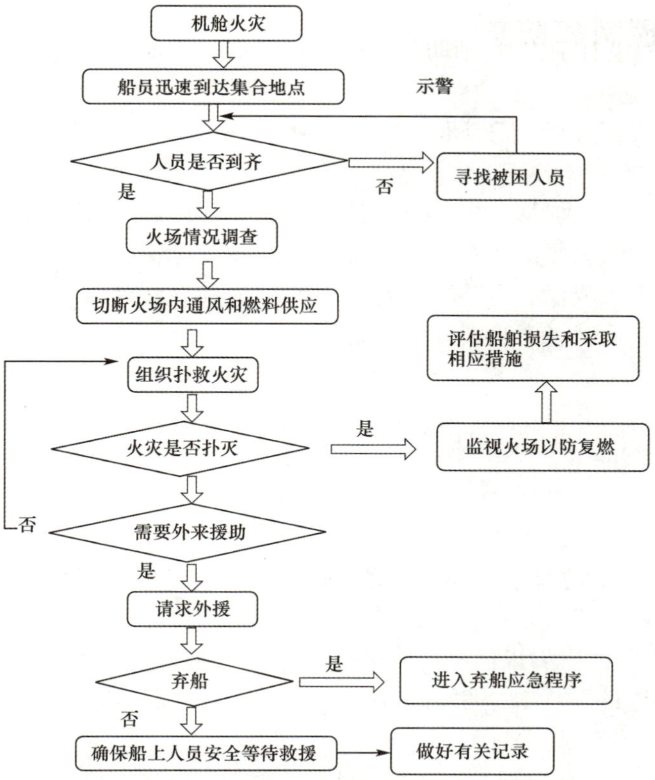

图 7-3 机舱灭火应急程序

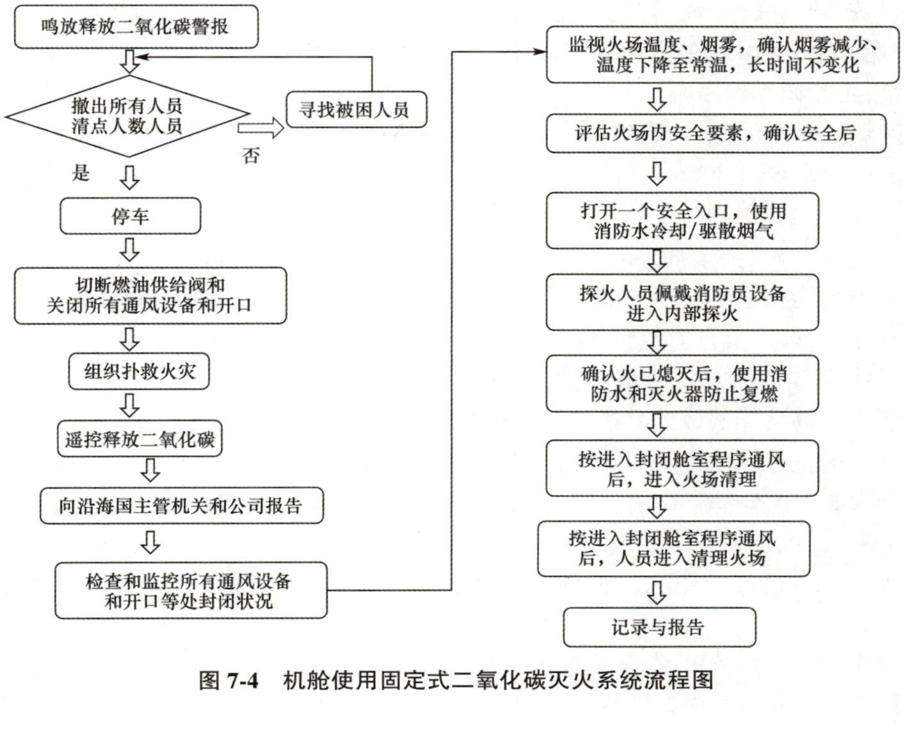

图 7-4 机舱使用固定式二氧化碳灭火系统流程图

三、火势控制和防护

1. 控制通风

通风在整个灭火过程中都是非常重要的，尤其在援救受困人员时，主要根据是否有利于控制火势；是否有利于扑灭火灾。控制通风：首先，在未探明火情的情况下，必须断绝通风，防止输入新鲜空气，加剧燃烧，同时控制烟气排出，降低舱室的含氧量；其次，探明火情后，如采用直接扑救，为保证消防员能顺利进入，根据实际情况打开部分通风，排烟排热。

如果是封舱灭火或没有足够的灭火力量到达前，应该断绝通风；关闭现场所能控制的通风口、孔、道、门，同时考虑受困人员呼吸情况。

2. 防护

主要应做到以下几点：

(1)切断电源、油路；

(2)隔离危险货物、贵重物品；

(3)冷却火场周围空间。

在查明火情后，应立即进行扑救。以便迅速取得控制，并防止和减少火势的蔓延。

3. 灭火行动的展开

灭火行动应尽快开始，以便迅速取得控制，并防止或减少火势蔓延到周围(周围是指船上与火灾区相连的四面和上下的区域)。根据火灾情况，正确选择灭火战术，灵活运用，才能取得理想的效果。

船长决定灭火最合适的方法，所有人员按照驾驶台的命令执行灭火任务。

小的火灾可由消防队迅速展开扑救，并对局部情况进行评估，直至扑灭。较大的火灾则需要船员协调进行扑救，有效地使用人力和消防设备，特别是发生在机舱或货舱的火灾，谨慎操作，如果在 10 min 内还无法控制住火情，应使用固定二氧化碳系统或其他固定消防系统，按其操作程序操作。

对隐藏的火灾位置，在消防人员和水龙带准备就绪后，再打开通往此部位的门。在打开门之前要用水将门冷却，人员要站在避开门口而与门框相对的一边，防止火焰和热气冲出伤人。

当火灾处于发展阶段时，火势较大，使用消防水进攻与掩护进入火场，按照前面章节介绍内容去做，也要避免盲目射水，尽量使用水雾灭火，减少自由液面对船舶的影响。同时，组织机舱力量排出有关舱底内的积水。

在下列情况下，可认为火势已被控制住：

1)所有火势可能扩散的路线都已经堵截包围并加以有效控制。

2)灭火剂正在火床上施放，即消防水带喷射出的水流打到火床上并火势已被控制住。对于隐藏在燃烧物下面的火灾，应该用防火工具等将燃烧着的物品翻过来使隐蔽的火暴露出来。

3)火的主体已经暗下去。此时火已经不能产生足够的热而使附近的可燃物品被点燃。

初步搜寻应与扑救火灾、采取通风和防护周围的措施同时进行。一旦火势已被控制，应该进行第二次和更全面的搜寻。充满了烟和热的区域必须仔细地加以检查。搜寻者必须查看壁柜内、床下、家具和帘幕后面和地毯上面。

在执行以上程序时,全体船员要做好紧急救生和弃船准备工作。当火势蔓延到整个机舱,焚毁灭火动力、灭火管系,且火势蔓延整个舱面建筑时,船员继续留在船上可能危及生命安全,船长可下达弃船命令。灭火转入救生或弃船时,船员应立即到达救生和弃船应变岗位。

四、火灾扑灭后

1. 检查

火被基本扑灭以后应开始进行检查清理,以便及时发现和扑灭隐藏着的火和灼热的余烬,并确定火灾是否已经蔓延到其他地方。实际上检查和清理是两个步骤结合在一起的工作,不仅包括火场内部,还包括火场周围及可能蔓延到的地方。

进行检查清理可能是一项危险的工作,事故表明在检查清理中受伤较多,这因为火被控制住以后,人们就松弛下来,有时粗心大意而忽视人员安全,如炽热表面、闷燃。

2. 火已扑灭

在宣布火灾已被完全扑灭以前,现场指挥员向船长保证已做到以下几点,其中包括:

1)彻底检查紧靠火场的区域,以确保:

(1)所有火灾扩散的路径均已经检查,并且必要的地方已经打开。

(2)通风已经完成,所有烟和可燃气体已被排出。

(3)船员不使用呼吸器可安全进入过火区。使用测氧仪量测量舱内氧气含量达到19.5%以上。

2)所有已燃物品已经彻底检查完毕。

3)组织监视,防止重新燃烧。应指派一名船员(如果火灾范围已大,则多派几个)专门检查复燃,可以指派第二个船员巡视周围和可能扩散的途径。如果有复燃则立即报警。

4)替换或恢复消防设备。已用过的消防水带应换成干的水带,应冲洗干净、干燥后卷起储存放在消防皮龙箱内。部分或全部放空的手提式灭火器都应重新装药或予以更换。消防员装备及时整理,替换呼吸钢瓶或充气。

如果喷洒灭火系统使用过,则喷头应予更换,使该系统恢复原状以备使用。起动过的系统必须重接,并照原样恢复以便再用。

5)损坏检查。应进行彻底检查,以确定火灾是否已将船体损坏,伴随火灾的高温会使甲板、舱壁和其他船舶结构部件翘曲或变得不安全,如发生这种情况,进行必要临时修理。及时排出舱内积水。

6)应集合船上所有人员进行清点人数。

4. 撰写火灾事故报告

根据火灾产生的原因以及灭火中的措施进行总结,以避免类似的事故的复发。

灭火程序的具体内容可以是各种各样的,但是灭火过程的各个步骤是不容忽视的。必须依据各自的具体情况,制定出切实可行的应急预案。最重要的是要进行严格的训练,才能保证灭火行动的正确性、有效性、及时性和安全性。

第二节 港内灭火程序

按照《中华人民共和国海上交通安全法》要求，船舶遇险应立即报告海上搜救中心，不得瞒报、谎报海上险情。船舶火灾应急由海事部门负责总体指挥，消防应急部门负责灭火指挥。消防应急部门未到达火场前，应积极自救；到达火场后，船方应提供船舶及火场情况，并积极协助灭火。船舶在港内发生火灾后，其灭火程序是与海上灭火程序有所不同，除船员积极按照船舶火灾应急预案组织扑救外，还能请求当地消防应急部门支援扑救船舶火灾。

一、发生火灾后，应立即向港口消防队报警

船舶在依靠自力灭火的同时，应及时与港口消防队和海事部门联系，听从海事部门指导，请求足够多的消防力量将火灾扑灭。报警应以最快的方式，如泊位附近陆地的火警电话、高频呼叫和海事部门转发等。

二、与当地消防队的联系与协调

当消防队到达现场后，应积极协助消防队了解火情。一般情况下，船方要将下列信息内容向消防队报告：

(1)是否有人困在火场内。

(2)火灾的部位、种类及范围，以及蔓延方向和影响的区域。

(3)火灾是如何发生的，以及已经燃烧多长的时间。

(4)船上已采取的行动及效果，如人员的撤离、现场的隔离、通风的控制、已使用灭火设备等。

(5)火灾现场内和邻近舱室内有无危险品和压力容器，包括舱内是否装载危险货物，如有，告知其位置及数量。

(6)火场周围的舱室和甲板的状况，特别是进攻通道受影响的程度。

(7)船上可利用的固定灭火系统和人员情况。

(8)船舶稳性的状况，若使用水灭火对船舶稳性的危险程度。

在消防队员进入火场时，船员应积极协助，应派熟悉船舶情况的船员作向导。在消防队员进行扑救火灾中，关键的船员应坚守在船上，承担协助任务，不能全部撤离。

船上提供给消防队船舶防火控制图，在选择进攻路线时予以协助。船长一方面要协助消防队做好灭火过程的协调工作，另一方面要提出自己的意见，以免造成不必要的损失，特别关系到船舶稳性方面。

三、在灭火过程中，船方还应进行以下工作

1. 与海事部门、港口公安保持随时联系

港口公安交通管理、海事部门和治安管理人员负责维持秩序，疏散车辆、船舶及人员，必要时可实行交通管制。

通知海事部门船舶的情况和船上发生火灾的情况，随时报告港口所需要的其他信息。

2. 船长仍对船舶灭火负有主要责任

在海事部门的认可下，船长仍继续负责船舶消防指挥，由港口消防队负责灭火的实施。船上船员应积极协助灭火，双方密切配合，共同努力将火扑灭。

港口消防队由于对本船结构、消防设备、火灾情况没有充分了解，在做出灭火决断、灭火行动时，可能会有不完善之处，这样会贻误战机，扩大火势，甚至危及消防人员安全。船长应认识到在任何时刻都对船舶的安全都负有责任，积极组织船员协助港口消防队灭火。

3. 查清所有在船人员

船舶在港内靠泊时，除船员外，船上可能有装卸工、供应商、维修人员、船员家属等其他外来人员，值班人员应严格登记外来人员，对船上外来人数及位置有清楚记录。他们往往没有受过专业的安全培训，对船舶火灾、脱险通道不了解，避免在船舶发生火灾后发生意外的伤害，应及时协助他们离开船舶，清点人数，保证没有一人被遗漏。

船舶靠港后，非值班船员下地较多，下地或回船都有专人负责安排和登记。

4. 随时做好离港的准备

停泊在港内或船坞内的燃烧船舶，船长应随时同港方保持联系，由港方通知船方，船舶对码头设备所产生的威胁，以及要求船方所采取的行动。

当要求船舶离港时，不论是依靠自力，还是拖船，船方都要随时做好离港的准备。当失火船舶严重威胁港口设施和附近船只时，应将船舶离开码头转移到安全水域。如果无法自航至安全水域，就应请拖船协助。如果撤离有困难，则必须有足够的灭火力量来掩护受威胁的附近船舶和港口设施，确保它们的安全。

当在锚地或接近港口的途中，船舶货舱发生火灾，如集装箱船舱内火灾，甲板上集装箱阻碍，港口消防队难以展开扑救。在海事部门的统一调度指挥下且船舶已控制住火灾情况下，经过港口安全评估，可将船舶靠在安全的泊位，利用港口吊装机械，吊离不燃集装箱，港口消防队借助码头优势，可以快速登上船舶组织灭火，缩短灭火时间。

第三节 液货船和船舶装运危险货物时的灭火程序

一、液货船灭火程序

液货船发生火灾时，其燃烧特点是：发生爆炸后转入稳定燃烧；燃烧转入爆炸；油品发生沸溢；大面积燃烧，周围温度高，人员难以接近；油品在水面上扩散燃烧；场地窄小，扑救困难。液货船重点区域是液货舱和油泵舱区域，其余与第一节、第二节有关程序操作相似，特别关注内容如下：

1. 应熟悉港方的消防应急计划

港口为液货船码头配有大量消防设备和设施，拥有专业的港口消防队，制定港口船舶火灾应急预案，因此，船方应熟悉港口消防的相关内容①，诸如火灾应急预案、应急的准备、应急控制、紧急通信及联络人、港口消防队协调、人员救助、拖船使用、引航等。熟悉在应急中使用拖船将船舶从泊位转移到港外的程序及内容。

2. 船在海上发生火灾

立即报警及告知起火地点，附近的人员先使用最近的、合适的灭火器材扑救，控制火势蔓延，将火扑灭。如果不成功，立即按应变部署操作，停止所有货物、压载、油舱清洗或加油作业，船舶周围停靠的其他船舶应迅速离开。关闭所有门及开口，所有人员撤离火灾现场，使用固定泡沫系统扑救，操纵船舶调整航向以利救火。

3. 船在港内发生火灾

船方立即拉响火灾警报，此警报是船方、港口都熟悉的（最好使用汽笛，由一组长声组成，每长声持续时间至少 10 s），所有货物、加油或压载作业必须停止，机舱备车，船员按火灾应急预案行动，包括卸除船岸间输油管，控制火势。港方听到警报后，装卸负责人立即通知港口调度室，港口调度室向港口发出火警警报，通知港口管理局，并开始关闭所有装卸、加油或压载操作，起动港口火灾应急预案，周围临近船舶也应停止所有作业，卸除输油管路，备车。港口消防队迅速抵达火灾现场，随后海上救助艇、医护救援（救护车）、警察、港务局官员以及引航员陆续到达现场协助。船在港内发生爆炸，其爆炸易使货油舱破裂，船上的固定灭火系统遭到破坏。火灾的扑救主要依靠港口消防队来完成。

4. 注意火情和客观条件的侦察

如船舶装载的油品类型、数量、燃烧部位、燃烧范围、火焰的形式以及火灾扩展的主要方向；风向风力、船舶停靠位置，周围船舶和建筑物是否受到严重威胁；船体甲板有无变形，油品漏出，有无落入水体，水面上有无液体火焰，有无沸溢、喷溅和爆炸的可能性；船舶设备损坏情况，特别是船上泡沫固定灭火系统和货舱惰性气体系统情况能否使用。

5. 火灾扑救

扑救火灾时应注意事项如下：

（1）选择安全的位置。在扑救货油舱火灾时，其位置应尽量处在上风或侧风方向，以策安全；特别是要尽可能避开起火货油舱舷侧板的正方，以防止因货油舱爆炸而被摧毁，导致船上的人员伤亡。

（2）密切注视燃烧情况。扑救重油货油舱火灾时，要时刻注意观察液面变化和燃烧情况，以便及时发现沸溢或喷溅征兆，特别是货油舱燃烧时出现以下征兆，即表示有可能随即发生爆炸。

（3）严防毒气伤害：石油燃烧时会分解出一部分对人体有害的毒性气体，人员在下风方向施救时，须采取必要的防护措施。

（4）严密监视水面流动散油。由于油船发生爆炸、沸溢或喷溅后，大量散油漂浮在水面上形成流动燃烧，火场指挥员要派出专人负责监视水面上的散油流动燃烧情况。

二、船舶装运危险货物时灭火程序

危险货物装载在船舶有两种情况，一种装载在甲板上，另一种装载在货舱内，装载位

---

① 可参阅油船及码头安全指南（International Safety Guide for Oil Tankers & Terminals）

置不同，灭火方法也就不同，严格按船舶载运危险货物应急指南①（EMS）操作。应急中注意事项有：

（1）船员安全第一。避免接触危险物质，远离火、烟和蒸气，如果有可能，将驾驶台和生活区区域处于上风位置。现场应急船员应穿合适的防护服和自给式呼吸器。

（2）起动船舶灭火程序，确认燃烧危险物的性质及危险。确定正在燃烧或排放烟雾的货物的存放位置，辨别燃烧的货物，获取所涉危险货物的联合国危险货物编号和火灾应急措施表，从火灾应急措施表中确认适用的措施并加以实施，检查火灾周围是否有其他危险货物受到影响，并查明其火灾应急措施表。

（3）采取冷却和窒息，使用合适灭火剂及船舶固定灭火系统。首先对火场周围采取冷却降低火场及周围的温度，对舱内货物大部分采取窒息灭火方法，根据火灾应急措施表确认合适的灭火剂，使用船舶固定灭火系统。

（4）准备使用《医疗急救指南》（MFAG）。一旦船员接触危险物质或烟和蒸气，立即急救措施。

（5）与负责船舶公司或救援协调中心联系，就危险货物紧急情况征求专家意见和应对措施。联系人包括船舶公司指定人员、紧急信息中心（如美国的 CHEMTREC）、专门机构、专业联系人、港口国当局、海岸警卫队、消防队及该产品的制造商。

第四节 船舶各部位火灾的扑救

一、机舱火灾的扑救

船舶火灾统计资料表明，机舱是火灾发生率最高的处所。

1. 机舱底部起火

1）初期阶段

舱底某个部位刚开始燃烧，面积不大，消防人员可顺机舱扶梯迅速下到机舱底部，用手提式灭火器（泡沫、干粉）或雾状水枪射流灭火。当机舱梯道被烟火封锁下不去时，可以从机舱后部艉轴隧进入机舱。

2）发展阶段

当整个机舱底部一片火海，火势开始向机舱上方蔓延时，可采取如下灭火步骤：

（1）封舱准备

首先迅速撤出机舱内人员，并尽快关闭机舱通风机、出入口、通风孔、舱棚天窗和烟囱的百叶窗等一切可能透气的孔口，以减少机舱内的空气流通，为封舱灭火创造条件。如果机舱内充满浓烟，消防人员不能在舱内实施关闭那些通风透气的孔口时，可操纵装在机舱

① REVISED EMERGENCY RESPONSE PROCEDURES FOR SHIPS CARRYING DANGEROUS GOODS（EMS GUIDE）

外部的关闭设备将通风机和天窗等关闭。

(2)封舱灭火

开启固定灭火装置，向机舱内施放高倍泡沫或二氧化碳灭火剂，进行封舱灭火。在封舱期间，要监视舱内温度变化，是否在降低，封堵因无法关紧通风口和防火门上的冒烟缝隙，防止因二氧化碳逃逸影响灭火效果。

(3)附加灭火

如果采用船上固定灭火系统未能扑灭机舱火焰时，可使用陆上消防队的2~4具高倍泡沫发生器进行补充扑救。将发生器设置在机舱两侧出入口处，同时向机舱内灌注高倍泡沫。高倍泡沫淹没整个机舱底部的需要量，最好能达到每分钟1 m以上的厚度。

(4)冷却保护

在与机舱毗连的船楼舱室和天棚窗口等处，应布置消防人员用喷雾水枪进行冷却保护，防止因热传导和热对流等引起新的燃烧。

2. 机舱中部、上部起火

1)初期阶段

先用手提舟车式、推车式灭火器灭火，也可从机舱下部用泡沫或喷雾水枪向上喷射灭火。为防止火势向下蔓延，可继续使用舱内通风设备和通风孔口，保持空气流通，使火势向上蔓延。

2)发展阶段

当火势无法控制，并向下蔓延时，可采取隔绝空气，开启固定灭火系统封舱灭火的方法。

3. 扑救火灾时的注意事项

1)机舱火灾初期

(1)要操纵设置在机舱内外的关闭装置，迅速关闭燃油舱柜和油管路上的截止阀，停止燃油泵的运转，断绝油料来源。

(2)油舱、柜和油管路有破漏处时，要立即进行封堵；如不能立即封堵，也要设法阻止漏油向四处喷射，防止火势扩大。

(3)用泡沫管枪和喷雾水枪对油舱柜、油管路进行覆盖或冷却，以防受热膨胀爆炸。

(4)压缩空气瓶受到高温威胁时，最好放掉钢瓶内的压缩空气，以防受热膨胀爆炸。

2)紧急撤离

(1)机舱内起火后烟雾很浓，很可能看不清通道和梯口。1 000总吨以上的船舶，机舱内均有2个相互远离的脱险通道，当找到梯道后，如果从各层甲板上的两舷舱门撤不出去时，可沿梯道一直往上攀登，从烟囱顶部的出入口撤出机舱。

(2)机舱上部被火封锁时，可从机舱底部主机后面的尾轴隧逃生孔钻出机舱，进入尾舱，沿直梯撤出。

(3)在机舱内受伤的人员无法从上部撤离时，可进入尾轴隧中躲避，等候营救。

(4)当船上固定灭火系统控制室向机舱施放灭火剂之前，机舱内会事先发出明显的声、光警报，舱内人员见警后应迅速撤离，以免窒息。

二、货舱火灾的扑救

1. 火灾的特点

1)舱内阴燃,火源不明,明火扑灭后可能复燃

(1)货舱起火往往发生在货物装舱完毕后的一段时间里。或由于装舱时留下火种;或由于化学危险物品混装引起化学反应;或由于某些物质受热自燃等等,因而发生燃烧,造成火灾。

(2)货舱舱容很大,装货较多,摆放紧密。货物装满后,层层加盖,空气不流通。货物起火时,只能在严重缺氧条件下缓慢阴燃,产生大量烟雾排不出去,在舱内弥漫,不开舱根本无从知道确切的起火部位。但开舱又会导致新鲜空气进入而增加阴燃强度,引起明火表面燃烧,反倒扩大火灾势态。

(3)棉、麻、玉米、鱼粉等具有阴燃的特性。因此,明火被扑灭后,表面已经浇湿的堆垛、捆包,在一定的时间后仍有再次燃烧的可能。

2)温度升高,引起燃烧

货舱燃烧初期因供氧不足而缓慢进行,但能逐渐扩展,沿着邻近的可燃物质,顺着烟气的流动方向发展。

(1)燃烧产生的烟雾和一氧化碳逐渐增多,但由于舱盖紧闭散不出去,舱内热量聚蓄,火源附近的温度可升高到900 ℃以上。

(2)由于起火货舱内燃烧发展的结果,其高温经钢质舱壁和中间甲板的热传导,引起毗邻货舱木质隔板和货物的燃烧而发生了第二批火源,甚至由于隔热不够好的结构受热作用,火势还有可能引燃上甲板上部的毗邻的起居处所和服务处所的可燃材料,从而导致火灾在上层建筑内蔓延。这和机舱起火向毗邻舱室蔓延有类似情况。

3)易燃易爆物品起火爆炸

装运易燃易爆等危险物品,有时在装卸或运输这些货物过程中,会由于碰撞、摩擦、高温、化学反应、电火花等多种因素而引起燃烧以至爆炸,并产生大量的有毒气体;有些物品在燃烧时分解出可燃气体,也可能发生爆炸,使消防人员扑救困难,对船舶安全威胁极大。

4)扑救难度大,时间长

货舱起火后,因货物摆放紧密,大中型船舶又有几层载货甲板,施放的灭火剂不能有效地作用于火源。如果开舱灭火,外部空气进舱后,火焰则会迅速升腾,更加难以扑救;如果火源在舱底,则需先将其上面的货物卸出舱外,然后才能实施灭火。所以扑救船舶火灾往往需要很长时间,灭毁的货物和设备较多,造成的经济损失很大。

2. 扑救火灾的措施

货舱火灾发生在舱内,而消防设备和消火栓却安装在甲板上面。为了扑救货舱内的火灾,消防人员不得不进行从主甲板处向下进入货舱,会迎着灼热燃烧产物的上升气流下舱。高温和烟不仅妨碍侦察工作的进行,而且还妨碍直接在火源处用水或泡沫组织灭火。

扑救货舱火灾主要采取三种灭火方法,即开舱灭火、封舱灭火和灌舱灭火。

(1)开舱灭火

其常用于停泊在港口、码头装卸货物或检修的船舶。发现货舱火灾后,及时向当地消防队报警,先关闭舱室控制火情,确认使用水扑救不会因水浸而造成重大货损,具备足够

灭火力量及灭火剂条件下,港口消防队到达后,做好开舱灭火前的各项准备工作,如消防水供应、周围冷却、货舱积水向外排放或转移到其他压载舱等。

利用船上机械设备开启燃烧货舱舱盖。当货舱内的燃烧面积和强度较小时,灭火人员可先在货舱口向燃烧区射水。待火势减弱后可利用货舱内的直梯,船舶或码头上的装卸货物的起重吊具以及挂钩梯等,从货舱口进入到舱内抵近火源射水。与此同时,通知有关人员利用舱底泵向舷外排水。

进入货舱内灭火的人员,必须一边射水灭火,一边扒拆被火烧过的货物,进行彻底清理,以防余火复燃。对易水渍损货物,如粮食、纸张、一些怕水渍的杂货和贵重物品的火灾,要控制灭火的水量,除熊熊燃烧的货物外,一般不用直射的强水流冲击,并及时对已积水的舱进行排水,积极组织对未燃货物的疏散,以最大限度地减少水渍损失。如果上面或周围货物影响灭火操作,可将货物吊出货舱,疏散到码头安全区域。当货舱内的燃烧面积和强度较大时,则应采取向货舱内灌注高、中倍泡沫的灭火方法。

待火势减弱后,再派人进入到货舱内彻底灭火。

(2)封舱灭火

封舱灭火常用于航行途中的船舶,关闭燃烧货舱的舱盖和通风孔洞,隔绝空气来源,并向货舱内施放二氧化碳,使之舱内缺氧,达到窒息灭火的目的。使用船上的二氧化碳固定灭火系统时,应计算舱内实际空舱容量,计算与相匹配的二氧化碳瓶数,释放后,对舱口的冒烟位置进行封堵,防止二氧化碳随烟气泄漏出来,同时,使用消防水对舱外甲板、舱盖等高温处进行冷却。

这种灭火方法对舱内货物损害很小,但火势被控制到完全熄灭的时间较长,一般需要几天,甚至长达几个星期,封舱后不能过早地打开舱盖检查火情,以防空气再度进入货舱后引起复燃。封舱后,通过舱口边的测量孔,及时测量残内温度和舱内氧气含量,如果氧气浓度升高,再向舱内释放二氧化碳气体。必要时,船舶改航到就近港口,由港口消防力量来扑救。

(3)灌舱灭火

灌舱灭火不是在任何情况下的货舱火灾都可采用的,如遇下列情况,方可考虑采取灌舱灭火方法:货舱内的货物具有爆炸性,或其他严重危害性,火势极其猛烈,有可能从一个货舱延烧到全船,并严重威胁到港内的其他船舶或城市安全;开舱和封舱灭火均不能奏效,又不允许长时间补救,这时采取灌舱灭火的方法可能大大加快扑救火灾的速度,最大限度地减少火灾造成的经济损失。但灌舱灭火可能会造成船舶沉没及海上环境污染,实施灌舱灭火必须事先征得该船船长、港口当局和有关上级领导的同意,消防指挥员不能擅自决定。

要防止因货舱和甲板积水过多而导致全船沉没和倾覆或船舶结构损坏,进行舱内水进行管控。如果船舶会沉没,实施全船沉没的地点应由港口水上安全监督部门指定,不能沉没在港口的航道上和主要码头边。

三、上层建筑和甲板室内火灾的扑救

航行时一旦上层建筑起火被烧毁,船就失去了驾驶、导航和通信联络的能力;船员们也失去了生活的保障,后果将十分严重。

1. 火灾的特点

(1)火势向上蔓延,难以发现火源。上层建筑下层舱室起火后,火势会顺着建筑内的走道和上下扶梯向上层甲板建筑蔓延。上层建筑和甲板室在甲板之上,起火后受空气对流影响,烟雾将弥漫整个建筑区域,消防人员不易发现火源和火势蔓延方向。

(2)会威胁到驾驶台、机舱的安全。驾驶台位于上层建筑的顶部,是船舶总控制室,内部船舶驾驶、导航和通信等重要设备,住舱发生火灾可能会蔓延到驾驶台,会使船舶失去控制和断绝对外通信。机舱位于上层建筑下部,当上层建筑起火后,尽管机舱棚的围蔽和机舱顶部的甲板均有防火隔热措施,但因火焰和热传导的存在仍有可能促使机舱内的可燃物质起火,对机舱威胁很大。

(3)导致人员受困和伤亡。起居处所是船员居住和生活处所,供船员休息、学习、娱乐等之用,发生火灾容易造成休息船员被困,甚至伤亡。

(4)不利于船员撤离。救生艇和救生筏都存放在上层建筑的中间层,失火时,影响到船员撤离,也会给救生艇筏施放带来困难,不利于船员撤离。

2. 扑救火灾的措施

船舶上层建筑发生火灾后,具有陆上建筑火灾的特点,向上部和水平方向蔓延的速度很快。扑救时可采取以下措施:

1)控制火势向上部蔓延

(1)上层建筑火势初期阶段。起火初期,消防人员应迅速关闭通风孔和门窗;当火势威胁到上部驾驶台甲板时,应在驾驶甲板上设置水枪阵地,用强大直射水流喷射甲板与围蔽,以保护驾驶室不被燃烧。

(2)上层建筑火势发展或猛烈阶段。当火焰已经封锁住通往各层甲板舱室的通道和扶梯时,对于停靠在码头上的起火船舶,可利用各种消防登高设备、举高喷射装置及码头上的起吊设备进行扑救。①利用码头上的装卸吊机,在吊钩上挂一个吊头,消防人员连接好水带、水枪,站在吊头内,由吊机将手持水枪的消防人员提升到空中并抵近起火船的上层建筑,实施高处灭火。②利用云梯消防车或举高喷射消防车上的大口径水炮(枪)直接向燃烧区喷射水流灭火。③船靠码头时,临水一侧上层建筑的火焰,可用消防船上的登高平台或举高喷射装置上的大口径水炮灭火。

如果上层建筑火势凶猛,而有人被困在舱室内或外部甲板上无法脱逃时,也可利用码头上的装卸吊机或云梯消防车及时进行营救。

2)阻截火势向机舱蔓延

(1)上层建筑起火向机舱蔓延时,消防人员应在火势向机舱蔓延的通道上和舱室内设置水枪阵地;关闭机舱在各层甲板上的出入口舱门,阻截火势向机舱蔓延。

(2)当上层建筑内火势凶猛,并已将各层甲板和建筑内的梯道封锁时,消防人员可从尾轴隧进入机舱内,用水枪冷却机舱舱壁和机舱棚围蔽。

(3)开启固定灭火系统保护机舱。开启固定灭火系统的步骤如下:关闭机舱内所有储油舱柜上的截止阀,切断电源,停止各种机器设备的工作;机舱内的所有人员应迅速从应急逃生撤出;必要时,开启固定灭火系统保护机舱,如二氧化碳或高倍泡沫。当二氧化碳气瓶站室受到火势威胁时,站室内的灭火剂储气钢瓶将有发生爆炸的危险,如能及时将灭火剂放出,既能起到保护机舱免遭火灾的作用,又可消除可能爆炸的危险。

3. 扑救火灾时的注意事项

(1)疏散仪器设备。火势在上层建筑内由下向上蔓延,并对驾驶室构成威胁时,消防人员应在控制火势向驾驶甲板蔓延的同时,尽可能地迅速疏散驾驶甲板上各个舱室内可移动的仪器设备、文件资料等。

(2)进攻与撤退的要求和安全。进入正在制造、拆卸或维修中的上层建筑内灭火(或侦察)的消防人员,由于船上的结构和设备可能不够完善,甲板上和舱室内比较杂乱,在烟雾弥漫的舱室内和走道上行进时,要用脚或水枪射流试探甲板虚实缓步前进,以防跌入未盖好的孔口或梯道,造成人身伤亡。当火势凶猛,撤退路线被火封锁时,可沿上层建筑前后两端或两舷寻找通道撤离。

四、厨房内的火灾扑救

厨房发生火灾多数是由锅内食用油温度过高或炉灶上方集油罩遇到明火造成的。

厨房内工作人员发现火情后,发出报警后,同时采取紧急灭火措施,如立即用就近的防火毯、手提灭火器等灭火器材灭火。若灭火器材不能有效控制火情,应立即关闭厨房的电源、机械通风、自然通风装置,关闭防火门,转移火场易燃物,防止火灾蔓延,等待救援赶到时再按应变部署组织灭火。厨房烟道发生火灾时,及时关闭厨房上部的防火挡板,开启厨房内固定二氧化碳系统,将二氧化碳烟道。

切断厨房电源、通风、关闭所有厨房门窗。消防员携带灭火器和消防水带进入火场灭火,如果船舶厨房有通向后甲板的门,消防员应尽量从通向甲板的门进入火场,避免从通向生活区走廊的门进入,防止火势蔓延到生活区里。有的船舶厨房设置固定式专用灭火设备,消防员可将阀门打开,向厨房里释放。

五、货油舱火灾的扑救

(一)火灾的特点

1. 先爆炸,后燃烧

原油和石油产品具有很强的挥发性,所以在货油舱内及其他有关处所存在着大量的易燃、易爆的气态产物,油蒸气在石油温度提高和石油发生移动的情况下就会被分离出来,而且它们的比重比空气大,极容易积聚在低洼处及油管弯头部位和油舱底部,并且能在一定条件下形成具有爆炸危险的燃气空气混合气体。当货油舱进入新鲜空气,可燃的油蒸气在空气中一般会达到爆炸极限浓度范围,遇火发生爆炸时,其威力强大,能使货油舱破裂,甚至船体折断,并引起燃烧。

2. 爆炸使火势扩大

伴随爆炸的火灾蔓延十分迅速且最为危险,所有的含闪点温度低的易挥发馏分的原油产品都能够形成有爆炸危险的混合气。货油舱在发生爆炸以后,会被掀开或导致舱壁和舷侧板的破裂,因而油品乘势流出货油舱,淌到水面上,形成大面积燃烧,强度增大。由于船舶舷外水面上的石油产品的燃烧,一般在海上风速为 5~6 m/s 时,火焰的传播速度为 0.6 m/s,造成流淌火灾。这样不仅会增加起火船舶自身火灾的范围,而且可能会殃及附近的其他船只或沿岸各种设施,致使火灾严重地恶化或使人员的疏散成为不可能。

3. 产生沸溢或喷溅

货油舱内装有含水分较多的重油，发生爆炸燃烧时，有可能出现重油的沸溢或喷溅，造成火势扩大蔓延，并给人员生命造成极大危险。

(1)沸溢

货油舱发生火灾时，重油表层火焰产生的高温，加热了液面。由于重油是有“热波特性”，即热的作用下使油面温度升至沸点以上；并通过液体的热对流和钢质舱壁的热传递作用，热量向下传播，受热而温升的液层越来越厚，形成高温层。由于油品含有水分或灭火时向着火的油舱内喷射了水；加之重油具有较高的沸点(如超过 100 ℃)和较大的黏度，而重油中的水分受热沸腾汽化并被油薄膜包围形成油泡沫冲出油表层，便会引起油的翻滚，产生沸腾，使油溢出，终成沸溢。

一般在起火 30 min 或 1 h 后，断续向舱内射水和泡沫，而又未能将火扑灭，则将会导致油舱提前出现沸溢。含水 1%的原油，一般在起火后 45~60 min 就会出现沸溢。一般而言，油品含水量大，传热速度高，沸溢出现早；反之，则出现晚。

沸溢时，油品流出舱外，溢出距离可达几十米，面积可达几千平方米；若淌入油船所在的航行水域，则会随波逐流，形成大面积燃烧。在一次火灾中，火被扑灭之前，沸溢现象可能重复发生多次。

(2)喷溅

除具有形成沸溢的条件外，在油舱底部要有水垫层存在；油品较薄，油舱起火后由于热波向下传递，水垫层被加热到汽化温度(100 ℃)时，水变成水蒸气，体积膨胀，冲破油层夹着燃烧中的重油从舱的裂口中喷出，引起水面上或油船上层建筑燃烧。油层越薄，燃烧速度和油品温度传递速度越快，则越能在起火后较短的时间内发生喷溅。喷溅的时间一般晚于沸溢时间，常常是先发生沸溢，间隔一段时间才发生喷溅。

油品发生喷溅具有很大危害性，喷溅时油品与火突然腾空而起，向外喷出，形成空中燃烧，有时火柱高达 70~80 m，顺风方向喷射可达 100 m 以上，燃烧面积可以超过 1 万平方米。火焰卷下，向四周扩散，可导致除起火船自身以外附近船只甚至岸边建筑设施及其可燃物的燃烧和人员的伤亡。而且在一次火灾中，喷溅现象也可能重复发生几次。

鉴于沸溢和喷溅所造成的危害，在扑救货油舱及油船火灾过程中要随时注意到新沸溢、喷溅火情，做到尽量避免这种现象的发生；一旦发生也要最大限度地减少因此而造成的损失。一般在发生沸溢、喷溅几分钟前常有下列征兆：油面呈蠕动、涌涨现象，出现油泡沫 2~4 次；火焰增大，发亮、变白；烟色由浓变淡；产生激烈的“嘶嘶”声。

4. 热辐射强

货油舱火灾的热辐射强度较大，并有以下特点：

(1)与燃烧时间成正比

货油舱火灾的热辐射强度与发生火灾的时间长短成正比。燃烧的时间越长，火焰的温度越高，其热辐射就越强。为控制热辐射强度，应及早控制火势，将火灾消灭在火灾初起阶段。

(2)货油舱火灾的热辐射强度与距离有关

距离燃烧舱越近，其热辐射强度越大。为避免热辐射的伤害，消防船(车)及消防人员等所处的有利战斗位置要视失火船的火灾具体情况而定。

5. 火焰时起时伏

重油在燃烧过程中，火焰会出现时起时伏的现象。因为重油成分中有重质和轻质的不同馏分，当重油表层的轻质成分迅速蒸发燃烧时，火焰就呈现“起”的状态；当重油表层的轻质成分被烧掉，下层的轻质成分还未来得及蒸发上来时，就进入“伏”的状态。扑救时可利用“伏”的有利时机，向燃烧的货油舱发起猛攻。

6. 顺舱内管道蔓延

货油舱内有许多作用不同的管道，而且相互连通，尤其是位于货油舱顶部的溢流管，当发生火灾时，火焰会顺着管道烧进邻舱，导致邻舱爆炸燃烧。

(二)扑救火灾的措施

消防人员在具体扑救过程中，则应根据燃烧油舱的不同情况，采取相应的灭火措施。具体如下：

1. 货油舱爆炸敞开燃烧

(1)用大量泡沫灭火剂灭火

开启船舶甲板泡沫系统，使用船上甲板货油舱区域的固定泡沫炮向火区喷射，一般至少可喷射 20 min。

组织外援力量灭火。港口消防队到达火场后，在对油船进行冷却的同时，要做好进攻灭火的一切准备工作，备足泡沫液，一般要带一次灭火需要量的 6 倍；进攻时会遇到高温和浓烟的阻隔，要组织喷雾水枪交叉进行掩护，因此，要做好进攻时水枪掩护的准备，灭火人员要穿好隔热服，佩戴好自给式呼吸器等防护装备。使用固定泡沫炮灭火时，距离不得小于 25 m，炮的仰角一般保持 40°。不间歇地喷射，直至火熄灭后，还要继续喷射到不再复燃为止。采用泡沫灭火时，其泡沫供给强度，当油品闪点小于 60 ℃时，为 0.8~1.0 $L/s\cdot m^2$；油品闪点不小于 60 ℃时，为 0.6~0.8 $L/s\cdot m^2$。

(2)冷却保护

冷却是控制火势、防止破口扩大和邻舱起火的一种有效方法。集中各种大口径水炮(枪)，对燃烧货油舱和与之毗连的货油舱喷射大量的水进行冷却，可以防止油舱破裂口进一步扩大，或引进邻舱起火，同时也为下一步灭火创造条件。冷却水的强度一般为 0.6~0.8 $L/s\cdot m^2$，即每秒钟需用冷却水量至少为 0.6(L)×油舱周长。

冷却的方法是：冷却水要射到船侧顶部板或甲板上，使水从上往下流，以起到全面冷却的作用；冷却水喷洒要均匀，不能留有空白处，以免船体温差过大，引起更大的船体变形或破裂。对于邻近油船(如与燃烧船距离小于 1.5~2 倍的船宽)，也要同时进行冷却或迅速撤离至安全区域。

2. 货油舱口呈火炬状燃烧

油品通过货油舱船口、裂口、透气口、溢流管口等处呈火炬形燃烧时，可采取下列灭火方法：

(1)开启货油舱上固定灭火系统。油船货油舱内均有泡沫固定灭火系统。货油舱起火后，如果没有因爆炸使船体结构破裂，可首先开启固定灭火系统进行灭火。

(2)覆盖舱口灭火。即使用覆盖物(如防火毡等)，盖住舱口，使油蒸气与空气隔绝，窒息灭火。采取这种方法灭火时，须首先用水枪对货油舱口外围甲板进行冷却，灭火人员要穿隔热服，在雾状水枪射流掩护下，从上风方向接近货油舱口。覆盖要严密，避免留下空隙。

(3)水封舱口灭火。根据火炬高度和直径大小，首先用水枪冷却货油舱口外围甲板，然后组织数支喷雾水枪部署在不同的方向，同时交叉朝舱口平射，用水流将火焰和尚未燃烧的油蒸气分隔，造成可燃气体瞬间供应中断，并隔绝舱口处空气，使燃烧窒息。

3. 利用风向控制火势蔓延

在航行中起火，在有风天气下，如果条件允许，可采用下列方法控制火势的蔓延速度：

(1)前部的货油舱起火，风向使火势朝尾楼上层建筑方向蔓延时，应将船头调转180°，以使火势不向尾部蔓延。

(2)若中部的货油舱起火，风向可能使火势朝后或朝前蔓延时，应将船头调转90°，使船体横对风向停泊，以减小火势对船尾部上层建筑和毗连货油舱的威胁，减缓火势蔓延速度。

4. 防止沸溢和喷溅

货油舱内载运的重油起火时，有可能发生沸溢和喷溅。扑救时必须做到以下几点：

(1)加强冷却。用大排量的水炮(枪)射水冷却货油舱主甲板和舷侧板，以降低舱内货油温度。但须注意不能使水进入货油舱内。

(2)集中喷射泡沫。灭火时应将泡沫集中连续地喷射到货油舱内，一举将火扑灭。不能以较小的剂量，断断续续地喷射，以防止喷射进舱的少量泡沫被猛烈的火焰破坏，这样不但不能灭火，反倒会使泡沫中的水进入货油中，引起沸溢或喷溅加快出现。

(3)排出舱内积水或水垫层。灭火时要设法排出舱内积水或水垫层，以减少造成沸溢和喷溅的条件。

(4)利用火焰“伏”的有利时机，抓紧灭火。由于重油在燃烧过程中其火焰会出现时起时伏的现象，扑救时应充分利用“伏”的有利时机，用大量泡沫强攻灭火。

5. 扑救水面油火

货油舱发生爆炸、沸溢或喷溅后，大量货油会外溢出舱，漂浮在水面上形成大面积流动燃烧，成为流淌火灾，给港口或其他船只造成严重威胁。此时应要先灭流淌火再灭油船火。

扑救流淌火灾时应采取以下措施：

(1)敷设拦油浮漂(围油拦)：用消防船和其他船员拖拉敷设陆地上或消防船上配备的拦油浮漂，把水面上漂浮的油拦挡在安全水域里。

(2)施放化学药剂：用消防船从四面八方包抄并施放化学药剂(如乳化剂等)，使石油凝集或沉入水中，防止油品到处漂流扩大火势蔓延。

(3)用消防炮(枪)拦阻堵截火势：当燃烧着油火向下游漂流时，应派消防船前往拦截，利用消防炮(枪)喷射泡沫或强水流冲击灭火。

第五节 客船火灾的扑救

一、客船火灾的特点

客船上客舱区的起居处所和服务处所的失火危险因素取决于船舶建筑结构和上述处所的特点，它们的隔热和围蔽方式、可燃材料装备的数量和性质等。

客舱火灾的特点主要有：

(1)顺着风向蔓延。船在航行中客舱起火，因受风向的影响，火势会顺着风向向客船的其他部位和上层建筑蔓延，对机舱等要害部位威胁极大。

(2)容易流入新鲜空气，燃烧剧烈。客舱起居或服务处所内的火灾，通常发生在一个舱内（舱室、客厅、储藏室等），而且有时是潜伏地发展着。燃烧（有焰的或阴燃的）主要依靠舱容内的或沿通风系统进入空气中的氧气，并且燃烧产物充满着舱室，加热着舱壁、家具和设备的装饰材料。打开门窗扑救过程中，会因新鲜空气的流入而导致已预热的材料或材料热力分解的产物的燃烧更加剧烈。

(3)顺着通风管蔓延。燃烧过程基本上是依靠客舱内的空气进行的，由于通风系统运行促使燃烧活跃，尽管客舱内设有的一些通风管，在其穿过主竖区舱壁的部分均有自动关闭的挡火闸，并且在舱壁的每一面都有手动关闭挡火闸的手柄，但往往因为设备失灵或船员疏忽而未予关闭，客舱起火后，火势将会在通风管的抽拔作用下顺着通风管蔓延，而且由于热传导和热气流作用会引燃通风管所经过的可燃物质。尤其是在排送鼓风机未停机的情况下，火势蔓延更快，且通道口容易被烟雾和火焰封锁。

(4)旅客难以疏散。客舱的起居和服务处所内失火后，人们滞留在走道内和邻近的处所内是很危险的。在5~10层的甲板上有多达数以百计的舱室，因此疏散客船上的旅客就显得特别复杂。客船一旦失火，旅客容易受惊而争相逃命，又由于船上的扶梯和通道有限，很易造成阻塞；或者被火焰和烟雾围困在危险区内，无法逃生而造成伤亡。

(5)产生有毒烟气。由于客舱内部装修和家具等存有可燃物和化学材料，发生火灾燃烧时会产生大量的热和烟，烟可以通过电梯围井沿其他甲板蔓延，而造成从中央防火区处所疏散旅客时的困难。

(6)促使火灾发展的因素多。走廊上两侧及天花板有较多的可燃材料；设在走廊中主竖区的耐火分隔不完整或防火门未关闭；存在有可燃的或不严密的分隔舱壁和走道舱壁等。在火灾发展过程中，走道、围井和个别梯道路线便成了独特的“排烟管”，造成旅客的疏散和携带灭火器的消防人员的进入的困难。由于火灾的发展，发生在客舱内的火势蔓延到与其毗邻控制站或驾驶室，将导致操纵船舶设备的破坏。

二、扑救火灾的措施

1. 利用客船上的消防设施。消防人员在灭火时，可先起动机舱消防泵，利用船上的消火栓、水龙带和水枪等消防设施进行灭火。如机舱消防泵失灵不能出水时，应起动船上的应急消防泵。如客船泊于码头边，港口消防队的水带与船上的消防总管上的国际通岸接口连接,利用消防车泵加压出水灭火。

2. 运用扑救接层火灾的战术。重点保护驾驶室和机舱,在燃烧舱室的四周和上、下层舱室内部署灭火力量,用雾状水流冷却舱壁和甲板,以防止热传导引起邻舱燃烧。客船上均有防火控制图,在采取灭火对策前,如能清楚地了解船上的防火布置,将有利于灭火战展开。

(1)若火势已在几层客舱形成立体燃烧时,应首先救人,并实施“上堵下攻,四面包围”的战术方法。

(2)火场灭火指挥部应设在船下能通观起火客船的地方,最好设在消防船或小型机动船上,以便火场指挥人员能机动地观察客船的燃烧情况,及时准确地指挥灭火战斗。

(3)当客船火势形成大面积燃烧时,应划分若干战斗段(或片),部署灭火力量实施穿插分割,以逐层逐舱地消灭火势。

3. 利用风向控制火势蔓延。当客船航行途中发生火灾,在可能的情况下,通过降速或停车,利用风向控制火势的蔓延方向和速度,便于安全疏散船上人员。

图 7-5 为利用风向控制火势蔓延方向的示意图,其具体方法是:火在客舱的前部燃烧,将船头处于下风位置;火在客舱的后部燃烧,将船尾处于下风位置;火在客舱的中部燃烧,将船处于横向受风位置。

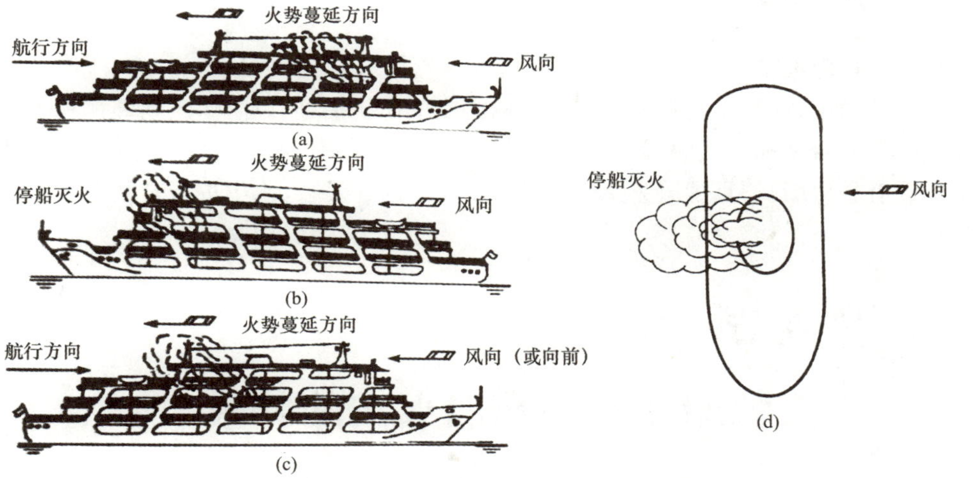

图 7-5 利用风向控制火势蔓延方向的示意图

4. 掩护和引导旅客疏散。舱内载有旅客时,在扑救火灾过程中,掩护和引导旅客安全疏散是船员的首要任务。

(1)当客船上有大量旅客面临被大火围困的危险境地,需要紧急疏散时,则抢救旅客脱险是火场战斗的宗旨,应把主要人员用于掩护和引导旅客安全疏散;部署一部分兵力堵截火势,以最大限度地减少旅客的伤亡。

(2)利用船上的扩音设备或手提扩音喇叭向旅客喊话,以安定他们的情绪,同时引导他们向安全的地方疏散,并避免因拥挤、恐慌造成交通堵塞,彼此践踏或伤亡。

(3)船上的工作人员和消防人员应及时打开客舱和通道的出口,使旅客能及时疏散到舱外安全的地方或救生艇筏,离开遇险船舶。

(4)用水枪(炮)堵截火势防止向旅客聚集的方向蔓延,并用喷雾水枪消除火焰或热辐射对疏散通道的封锁,以掩护旅客安全通过。

5. 及时关闭通风系统。船上的工作人员和消防人员应及时关闭通风机、通风筒和一切通风管道上的挡火闸,以防止火焰或热气流沿着通风系统蔓延而形成立体或大面积燃烧。

三、扑救火灾时的注意事项

1. 疏散旅客

(1)海上疏散旅客。船员迅速放下救生艇、救生筏,让旅客穿好救生衣,不到万分危急时,不要让旅客跳水逃生。特别要注意做好老弱病残妇幼的救助和优先登筏上艇的组织工作。

(2)码头上疏散旅客。要利用船上所有可以使用的通道,打开第二、第三甲板的舷门和各层甲板舱室、通道的门,让旅客安全迅速地疏散下船上岸。对有些一时打不开的门、窗,消防人员可用破拆工具强行打开。

(3)根据火势确定疏散顺序。下甲板舱室内发生火灾时,要首先疏散下甲板舱室的旅客,并安排专人维持秩序,防止因上甲板舱室内的旅客仓皇逃生而堵塞通道,使下甲板舱室内的旅客被困舱内,无法脱险;上甲板舱室发生火灾时,应首先疏散受火势威胁最严重的旅客。

2. 做好自救准备

灭火的消防人员,要携带救生衣和采取必要的防护措施,以防深入烟雾弥漫的高温舱室扑救时灼伤身体和烟气中毒;或当火势猛烈、无法控制时,船上既没有撤退的安全地带,船下又没有救生船只,且情况紧急已危及自身安全时,可跳入水中进行自救。

第六节
滚装船和集装箱船火灾的扑救

一、滚装船火灾的扑救

(一)滚装船火灾的特点

滚装船有多层汽车甲板,舱室内空间大,汽车舱内装载车辆数量大且间距较小,其火灾特点如下:

1. 舱内车辆装载货物种类繁杂,数量多,存有大量可燃物,特别是车辆上装有本身动力所需的燃油(汽油、柴油),一旦起火,火灾发展快。

2. 车辆上热源较多(如车辆电气系统、燃油系统故障、电动车电源系统及车载冷藏箱的供电系统故障等)和可燃物多,舱内有较好的通风,容易发生火灾,危险大。根据欧盟海事部门统计,2005—2016 年间发生 35 起滚装船货舱火灾。

3. 恶劣天气航行时，船舶摇摆使车辆移位，车辆间发生碰撞而起火，造成大角度横倾而沉没。

4. 扑救火灾困难。舱室内空间大，车辆密集，难以发现确切的起火点及火情，一旦车辆的燃油发生火灾，燃烧速度快，蔓延快。

5. 船舶灭火中，使用大量水，形成自由液面，船舶会发生较大的倾斜，容易造成车辆的移位，导致船舶倾斜而沉没。

（二）滚装船火灾的扑救

1. 船舶减速或停止航行，根据灭火需要及时调整船体与风向夹角，尽将失火部位保持在下风方向。及时向附近的消防、海事和上级部门报告，并保持通信畅通。根据火灾发展情况和安全需要，及时组织司乘员、旅客疏散，视情先救人后灭火，或边施救边灭火。

2. 火情侦查与确定灭火方案。组织人员进行火情侦查，要穿戴好个人防护装备，佩戴空气呼吸器和照明通信器材，探明火源火势蔓延方向和火情发展趋势，制定出切实可行的灭火方案。

3. 火灾扑救。在烟雾特别大影响到灭火行动的情况时，应根据现场情况需要打开一个或两个通风口进行排烟。消防员进舱前应先断开舱内所有电源，利用喷雾水枪掩护逐渐接近火源，用泡沫对着起火油箱进行覆盖，用直流水对其他车辆油箱进行冷却，同时扑救车体和装载货物上的明火。若汽车油箱已经爆炸起火，必须用泡沫对甲板进行大面积覆盖灭掉油火后，使用水枪扑灭车辆所载货物的火灾。在灭火的同时，要注意对汽车舱壁尤其是靠近机舱的一侧，用水流进行冷却降温。

4. 使用船舶固定灭火系统。舱内火势较大、温度高、人员难以进入舱内，应及时采用船舶固定灭火系统。如果使用喷淋系统，确保 3 min 内出水；如果使用二氧化碳灭火系统，应示警，撤离舱内所有人员，清点人数，迅速关闭通风系统，能在 15 min 内将二氧化碳施放至燃烧舱室内。一旦二氧化碳起动并能将火灭掉，不要盲目打开舱门急于清理现场，以防引起复燃。如果船舶在海上，应监控舱室火灾，驶往就近港口，请求专业消防队扑救。

5. 及时排除舱内灭火用水，保持船体平衡。为减少自由液面影响，及时排除舱内灭火中的积水，通过调整压载水保持船体平衡。

（三）近年来国际海事组织对滚装船的新要求

近年来国际海事组织对滚装船的新要求如表 7-1 所示。

表 7-1 近年来国际海事组织对滚装船的新要求

序号	内容	规则要求	生效日期
1	采取措施防止排水装置的堵塞	SOLAS 公约第Ⅱ-2 章第 20 条 6.1.5 款	新船，2010 年 1 月 1 日；现有船舶，2010 年后第一次检验
2	事故界限、安全返港和安全区域的要求	SOLAS 公约第Ⅱ-2 章第 21 条	船长 120 m 及以上新客船，2010 年 7 月 1 日
3	滚装和车辆处所使用“A-30”级结构	SOLAS 公约第Ⅱ-2 章第 9 条 2.3.3 款	新船，2014 年 7 月 1 日

（续表）

序号	内容	规则要求	生效日期
4	喷淋系统增强应用和设计要求	SOLAS 公约第Ⅱ-2 章第 20 条 6.1 款	新船，2014 年 7 月 1 日
5	对使用多种燃料车辆的载运要求	SOLAS 公约第Ⅱ-2 章第 20-1 条；IMO MSC.1/Circ.1471	新船，2016 年 7 月 1 日

二、集装箱船货物火灾的扑救

（一）集装箱船货物火灾的特点

集装箱为便于货物的装卸、联运、船上堆码和系固绑扎，采用统一的标准规格，有着结实密闭的金属外壳，在船舶舱内和甲板都有装载。集装箱船货物火灾的特点：

1. 火灾风险大，易发生船舶火灾、损失大。据 TT Club 发布的数据，全球平均每 60 天就发生一起集装箱船火灾。目前大型集装箱船已达 2 万多箱位，货物品种众多，其中危险货物数量占 10%，2018 年 3 月"马士基浩南号"火灾事故，就是由舱内危险货物起火引起，5 名船员死亡，估计损失约数亿美元。

2. 燃烧货物不明。由于集装箱联运，存有众多环节，箱内货物申报中有瞒报或误报现象，有时货物起火与舱单中列明货物不符，其中大部分是危险货物瞒报，如 2012 年 7 月德国 MSC Flaminia 轮火灾，就是与危险货物瞒报有关。

3. 容易蔓延，难以扑救。集装箱货舱内货物密集、层层堆放，行与行、列与列之间的间隔很小，集装箱本身采用金属材料制成，没有特殊隔热装置，一旦货物起火，热能通过热传播方式传向周围集装箱，形成立体和大面积燃烧。甲板上空间较少，不利展开扑救，使用消防水等灭火剂无法进入集装箱内部，在外部周围冷却效果不好，会贻误灭火时机。大型集装箱船存在着消防能力和力量不足。

4. 货物焖燃，火灾扑救时间长。火灾发生在集装箱内，灭火剂无法进入内部，火灾长时间焖燃，难以扑灭，有时达一周或以上时间，借助于港口的消防力量和装卸设施，才能完全扑灭。

（二）集装箱船货物火灾的扑救

1. 按照船舶火灾应变部署行动，探查起火点位置，具体到行、列、层。如起火点在舱内且烟雾大，无法探知起火点的位置，可通过探测舱盖上的温度不同确定起火点位置。通过舱单确认起火的集装箱内及其周围货物性质，确定可使用的灭火剂。

2. 无法确认火灾的性质，及时与货主及其有关单位联系。由于集装箱货物存有瞒报或误报的现象，发现火灾燃烧情况与申报货物不一致时，应及时与公司联系，确认货物的性质。

3. 使用水喷淋系统和消防水进行冷却，使用固定灭火系统扑救。若集装箱舱内配有水喷淋系统，应及时起动此系统冷却集装箱外表，控制火灾的发展，降低舱室内温度。使用固定灭火系统扑救，如使用二氧化碳灭火系统。对于甲板上的集装箱采用消防水枪或移动消防水炮扑救。

4. 联系合适的附近港口。一旦舱内火灾被控制住后，公司及时与附近港口联系，寻找合适港口靠泊，卸出失火的集装箱。

5. 保持持续火灾监控和冷却。在去往被救助的港口途中，船员 24 h 轮流值班，对舱温、烟雾浓度进行检测，使用消防水雾对集装箱及舱室进行冷却，防止火势增大。

第七节 危险货物火灾的扑救

一、危险货物火灾扑救一般原则

危险货物易发生火灾、爆炸事故，不同的危险货物发生火灾时，其扑救方法有很大差异，若处置不当，不仅不能有效扑救，反而会使灾情进一步扩大。此外，危险货物及其燃烧产物大多具有较强的毒害性和腐蚀性，极易造成人员的中毒、灼伤等。因此，扑救危险货物火灾事故是一项极其重要又非常危险的工作。

扑救危险货物火灾的一般原则：

(1) 灭火人员不应盲目行动，应按船舶应急程序在统一指挥下采取行动。应熟悉和掌握船舶所装载危险货物的主要危险特性及其相应的灭火方法。

(2) 防止危险货物包装的破裂和采用冷却操作。发生火灾时，最好应将危险货物从火场附近移走，一旦危险货物被加热后会发生膨胀，在包装内产生更大的压力，导致容器的破裂，有效的冷却可以降低包装破裂的可能性。若危险货物被加热，并已经引起化学反应或物理变化，应特别小心不能移动此货物。因为即使清除热源后，某些聚合反应可能会持续很长一段时间，因此，火灾被扑灭后，应持续冷却数小时，热量停止释放后，水冷却才可以停止。

(3) 对无法移走或抛弃的危险货物应特别谨慎处理。按 EMS 消防应变措施中建议，在火灾中此类危险货物应被移走或丢弃，但因货物积载的原因无法达到此要求，应注意此类货物是特别危险的。在甲板上，人员应牢记一点，在尽量灭火并冷却附近的此类货物，一些被加热的危险货物包装可能会发生损坏或者有爆炸危险。

(4) 灭火时应始终考虑船员的安全，做好个人防护。许多危险货物在火灾中产生的蒸气和气体对健康有害。灭火时消防人员应穿戴消防员装备和自给式呼吸器。应确保有毒蒸气或烟雾不渗透到船舶的重要区域(如驾驶台、起居舱、机舱、工作场所)，关闭上述区域的通风系统及通风口。

(5) 正确使用消防员装备和防化服。使用前做好检查，穿戴正确，确保人体各个部位防护良好；确认消防员已接受过船上培训及训练且表现良好。注意消防员装备和防化服的局限性，消防员装备只提供危险货物火灾中的防火保护，救火服装不是防化服，而防化服的作用是防止化学品的特殊性质对人体的伤害，对火和热没有抵抗力，应避免接触燃烧中危险货物。

(6)选择正确的灭火剂和合适的灭火器材,采用灭火战术原则是先控制,后消灭。根据危险货物性质,正确选择灭火剂;根据火势的大小,选择合适的灭火器材;针对危险化学品火灾的火势发展蔓延和燃烧面积大的特点,采用灭火战术原则是先控制,后消灭,积极采取以堵截火势、防止蔓延、重点突破、排除险情、速战速决等灭火措施。

(7)做好急救和防污染措施。任何危险物质污染到人的皮肤,应立即用大量的水清洗,按照IMO/WHO/ILO《危险货物事故医疗急救指南》(MFAG)的指导操作。对于包装破损泄漏的货物,做好防污染处理;对甲板和舱内扑救火灾使用的消防水,如果受到污染,不要排放入海,应将其存放在专有舱室内。

(8)做好灭火后的防火值班和设备恢复工作。为防止火灾的复燃,经常巡视发生火警的舱室及毗邻的舱室,确保任何新的起火点或泄漏处都会得到及时处理,保证灭火系统处于随时可用状态,必要时,设立一个现场防火值班岗。同时,应确保立即清除和清洗各个设备和防护服上的污染,修复损坏或更换已用过的设备,重新归位以供使用。

二、扑救危险货物火灾

1. 扑救爆炸品火灾

爆炸品火灾最好的灭火剂是水。因为排除空气或使用窒息不太可能有效防止涉及爆炸物的火灾,短时间内使用大量的水是能阻止其温度上升的唯一方法,水能够渗透到爆炸品内部,在爆炸品的结晶表面形成一层可塑性的柔软薄膜,将结晶包围起来使其钝感。

在发生火灾时,应尽一切努力防止火灾蔓延到装爆炸品的集装箱。如果不能阻止火势蔓延,所有人员应立即撤出该地区。船长主要关注是否有可能发生大规模的爆炸,其会造成船舶结构损坏。爆炸物会因燃烧至其爆炸点,从着火到达爆炸和随后的大规模爆炸的时间可能几秒钟到几分钟不等,如果涉及1.1或1.5类的货物,就应认为其爆炸可能性存在。船长应确定船上爆炸物的数量,应考虑船舶及船上人员安全。

在船舱内着火时,要迅速将船舱打开向内射水冷却,不可关闭舱盖窒息灭火。利用现场的掩蔽体或采取卧式等低姿射水,注意自我保护措施,防止人员受伤,也可将消防水带绑在合适固定物上(人离开),远端控制。有毒爆炸品着火时应戴隔绝式氧气或空气呼吸器,以防中毒。

迅速判断和查明再次发生爆炸的可能性和危险性,紧紧抓住爆炸后和再次发生爆炸之前的有利时机,采取一切可能的措施,全力制止再次爆炸的发生。

2. 扑救压缩气体和液化气体火灾

气体储存在不同压力容器内,可能是被压缩、液化或冷藏气体,可能有易燃的、有毒的或腐蚀性气体。

首先应扑灭外围被火源引燃的可燃物火势,使用水降低火场温度,切断火势蔓延途径,控制燃烧范围。如果有压力容器或有受到火焰辐射热威胁的压力容器,如能疏散的,应尽量在水枪的掩护下疏散到安全地带;不能疏散的应部署足够的水枪进行冷却保护。为防止容器爆裂伤人,进行冷却的人员应尽量采用低姿射水或利用现场坚实的掩蔽体防护。

扑救气体火灾切忌盲目灭火,尽量保持其燃烧,扑救周围火势及冷却周围,关闭阀门或堵漏点;否则,大量可燃气体泄漏出来与空气混合,遇着火源就会发生爆炸,后果将不堪设想。泄漏关阀无效时,应根据火势大小判断气体压力和泄漏口的大小及其形状,准备好相应的堵漏材料(如软木塞、橡皮塞、气囊塞、黏合剂、弯管工具等)。

堵漏工作准备就绪后,即可用水扑救火势,也可用干粉、二氧化碳灭火,但仍需用水冷却烧烫的罐或管壁。火扑灭后,应立即用堵漏材料堵漏,同时用雾状水稀释和驱散泄漏出来的气体。

现场指挥应密切注意各种危险征兆,遇有火势熄灭后较长时间未能恢复稳定燃烧或受热辐射的容器安全阀火焰变亮耀眼、尖叫、晃动等爆裂征兆时,指挥员必须适时做出准确判断,及时下达撤退命令。

3. 扑救易燃液体火灾

选择正确的灭火剂扑救。比重小又不溶于水的液体,一般使用普通蛋白泡沫或轻水泡沫灭火。比重大又不溶于水的液体起火时可用水扑救,具有水溶性的液体(如醇类、酮类等),一般使用抗溶性泡沫扑救。

扑救毒害性、腐蚀性或燃烧产物毒害较强的易燃液体火灾,扑救人员必须携带防护面具,采取防护措施。

扑救原油和重油等具有沸溢和喷溅危险的液体火灾时,如有条件,可采用放水冷却等防止发生沸溢和喷溅的措施。

4. 扑救易燃固体、易自燃物品和遇湿易燃物品的火灾

(1)易燃固体

易燃固体着火时绝大多数可以用水扑救,尤其是湿的爆炸品和通过摩擦可能起火或促成起火的固体等均可用水扑救,对就近可取的泡沫灭火器,二氧化碳、干粉等灭火器也可用来应急;对脂肪族偶氮化合物、芳香族硫代酰肼化合物、亚硝基类化合物和重氮盐类化合物等自然反应物质(如偶氮二异丁腈、苯磺酰肼等),由于此类物质燃烧时不需要外部空气中氧气的参与,着火时不可用窒息法。

自反应物质有时是在温度控制下运输的。控制温度取决于正在运输的物质,如果温度超过,应检查制冷机组;如果不能控制温度或物质冒烟,应与产品制造商进行咨询,采取相应行动。

(2)易自燃物品

这类物质是因接触空气和自热物质而导致自燃,使用干粉窒息火灾效果较好。若此方法不可行时,还可采取下列两种方法:①控制燃烧,在一个安全保护位置让其燃烧。注意此类货物大多易与水发生化学反应(具体见 EMS 消防应急措施表),与水的接触可能会加剧燃烧。建议不使用水直接扑救,但使用雾状水生成一个水幕,以防止火灾蔓延。②在安全距离内灭火。起火点位置能使用大量的水扑救时,可使用大量水灭火,虽然货物会与水发生反应,产生热量,但大量的水会冷却、降低反应,防止进一步的热辐射;当起火的地点不可能大量使用水时,不应使用大量的水直接洒在货物上。

(3)遇湿易燃物品

这类物质与水发生剧烈反应,形成易燃气体,反应的热量有时足以引发火灾。具体灭火方法与扑救易自燃物质类似,但不能对起火点使用大量水。因为有可能水火扑救可能会加剧燃烧并产生可能爆炸的易燃气体。

遇湿易燃物品着火绝对不可用水和含水的灭火剂施救,二氧化碳、氮气等不含水的灭火剂也是不可用的。遇湿易燃物品着火最好的灭火剂是偏硼酸三甲酯，用干沙、黄土、干粉、石粉也可以；对金属钾、钠火灾，用干燥的食盐碱面、石墨铁粉等效果也很好。

部分易燃固体、自燃物品除遇空气、水、酸易燃外，而且还具有一定的毒害性，其燃烧产物也大多是剧毒的，在扑救易燃固体、自燃物品和遇湿易燃物品火灾时，应特别注意防毒、防腐蚀，要佩戴一定的防护用品确保人身安全。

5. 扑救氧化剂和有机过氧化物火灾

氧化剂和有机过氧化物有固体、液体、气体形态。有些氧化物本身不燃，但遇可燃物品或酸碱能着火或爆炸。有些过氧化物（如过氧化二苯甲酰等）本身就能着火、爆炸，危险性特别大。迅速查明着火或反应的氧化剂和有机过氧化物以及其他燃烧物的品名、数量、危险性、燃烧范围、火势蔓延途径、能否用水或泡沫扑救。

扑救时要注意人员防护。不同的氧化剂和有机过氧化物有的可用水或泡沫扑救，有的则不能；有的不能用二氧化碳扑救，酸碱灭火剂则几乎都不能适用。

6. 扑救毒害品火灾

毒害品主要经口或吸入蒸气或通过皮肤接触引起人体中毒，有些毒害品本身能着火，有的本身并不着火，但与其他可燃物品接触后能着火。灭火人员必须穿防护服，佩戴防护面具。对有特殊物品火灾，应使用专业防护服。

首先限制燃烧范围。毒害品火灾极易造成人员伤亡，扑救时应尽量使用低压水流或雾状水，避免毒害品。

遇毒害品容器泄漏，在扑灭火势后应立即采取堵漏措施。在一般情况下，如果是液体毒害品，选用抗溶性泡沫或机械泡沫及化学泡沫灭火，或用沙、干粉等措施；如果是固体毒害品着火，可根据其性质分别采用水、雾状水或干粉扑救。

7. 扑救放射性物品火灾

放射性物品是一类发射出人类肉眼看不见但却能严重损害人类生命和健康的 α、β、γ 射线和中子流的特殊物品。扑救这类物品火灾必须采取特殊的能防护射线照射的措施。

对燃烧现场包装没有损坏的放射性物品，可在水枪的掩护下佩戴防护装备，设法疏散。无法疏散时，应就地冷却保护，防止造成新的破损，增加辐射（剂）量。

对已破损的容器切忌搬动或用水流冲击，以防止放射性沾染范围扩大。

8. 扑救腐蚀品火灾

腐蚀品是通过皮肤接触使人体形成化学灼伤。灭火人员必须穿防护服，佩戴防护面具。对有特殊物品火灾，应使用专业防护服。在扑救毒害品火灾时应尽量使用隔绝式氧气或防毒面具。

首先限制燃烧范围。扑救时应尽量使用低压水流或雾状水，避免腐蚀品溅出。遇酸碱类腐蚀品最好调制相应的中和剂稀释中和。遇腐蚀品容器泄漏，在扑灭火势后应立即采取堵漏措施。腐蚀品需用防腐材料堵漏。浓硫酸、硝酸遇水能放出大量的热，会导致沸腾飞溅，需特别注意防护。腐蚀品着火，一般可用雾状水或泡沫、干粉等扑救，不宜用高压水，以防酸液四溅，伤害扑救人员；硫酸、卤化物、强碱等遇水发热、分解或遇水产生酸性烟雾的物品着火时，不能用水施救，可用泡沫、干粉等扑救。

第八章
船舶火灾事故调查

第一节
船舶火灾事故原因调查概述

船舶的任何部位发生了火灾，都要坚持“三不放过”原则，即事故的原因没有调查清楚不能放过，事故责任者和群众没有受到教育不能放过，受灾船舶及所在单位没有落实防范措施不能放过。如果不查清楚事故的原因，就不能从火灾事故当中吸取教训，难以采取针对性的整改措施，来防止类似事故的再次发生，也无法分清事故的性质，失去了对事故责任者处理的依据，责任者和职工群众也就不可能受到应有的安全教育。

为消除事故隐患，防止类似事故的重复发生，海事机关应对船舶火灾事故进行调查和处理。

一、船舶火灾事故调查的目的和调查原则

船舶火灾事故调查的目的是查明事故事实，分析事故原因及影响事故发生的各相关因素，认定事故当事方的违法、违规行为，找出事故应汲取的教训，向相关方提出安全管理建议，以达到防止类似事故再次发生的目的。查明火灾事故发生的原因、经过、造成损害的程度、范围、确定事故的性质和判明火灾事故当事人的责任而依法进行的一系列活动。

调查原则如下：

(1)实事求是原则。实事求是原则是指从案件的客观实际情况出发，重证据、重事实，通过全面深入调查，运用科学的原理，进行系统分析，正确认识事故的过程和各项要素之间的关系，查明事故真相，从而使事故原因、结论和建议客观、准确。

(2)尊重科学原则。尊重科学原则是指在查明事故真相、收集证据时要充分发挥科学技术的作用，包括调查技术、取证技术、鉴定技术以及其他科学技术手段。

(3)依法行政原则。依法行政原则是指在履行水上交通事故调查处理职责时，应依法行政，坚持有法可依、有法必依、执法必严、违法必究原则。

(4)迅速及时原则。迅速及时原则是指接到事故报告后，事故调查取证、询问当事人

或证人、事故信息上报等相关工作都应当抓住时机及时履行法定职责。

（5）相对保密的原则。涉及当事方的隐私、证人请求保密的内容、正在调查的材料，以及可能影响公平对待当事双方的信息和涉及国家机密的信息等都应严格进行保密。

（6）客观公正原则。客观公正原则是指调查人员在事故调查过程中，应当依法独立行使水上交通事故调查权，而不受其他机关团体或个人的干涉。

二、船舶火灾调查处理总流程

船舶火灾调查处理总流程如图 8-1 所示。

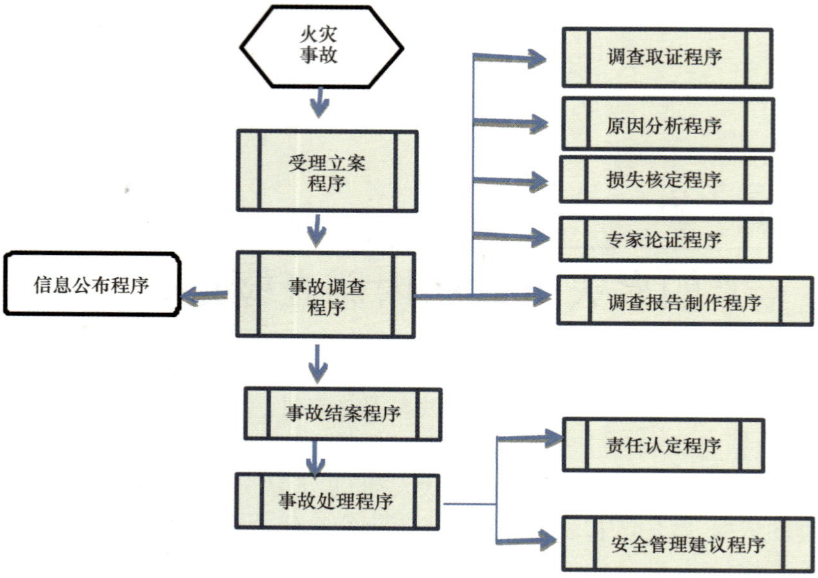

图 8-1　船舶火灾调查处理总流程

三、船舶火灾事故调查

（一）成立调查组及其职责

一般等级及以上的水上交通事故，由负有管辖权的海事管理机构成立相应事故调查组，指定调查组组长，调查组实行组长负责制。

调查组的职责：事故信息报告；开展事故调查取证；事故原因分析；认定事故性质，判明事故责任，提出安全管理建议；编写事故调查报告。

调查组成立的时机：

（1）接到事故报告后，负有管辖权的海事管理机构应立即起动工作机制，根据事故的等级、种类、性质、技术要求、复杂程度及对社会造成的影响等成立相应的调查组。

（2）国务院成立事故调查组的，各级海事管理机构应积极参与其工作，同时仍应按内部程序履行水上交通事故调查的职责。

调查组人员的构成：调查组的人员可视情况分组进行现场勘查和证人查询等工作，根据调查的需要，调查组还可以邀请有关专家或有特殊技能的人员参加。

负责调查的海事管理机构应根据事故等级，以公文形式成立相应规模的调查组。

(二)调查前的准备

1. 事故信息的采集与整理

在正式展开调查之前,调查人员应首先根据各种事故信息的来源,或者当事人对事故情况的简要介绍,了解事故的基本情况,并以此来决定采集证据的步骤和内容。事故的基本情况包括:

(1)事故发生的时间、地点;

(2)事故种类;

(3)事故造成的损害,如船舶损坏、沉没人员伤亡、海域污染等;

(4)当事船舶的情况,如船舶种类、国籍等;

(5)当事人的情况;

(6)所载货物的情况;

(7)事故发生时的天气、海况;

(8)通航环境的情况;

(9)搜救情况;

(10)船舶所有人、经营人、管理人情况;

(11)事故经过概况;

(12)其他可能获取的与事故有关的情况,如船舶建造、检验、装货情况等。

2. 制订调查计划

明确需要获取的证据和采集证据的方法,根据事故的种类和事故取证工作,对调查组人员分组、分工;拟订调查提纲。

(三)采集证据

调查人员围绕着“发生了什么,怎么发生的”的问题按照法定程序搜集当事人与有关人员的陈述、文书资料、物证、检验与鉴定意见、检核与勘验记录等证据的过程。根据事故现场的燃烧现象、火势蔓延痕迹、爆炸抛射物等寻找、判断起火部位、起火点和爆炸源;采集能够证明起火原因、事故性质和责任的物证;验证查询当事人获取的线索和证据,为进一步地会见证人指明方向。

电子证据是指 DR、AIS、VTS、ECDIS、GPS、NAVTEX 等与船舶有关的、通过电子介质存储的,经海事执法人员转化固定而形成的证据。

现场勘查包括环境勘查、初步勘查和细项勘察,是调查人员对发生船舶火灾事故的现场进行勘视、检测、测量、绘图、拍照、录像等活动。目的是核实船舶、设施及其货物的损害情况,人员伤亡的情况,以及船舶的适航状况、设施的技术状况和寻找火灾事故发生过程中可能留下的痕迹等。

查询证人:证人包括事故当事人和有关人员以及了解事故情况的其他人员,是指了解事故主要或部分事实的人员。调查询问、拜访、约谈证人是指调查人员通过与事故有关人员的谈话或问话来了解事故真实情况的专门活动。

1. 火灾/爆炸事故的勘查

勘查内容:

(1)火场的位置。

(2)船舶建筑物等耐火等级及其在火灾中被烧损的情况。

(3)设备、物品、火源、电源等的位置及被烧的情况。

(4)金属结构受热变形、变色、熔化、破裂、塌落等情况。

(5)火灾蔓延及烟熏情况。

(6)火源、引火物、发热体及其他残留物的残留状态及其位置。

(7)起火部位、起火点的位置及其附近物品的残留状况。

(8)爆炸中心的位置和破坏状况;冲击波破坏的范围和程度;抛出物的种类、体积、质量、分布、方向、距离等。

(9)消防设施的效能、被破坏等情况。

(10)检查电气线路有无短路点、过负荷现象。

(11)用电设备有无过热现象和内部故障。

(12)危险货物。检查其泄漏原因及形成爆炸混合气体的条件。

(13)自燃物质的特性和自燃条件。

勘查步骤:

(1)火灾现场的保护

确定保护现场的范围,应根据起火特征和燃烧特点等不同情况来决定,在保证能够查清事故起因的条件下,尽量把保护现场的范围缩小到最小限度。

当遇到起火点位置未能确定的情况时,如起火部位不明显、当事各方对起火位置的看法有分歧、调查人员初步认定的起火点与现场遗留痕迹不一致等,应适当扩大保护范围。

(2)观察燃烧状况

到达事故现场后,调查人员要立即选择便于观察全场的立脚点,从外部观察并记录下火势状态、蔓延情况、火焰高度及颜色、烟的气味及颜色、建筑物及物品倒塌情况,事故当事的天气状况等。

通常明火可以反映正在燃烧物质的种类,烟雾的颜色可以反映出燃烧物的种类。完全燃烧通常没有或只有少量烟雾,如果有浓烟则通常是不完全燃烧。火焰颜色也可以反映出燃烧物质的种类,如果燃烧物中碳氢化合物成分的增多,火焰越来越暗或越来越黄。物质在缺氧条件下燃烧通常会比在良好通风状况下燃烧的火焰颜色要暗。

不同物质燃烧,其火焰颜色不尽相同。通常,木材、纸张、石油产品和其他含碳较多的有机物燃烧时生成显光的火焰:一氧化碳、甲醇、氢气、硫黄和其他含碳较少或不含碳的物质燃烧时生成不显光的火焰或不易看到的淡蓝色火焰。无机物燃烧火焰颜色差别较大,例如,磷、钠燃烧时产生黄色火焰,铝、镁燃烧生成耀眼的白色火焰,硫、硫化氢以及含铜化合物燃烧产生蓝色火焰等。

通过烟雾和火焰来判断着火物质种类要特别谨慎,调查人员通常是在火灾后期阶段才能赶到现场,他们所看到的烟雾、火焰颜色也是燃烧物在燃烧后期的颜色。

(3)了解火场周围的自然情况

要关注和记录天气状况,注意风向和风速,并与火势蔓延方向作比较。风可以说明火势的可能强度和蔓延速度,注意观察船舶火灾现场是如何通风的:是自然通风还是灭火时形成通风。

(4)勘查火场情况

调查人员到达现场时也许船舶已经遭受了严重的破坏,这可能会误导调查人员浪费时间确定哪里是火源。特别需要注意的是:往往损失最严重的地方并不是火灾起源地,这种严重的损失也许是由于灭火所造成的。此外,即便火灾已被控制也可能造成重大损失。

注意残骸、设备、原料和供应物品等是否有移位;探明船舶结构哪一部分破坏最严重,建构筑物的变形、倒塌的方式和方向,设备被烟熏火烤的情况,烟迹位置及形状,抛出物的分布等;是否有已着火物质、易燃或危险物质暴露在外;是否有爆炸报道;是否由于火灾蔓延迅速而不得不要求消防人员返回等情况。

(5)船舶报警及消防系统的情况

注意船舶报警和船舶消防系统工作状况,比如报警装置、洒水装置、水柜或烟雾探测器等。并确保由合格的调查人员来决定火灾当时该设备的状态和有效性。如果现场有安全火警装置,则要检查报警装置关闭时机;如果该系统有监控系统,则要弄清是否可以打印输出、是否有磁带或是否有影像可用。

2. 勘查策略和技巧

(1)剖面勘查法

剖面勘查法一般应用于对火灾事故的现场勘查。面对火灾后的一片狼藉或打捞出水的船舶,剖面勘查法可以通过采集、发掘火灾垂直蔓延的燃烧痕迹和起火物证,并根据燃烧痕迹、起火物寻找起火点所在的立面层次,进而寻找起火点。剖面勘查时,把火灾现场的剖面看作若干个与甲板面垂直的立面(横向或纵向,通常选择横向,可以用舱室号或肋骨号分层)并将各个立面分成若层次,从各个立面的不同层次上采集、发掘燃烧痕迹,根据燃烧痕迹的种类、差异、特征,找出起火点的所在层次所谓立面层次,一是指火场内暴露着的建筑构件和物品在立面上的不同部位。在火场勘查中一般将立面分为上、中、下三层。对居住舱来说,天花板及天花板以上空间为上层,天花板以下距地板又有一定距离的空间为中层,紧贴地板的空间为下层。二是指火灾后残留堆积物的层次。堆积物造船材料及储存物品经过燃烧后塌落形成的。由于起火点所处层次的不同,燃烧垂直发展蔓延的顺序也不同。材料、构件、物品塌落的先后不同,堆积物层次也不同,燃烧的痕迹也不同。这些差异就使燃烧痕迹常常在同一剖面的不同层次上表现出各自的明显的特征,为找出起火点所在立面层次提供痕迹物证。

剖面勘查,一是对明显暴露的构件和物品,如天花板、墙上饰物、门窗和家具等残留物进行勘查,依据这些物品的燃烧痕迹,找出起火点在立面空间的层次。二是对火场残留的堆积物做垂直剖切面,从堆积物的层次和各层次的燃烧痕迹找出起火点所处的立面空间层次。

剖面勘查可根据现场情况分为重点勘查和多处剖面勘查两种。重点部位剖面勘查就是在可能是起火部位处做剖面。多处剖面勘查是在起火部位不太明显的情况下,选择几个不同的部位对堆积物做剖切。在对堆积物做剖切时,要从堆积物的上部切面到底面,并注意观察堆积物立面层次及各层次物质的燃烧痕迹、燃烧特征。如果在某一部位中发现了有价值的痕迹,还可利用逐层勘查的方法,将这个部位全部清理出来。

(2)逐层勘查法

逐层勘查法是采集、发掘事故呈水平蔓延的痕迹、物证,并根据痕迹、物证找出事故原因的一种勘查方法。它把事故现场划分为若干个平行于地面的平面，通过对各层次平面上各个不同部位进行比较和鉴别，分析研究事故过程，从中确定起始点，找出作用点，为认定事故原因提供痕迹物证。

(3)复原勘查法

复原勘查法是将事故现场一些残存的构件、物品恢复到原来的位置，以便分析事故发生、发展过程的一种勘查方法。根据水上交通事故现场的情况，分为两种：

①物理复原法

物理复原法是将被破坏或被移动的船舶物品或构件，恢复到事故发生前的位置和状态，根据各种痕迹来分析研究事故发生过程和原因的方法。

②绘图复原法

绘图复原法是利用已获取的事故信息，采用绘图的方法，反映事故前船舶及设备的种类、数量、位置、方位、距离等状态，并据此来推测事故的发生过程和原因的方法。

3. 查询证人

调查人员应尽快召集证人，并向证人出示执法证或有效身份证明，讲解调查的性质和目的、调查所依据的法律以及他所拥有的权限。同时，应向证人说明其权利与义务，并要求所有证人不要相互议论所发生的事情。如果在查询之前来不及召集证人，则应在每一位证人到场时分别以同样的方式向其讲解。

(1)确定查询对象

调查人员应预先确定查询对象，以保证在查询证人时，每个人都能按时到场。确定查询对象应考虑的因素通常是：值班情况（船舶、公司、岸基支持等）；职务级别；已掌握的事故要素；其他与事故有关的情况。

在每次查询之前，调查人员应该尽量了解被查询者的基本情况。

(2)确定查询顺序

当需要查询的人为多个时，应该先确定查询对象的先后顺序，查询顺序取决于他们与事故的关联程度。一般而言：

①先查询可能了解重要情节的证人（比如船长或者轮机长），后查询那些次要的证人；

②先查询那些对整个事故有完整了解的证人，后查询只对事故有部分了解的证人；

③在安排走访顺序时还要考虑被查询者和船舶的地理位置关系。

如客船火灾事故，其主要人员的查询内容见附表5。

4. 鉴定

为了证明事故损害的范围、程度以及事故的部分事实或情节，调查人员通常应根据调查的需要，要求船东申请船级社、检验检疫、技术监督以及公安消防等相关检验或鉴定部门进行检验或鉴定；必要时，调查组亦可委托有关单位进行专项检验或组织专家论证，获得相关鉴定意见。

(1)船舶损坏情况检验，如果事故造成船舶或设施发生损害的，应有船舶检验部门出具的检验报告。

(2)货物损坏情况检验。如果事故造成货物发生损害的，应有检验检疫部门出具的检验报告。

(3)火灾原因鉴定。船舶发生火灾/爆炸事故,应有公安消防鉴定部门或有关部门的火灾原因鉴定书。

(4)专项检验。根据调查需要,还可委托有关单位进行专项检验或组织专家论证,获得相关鉴定意见。

(四)事故分析和事故损失核定

经过证据审查、证据分析、事故原因分析、专家论证等程序,找出它们与事故事实之间的客观联系,查找事故原因。

对火灾事故中人员伤亡、经济损失进行核定。

第二节 船舶火灾事故报告与调查报告

一、船舶火灾事故报告

船舶发生火灾事故,按照《中华人民共和国海上交通事故调查处理条例》,船方向海事主管机构提交船舶火灾事故报告书(或《海上交通事故报告书》)和必要的文书资料,同时,船长必须申请公安消防监督机关签订,并将鉴定书副本送交海事主管机构备案。

其主要内容有:

(1)船舶概况和主要性能数据;

(2)船舶所有人或经营人的名称、地址;

(3)事故发生时的气象和海况;

(4)火灾事故的详细经过;

(5)若船舶沉没,应提供其沉没的概位;

(6)与事故有关的其他情况。

材料还包括事故发生时 VDR 数据资料、当事人文字说明、语音录音、照片以及录像等资料。其报告必须真实,不得隐瞒或捏造。在港内发生事故后 24 h 内向海事主管机构提交;在港外水域应在到达我国的第一港口后 48 h 内提交。

按照公司安全管理体系要求,当船舶发生火灾后,需编写《火灾事故报告》报告给公司相关管理部门。有的船旗国还要求船舶按其规定格式填写事故报告,报给船旗国主管机构填写。

二、船舶火灾事故调查报告

在完成火灾调查、原因分析和责任认定后,海事管理机构编写出《船舶火灾事故调查报告书》。

1. 编写调查报告的原则

写事故调查报告应掌握以下原则:

(1)调查报告应按照有关法规、规章和相关规定要求的内容进行编写。

(2)调查报告应全面、翔实,与事故原因有关的内容不能遗漏,应言简意赅,与事故原因无关的内容不应纳入报告正文。

(3)调查报告事实描述要客观、准确、全面,与事故原因有直接关系的事实要详细描述。

(4)调查报告原因分析应以查明的事实为依据,原因结论要与查明的事实有因果关系,并应按照原因链的顺序进行分析。确实无法认定事实的事故,可以推定可能事故原因。

(5)调查报告事故责任的认定应符合因果关系原则和过错责任原则。

2. 调查报告的内容

调查报告各部分的详细程度要根据事故原因所涉及的因素以及需表述的内容而定。主要有以下内容:

(1)调查报告名称

辖区地名+发生月日+船舶名称+火灾+事故调查报告。

(2)事故和调查概况

要描述事故船名、国籍、起讫港、装载货物(名称、数量)或旅客情况、事故发生的时间、地点及事故损害、结果。在该部分简要描述调查发现的主要事故原因或调查结论。

(3)船舶、船员和船公司概况

说明船舶、船员和公司的情况,船舶概况:船舶主要技术数据和情况;船员情况及当值班船员资历、证书情况;船舶载货情况;船公司概况。

(4)事故水域的通航环境情况

气象、海况/水文情况;事故水域通航环境情况;水域其他有关情况。

(5)事故证据分析

根据所获得的船舶记录、船员询问笔录、技术鉴定电子证据和旁证材料等来分析确认这些事故要素,这些要素包括:事故发生时间、地点/水域,船舶载重、装载状况、稳性、绑扎、老旧程度,人员驾驶操作、疲劳程度、技术水平,通航实际状况和当时该水域的气象、海况等。该部分内容与原因分析有密切联系,证据引用要有出处,分析、计算要有科学依据,引用的证据要在附件中列明。

(6)事故经过

在调查取证的基础上经过分析认定的事故发生过程,其中许多内容是经过事故要素分析并认定的情况。

(7)搜救或救助简要情况

船舶自救情况;搜救或救助情况描述。

(8)事故经济损失和人员伤亡情况

直接经济损失总数及其分项;人员伤亡情况。

(9)事故原因分析

运用逻辑和推理,在事实与结论之间建立联系,探索事故发生的过程,即根据调查所获得的事故事实,建立事故发生、发展与结果的事件链,从中找出事故发生的各种原因。应避免单纯地从航海人员的技术操作上查找原因,航海人员的过失仅是导致事故诸因素中的一个重要因素。应从人(船员)、船、交通环境三要素,以及水上交通运输软件环境(水上交通运输法律法规、规章,航行规定、指南,国际公约、规则,以及安全管理机制建设等)构成的水上交通系统和事故原因链,全面地查找事故原因。

(10)事故责任判定和结论

根据事故直接原因认定事故当事人的行为违背有关水上运输法律法规、规章或国际公约、规则的责任,以及根据事故间接原因认定有关人员、船公司、管理部门等违背有关水上运输安全法规或国际公约、规则的责任。事故结论是综合表述造成事故的过失行为,认定有关火灾事故的责任人。

(11)安全管理建议

由负责调查的海事管理机构依据查明的事故发生原因,向船舶、公司以及有关管理部门提出有针对性地加强安全管理的建议。

(12)附件

对调查报告正文内容具有详细说明或诠释的必要性支持文件或资料。其包括:调查组成员、专家论证结果、技术部门鉴定书、行政处罚建议、有关示意图、电子证据、岸基监控资料、船舶图、海图或航道图、原因链分析图、事故照片,以及其他有关材料。

第三节 船舶火灾案例分析

一、案例分析目的

国际海事组织海上安全委员会第 84 届会议于 2008 年 5 月 16 日 MSC. 255(84)号决议通过了《海上事故或海上事件安全调查国际标准和建议做法规则》,在《国际海上人命安全公约》(SOLAS 公约)第XI-Ⅰ/6 款中也有强制要求。该规则目的是防止将来的海上事故和海上事件而进行的调查,不为划分过失或确定责任,采用一致的方法和途径,必要时进行和鼓励大范围的调查,以发现引发因素和其他安全风险,提交事故报告给 IMO 组织以供将信息广为散发,帮助国际海运界解决安全问题。因此,案例分析目的是通过对大量的事故案件的学习与分析,发现引发因素和其他安全风险,了解预防事故的方法和措施,避免同类事故再次发生,保证船员和船舶安全,保护海洋环境。

二、船舶火灾事故案例分析

国际海事组织把船舶火灾和爆炸事故归为一类事故。火灾可能是由于货物引起的,也可能是机舱设备故障等引起的,伴随火灾的不仅仅是爆炸,还有可能导致船舶破损进水,甚至下沉或倾覆。船舶火灾爆炸事故是水上交通事故中的多发事故,往往导致严重的生命和财产损失,也为水上交通安全带来惨痛的事故教训。通过船舶火灾事故案例可以多个方面查找原因,主要方面如下:

1. 安全管理体系是否在船上有效运行

存在问题有：船舶安全管理体系与实际管理情况“两张皮”现象，更多精力放在体系文件上；公司对部分船员越权行使船舶安全管理职责的违规行为未加制止和纠正，船长未按照公司安全管理体系要求落实船舶的安全生产主体责任，也未有效落实体系的监控职责，未及时制止船员的违规操作行为。

2. 船员消防安全知识和技能是否满足主管机关的要求

存在问题：培训机构培训、公司培训及船上培训不到位，流于形式，没有完全熟悉船舶设备及设施；船员对船上安全作业的安全意识淡薄，违反安全操作规程，如在进行明火作业前，未按照安全作业规程及公司体系文件的要求检查作业环境，未执行安全管理体系明确要求的审批流程，未经船长和部门负责人同意并严格落实安全措施后进行作业。

3. 船舶设备维护保养是否到位

存在问题：船舶设备维护不到位，缺少备件；船上人员少，维护保养量大，难以完成；也存在船员业务能力不足，安全隐患没有及时发现和处理问题。

4. 船方对所运货物资料是否熟悉，安全措施是否到位

存在问题：托运人未保证托运货物的状态满足安全运输要求，未如实说明托运货物的理化特性及货物的适运条件，甚至将危险货物以普通货物向船方申报及运输；船方未熟悉货物特性及安全运输条件，未核实所装载货物的运输要求，不清楚运输危险货物的注意事项和操作要求，并且没有对运输危险货物可能导致的安全威胁有足够的认识。

5. 船员消防能力和应变能力是否满足航运要求

存在问题：船员消防能力不足，当火灾出现第一选择是弃船；船员消防能力和应变能力不能满足航运业的要求，特别是大型船舶、液货船舶、特种船舶及智能船舶；管理级船员缺少指挥能力，不能控制失火船舶，不能与公司、沿海国（港方）、救助中心建立良好的通信协调。

三、火灾事故教训

1. 湛江“8·6”“鑫华祥”轮火灾事故

2020 年 8 月 6 日 0810 时，广西昱洋船务有限公司所属的“鑫华祥”干货船，空载在广西北海铁山港锚地（锚位：21°15′.8N，109°27′.7E）锚泊时机舱发生火灾。事故导致“鑫华祥”轮机舱烧毁严重，驾驶台以下生活区不同程度烧毁，未造成人员伤亡及水域污染，直接经济损失约 607 万元，构成一般事故等级水上交通事故。

2. 浙江舟山“6·2”“隆裕清 1”轮爆炸火灾事故

2020 年 6 月 2 日约 0831 时，油污水处理船“隆裕清 1”轮在马岙舟山弘信水产食品有限公司所属水产品装卸码头靠泊期间，因甲板作业引起 2#、3#货舱爆炸起火，造成机舱、驾驶台及生活区过火损毁，船上 3 人中，1 人死亡，1 人受伤，构成一般等级水上交通事故。

3. 营口“6·21”“BONNY ISLAND”轮机舱火灾事故

2019 年 6 月 21 日 0725 时许，PACIFIC BASIN SHIPPING（HK）LIMITED 所属中国香港籍散货船“BONNY ISLAND”轮在营口港鲅鱼圈港区 62#泊位机舱发生火灾，事故导致该轮 2#发电机损毁、3#发电机过火部分部件损坏，且机舱内的部分消防器材及部分电缆损坏，无人员伤亡，未造成海面污染，直接经济损失约 330 万元人民币，构成一般等级水上交通事故。

4. 上海吴淞“4·1”“盛泰”轮火灾事故

2019 年 4 月 1 日约 0600 时，上海 CJLC 公司所属干货船“盛泰”轮在长江口绿华山南锚地东边界线附近水域（概位：30°45. 4′N，122°38. 3E）锚泊时发生生活区失火，事故造成“盛泰”轮生活区主甲板上一层（厨房、餐厅）大面积过火、二层医务室过火、其余处室因浓烟影响受损、三层（船员房间）轻微受损，船上 2 名船员死亡，无进水和泄漏，构成一般等级水上交通事故。

5. 浙江台州“3·8”“海钜”轮火灾事故

2019 年 3 月 8 日约 1020 时，台州市荣远客运有限公司所属的固定航线（椒江至大陈）高速客船“海钜”轮，在停靠大陈客运码头（概位：28°27′. 27N，121°53′. 76E）期间发生火灾，事故造成“海钜”轮客舱及驾驶台损毁，无人员伤亡和环境污染，直接经济损失约 300 万元，构成一般等级水上交通事故。

6. 漳州“1·2”“荣海 99”轮爆炸事故

2019 年 1 月 2 日约 1411 时，散货船“荣海 99”轮自江苏江阴开往广东广州途中，在福建漳州东门屿以南约 2 n mile 附近水域（概位：23°41′. 5N，117°34′. 7E）机舱发生重油沉淀柜爆炸，造成该轮机舱集控室烧毁、2 人死亡，未造成海域污染，属一般等级水上交通事故。

7. 唐山“11·21”“万兴达”轮火灾事故

2018 年 11 月 21 日约 2340 时，平潭籍集装箱船“万兴达”轮 036N 航次由泉州港驶往京唐港期间，行至舟山水域附近，发生集装箱火灾事故。事故造成船上 3 个集装箱烧毁，未造成人员伤亡及海洋环境污染，事故造成直接经济损失约 228 万元人民币，构成一般事故等级。

8. 莆田“8·24”“YL106”轮火灾事故

2018 年 8 月 24 日 0728 时，泰州市 YH 运输有限公司所属无动力船舶“YL106”轮在莆田兴化港区涵江作业区 1-3 号泊位工程附近水域（概位：25°27. 8′N，119°13. 1′E）进行日常维护保养，在抓斗柴油机维修保养时，发生火灾，造成 1 名人员死亡及抓斗设备损坏，未造成附近水域污染，造成直接经济损失约 29 万元，属于水上交通一般等级事故。

9. 广州“5·16”“创圣海”轮爆炸事故

2018 年 5 月 16 日约 1420 时，在珠江口 14WL 锚地锚泊的干散货船“创圣海”轮 No. 1 重油舱（左）发生爆炸，事故导致该轮 No. 1 重油舱（左）上方主甲板炸开约长 2 m、宽 1 m 的破口，机舱左侧及集控室烧毁，生活区部分房间烧毁，机工游某南死亡，构成一般事故等级水上交通事故。

10. 天津“5·4”“中石 2”轮爆炸事故

2018 年 5 月 4 日 1455 时，由天津港大沽口港区 5#液体化工泊位（简称 L5 泊位）空载出港的中国籍船舶“中石 2”轮，航行至大沽沙航道 203#浮附近（概位：38°48′. 5N，118°05′. 8E），在进行洗舱作业中的通风作业时发生爆炸。事故导致“中石 2”轮 2、3#左右货舱和主甲板严重受损，1、4、5#左右货舱和 SLOP 右舱不同程度受损，1 名船员脸部烧伤深Ⅱ°。事故造成直接经济损失人民币 720 万元，未造成水域污染，为一般等级水上交通事故。

11. 浙江舟山“3·11”“晟通油”轮火灾事故

2018 年 3 月 11 日 1212 时左右，舟山市晟通能源有限公司所有的舟山籍油船“晟通油”轮由定海外螺头开航计划给“润广 7”轮进行供油作业，航经舟山长峙岛附近水域（概位：30°58′.1N，122°09′.7E）时机舱发生爆炸后起火。事故造成船舶机舱、生活区、驾驶室受损，船上 6 人，其中 5 人获救、1 人死亡，构成一般等级水上交通事故。

12. 广州“11·29”“勇士”轮火灾事故

2017 年 11 月 29 日 2024 时，印度尼西亚籍油轮“勇士”轮在珠江口 35SJ 锚地清舱作业过程中，正在进行驱气作业的左、右污油水舱附近主甲板面发生火灾事故，事故导致附近的 5 名工人被烧伤，其中，3 名工人达到重伤级别，构成一般事故等级水上交通事故。

13. 浙江舟山“10·27”“携船”轮火灾事故

2017 年 10 月 27 日 1500 时左右，福建云联商船电子商务有限公司、陈勇所有的“携船”轮在舟山马峙 1 号锚地（概位：29°54′.4N，122°13′.4E）锚泊期间 2 号货舱发生火灾，事故造成“携船”轮 2 号货舱货物过火损毁、部分舱盖损坏，直接经济损失约人民币 900 万元，构成一般等级水上交通事故。

14. 扬州“10·7”“H”轮爆炸事故

2017 年 10 月 7 日 1358 时许，江苏盐城籍杜效洲个人所有“H”轮（散装水泥运输船）在扬州港下港河口西岸侧扬州润顺建材贸易有限公司作业点卸载散装水泥过程中，船上后部货罐发生爆炸。事故造成船上 1 人死亡，船体后部损毁、进水坐底，未造成水域环境污染，构成一般等级水上交通事故。

15. 广州“7·14”“嘉远 19”船火灾事故

2017 年 7 月 14 日 1000 时左右，福州籍干货船“嘉远 19”空载从顺德大良驶出，计划开往福建福安修船，2218 时左右，船舶航行在珠江口 13ZH 锚地东北侧，机舱二层起火，火势蔓延至生活区及驾驶台，事故造成“嘉远 19”船机舱及生活区和驾驶台全部烧毁，事故未造成人员伤亡及水域污染，直接经济损约 250 万元，构成一般事故等级水上交通事故。

16. 大连“1·10”“无证运输船舶”火灾事故

2017 年 1 月 10 日 1930 时左右，浙江台州籍梁某庆个体所有的无证自卸运砂船自天津空载驶往营口水域途中，于辽东湾水域，位置 39°52′.6N，121°32′.6E（概位），机舱发生火灾。事故造成该轮机舱设备及生活区大部严重损毁，未造成人员伤亡和水域污染，直接经济损失约 200 万元，事故等级为一般等级事故。

17. 广东湛江“1·3”“丰永 2 号”挖泥船火灾事故

2017 年 1 月 3 日约 1530 时，湛江市丰永建设工程有限公司所属“丰永 2 号”挖泥船在湛江港 36#灯浮标西南方约 400 m 的中科炼化施工区水域，施工期间，机舱起火，造成 1 人被烧轻伤，船中部、船尾部及机舱烧毁，船舶坐沉，该事故为一般事故等级水上交通事故。

18. 东方市八所港“10·20”“丰盛油8”轮机舱爆炸事故

2016年10月20日12时31分，正在东方市八所港务有限责任公司第二装卸区危险化学品码头3号泊位装载石脑油的“丰盛油8”轮机舱发生第一次爆炸，12时43分，船舶机舱发生第二次爆炸，12时56分，船舶机舱发生第三次爆炸。10月23日17时25分，在应急处置过程中船舶机舱再次发生爆炸并持续燃烧，10月24日7时许明火被扑灭。事故共导致2人死亡（其中1人事发时为失踪，后于2017年1月9日找到遗骸确认死亡）、3人重伤、9人轻伤，船舶机舱、生活区、驾驶台严重损毁，船体局部过火。事故还导致东方工业园区及事发地周边3 km范围内的村庄群众疏散，造成较大社会影响。

19. 浙江舟山“10.14”“浙定58723”轮爆炸事故

2016年10月14日约1810时，舟山籍散装水泥运输船“浙定58723”轮装载散装水泥230 t在岱山牛轭山搅拌站码头进行卸载作业时水泥罐体发生爆炸（概位：30°13′29″N，122°12′57″E），事故造成“浙定58723”船罐体前部破损，1名船员死亡。事故直接经济损失约30万元，构成一般等级水上交通事故。

20. 厦门“7·2”“海顺9”轮火灾事故

2016年7月2日约2110时，“海顺9”轮在厦门刘五店水域（概位：24°33′.77N，118°11′.57E）因厨房液化石油气发生泄漏、遇点火源起火，发生火灾事故，造成主甲板层船员舱室、驾驶室及电航仪器等严重烧毁，机舱主、辅机等机器设备及其线路烧毁，3名在船人员全部死亡，构成较大水上交通事故。

21. 东莞“4·17”“兴航海198”轮爆炸事故

2016年4月17日约1620时，江苏兴航船务有限公司所属的“兴航海198”轮在东莞中堂镇兴发码头卸货结束后，进行货舱洗舱作业过程中，后货舱的货舱双层底发生爆炸，造成“兴航海198”轮货舱垫舱板破损，1人死亡，直接经济损失约2.5万元，构成一般等级水上交通事故。

22. 清远清城“11.30”“诚信085”船爆炸事故

2015年11月30日1730时，广西平南县诚信船务有限公司所属船舶“诚信085”船在北江干流清远市清城区石角镇石角渡口上游左岸150 m丁坝附近水域，船员擅自对货舱右前部进行电焊作业，引发爆炸事故，造成一名作业水手死亡，构成一般等级水上交通事故。

23. 沧州“10.12”“俞垛96”轮爆炸火灾事故

2015年10月12日1000时许，黄骅港海域38°21.35′N，118°03.00′E（概位）处，江苏泰州籍干货船“俞垛96”轮与一艘供油船在供受油作业过程中，“俞垛96”轮发生爆炸/火灾事故，船尾上层建筑被炸后翻扣于船舶机舱与后货舱之间，机舱严重受损，后进水导致船尾坐浅，仅船头露出水面，该轮于12月7日起浮脱浅。事故造成“俞垛96”轮船上1人死亡，可能1人或2人失踪，直接经济损失约403.7万元人民币，构成一般等级水上交通事故。

24. 上海“8·3”“YE CHI”轮火灾事故

2015年08月03日1540时左右（本报告时间均为北京时间），中国香港籍油船“YE

CHI”(业池)轮在上海港金山航道(概位:30°30′.58N,121°51′.80E)水域出口航行时苏伊士运河间发生火灾,事故造成船舶部分生活区舱室及设备烧毁损坏,1 人死亡、4 名船员受伤,构成非常严重等级水上事故。

25. 天津“3·14”“SPAR NEPTUN”轮火灾事故

2015 年 3 月 14 日 0008 时左右,SPAR SHIPPING 公司所属的挪威籍散货船“SPAR NEPTUN(海王星)”轮在天津港汇盛码头 N36 泊位靠泊期间,船舶驾驶台发生火灾,起火点位于驾驶台后部的无线电处所。火灾导致驾驶台无线电间内的无线电设备出现不同程度损坏,部分墙壁和天花板区域过火程度较重,驾驶台前部的船舶设施设备出现不同程度的损坏,直接经济损失 100.6 万人民币。事故未造成人员伤亡和水域污染。事故等级达到一般等级水上交通事故。

26. 浙江舟山“3.2”“港晟 7”轮爆炸事故

2015 年 3 月 2 日 1523 时左右,舟山港晟海运有限公司所属舟山籍油船“港晟 7”轮在舟山朱家尖岛东南水域(概位:29°56′.4N,122°34′.9E)锚泊清洗舱期间,货泵舱发生爆炸,造成“港晟 7”轮 1 人失踪,4 人受伤,货泵舱局部设施设备损坏,直接经济损失约人民币 40 万元,构成一般等级水上交通事故。

27. 大连“1.10”“G”轮火灾事故

2015 年 1 月 10 日约 0740 时,俄罗斯籍渔船“G”轮在辽宁省大连海洋渔业集团公司船厂(以下简称“辽渔船厂”)厂修期间,三副房间发生火灾。约 0810 时,明火被扑灭。火灾导致三副房间内物品基本被烧毁,该房间所在生活区走廊墙壁局部受到烟熏;火灾还导致该轮电报主任助理因一氧化碳中毒而死亡。事故等级为一般等级水上交通事故。

28. 广州“1.8”无牌无证船舶火灾事故

2015 年 1 月 8 日约 0030 时,广州市海珠区新洲渔民新村大街居民卢某某所属无牌无证船舶在广州市海珠区黄埔涌口附近水域进行燃油过驳作业过程中,发生火灾,造成无牌无证船舶烧毁全损,一人重伤,事故直接经济损失 10 万元,构成一般等级水上交通事故。

29. 湛江“1·4”“润广 9”轮爆炸事故

2015 年 1 月 4 日约 0921 时,舟山润广船务有限公司所属“润广 9”轮从珠海高栏港空载开往湛江途中,在湛江港龙腾航道 21#浮标附近发生爆炸后起火,造成 2 名船员死亡,甲板及货舱严重损毁,直接经济损失 2 475 万元,构成较大水上交通事故。

30. 广州“1.3”“桂藤县货 0428”船爆炸、火灾事故

2015 年 1 月 3 日约 1930 时,广西桂藤县天平镇塘冲村韦某某所属“桂藤县货 0428”船在广州港内港大干围利基码头进行移泊作业时,该船首甲板舱室发生爆炸,并起火燃烧,造成 1 人重伤,船舶全损,事故直接经济损失约 63 万元,构成一般等级水上交通事故。

31. 浙江台州灵江“1·25”“万木春 13”轮火灾

2014 年 1 月 25 日约 1230 时,在临海红光货运码头修理的临海市万木春船务有限公司所属的台州籍散货船“万木春 13”轮,在对该轮淡水舱进行裂缝修补过程中,因违规操作发生爆燃,造成一人死亡一人烧伤。

四、船舶火灾爆炸事故案例获得途径

国际海事组织制定的《海上事故或海上事件安全调查国际标准和建议做法规则》对船舶火灾爆炸事故案例资料公开有推动作用,各个国家海事部门都有公开,绝大部分通过互联网都可以查到。这样给航运企业和船员及培训机构带来方便,主要查找途径如下:

各国海事主管机关的海事网站。我国的国家海事局、海事直属局及地方海事局的网站,在信息公开栏目中水上安全事故、海事事故统计等内容,便于查找。国外海运发达国家,海事事故案例调查信息做得比较详细,有的事故报告长达几百页,并配有大量图片资料。

船舶保险公司和海事咨询公司。船东互保协会、船舶保险公司都有安全简报和年度报告,定期发往船舶上,便于船员阅读,也有光盘资料。英国 VIDEOTEL 公司和挪威 SEAGULL 公司为船员在船培训提供大量影像资料。

船公司提供安全信息和资料。大型航运企业来自企业内部安全资料信息,包括企业内部船舶事故通报信息、船舶 NERA MISS 事件统计信息等。

互联网微信平台。互联网快速发展和手机微信公众平台,能及时提供安全资料信息,诸如宁波海事、信德海事等。

附录

附录 1

热工作业许可

<table>
<tr><td colspan="2" rowspan="2">航次：</td><td colspan="2">开始时间：</td><td colspan="2">开始船位：</td></tr>
<tr><td colspan="2">结束时间：</td><td colspan="2">结束船位：</td></tr>
<tr><td colspan="6">施工内容或施工设备部件和场所：

部门长签字/日期：</td></tr>
<tr><td colspan="3">轮机长的安全预防要求：</td><td colspan="3">部门长落实预防措施情况：</td></tr>
<tr><td rowspan="11">热工作业前现场安全检查情况</td><td colspan="4">应检查区域清爽。所有可燃材料应清离现场；是否已报备港口主管机关？（港内热工作业）</td><td>是/否</td></tr>
<tr><td colspan="4">设备或管路是否用盲板隔离？确保火花/热量不能通过通风管/斗转移至其他区域？</td><td>是/否</td></tr>
<tr><td colspan="4">设备或管路是否已清除油液？工作处所应连续通风并经常检测确认可燃气体小于燃烧下限的 1%？</td><td>是/否</td></tr>
<tr><td colspan="4">周围的舱室/管路是否已排空和已除气，周围区域是否安全？</td><td>是/否</td></tr>
<tr><td colspan="4">增加的防火措施是否有效？焊接和割切部件边界，灭火设备应两边是否都立即可用？</td><td>是/否</td></tr>
<tr><td colspan="4">设备是否与电气隔离？是否安排防火监督员并介绍其职责？防火监督员和驾驶台是否建立对讲机联系？</td><td>是/否</td></tr>
<tr><td colspan="4">应检查所有准备工作完成，工作开始之前才能签发许可证。</td><td>是/否</td></tr>
<tr><td colspan="5">特殊情况与预防措施：</td></tr>
<tr><td colspan="5">消防安全措施：
工作场所隔离和防火措施应延续到热工作业的完成。</td></tr>
<tr><td colspan="2">防火监护人姓名/时间：</td><td colspan="3"></td></tr>
<tr><td colspan="2">轮机长签字：</td><td colspan="3">部门长签字：</td></tr>
</table>

（续表）

轮机长查验结果及指派操作人员姓名/操作证编号： 轮机长签字/日期：
船长批示： 本签字于前有效。船长签字/日期：
操作人员确认本次热工作业的安全须知。 签字/日期：
备注：

附录 2

可免除固定式气体灭火系统或固定式气体灭火系统对之无效的固体散装货物清单[①]

一、可免除固定式气体灭火系统的固体散装货物清单

1. 货物包括，但不限于 SOLAS 公约第Ⅱ-2/10 条所列的货物：

矿石、煤（煤和褐煤砖）、谷物、新伐木材。

2. 列于《国际海运固体散装货物规则》（IMSBC 规则）且非易燃或具有低失火危险的货物：

（1）所有不归入 IMSBC 规则 B 组的货物。

（2）以下归入 IMSBC 规则 B 组的货物：

水化氧化铝、铝熔炼副产品 UN 3170[②]、硅铁铝粉末（UN 1395）；

无涂层硅铝粉（UN 1398）、团块非晶态硅酸钠、硼酸；

煤渣灰、煤焦油沥青、直接还原铁（A）砖形块；

含铅的浸出残渣、过磷酸盐（三重晶体）；

热铸磷铁合金（包括砖形块）；

硅铁（UN 1408），硅含量大于 30%，但小于 90%（包括砖形块）；

硅铁（硅含量至少 25%但小于 30%，或硅含量 90%或以上）；

烟灰（包含铅和锌）；

萤石、颗粒状镍锍（水分含量小于 2%）；

石灰（生）、原木；

氧化镁（未熟化）、锍（包含铜和铅）；

---

① 海安会 MSC. 1/Circ. 1395/Rev. 5 通函（2022 年 4 月 28 日）；

② “铝熔炼副产品”或“铝再熔炼副产品”均作为其正确运输名称使用。

磷酸二氢钙(MCP);

磷酸二氢铵(M. A. P.)、矿物质丰富涂层;

泥煤苔;

石油焦炭(煅烧或未煅烧)(当按照 IMSBC 规则的规定装载和运输时);

沥青球、制浆木材;

黄铁矿(煅烧黄铁矿);

低比活度(LSA-1)、非裂变的或预计裂变的放射性物质 UN 2912;

非裂变的或预计裂变的表面受到放射性物质污染的物体(SCO-Ⅰ)UN 2913;

圆木、锯木、木材、木片(水分含量 15%或以上)、木球团(不包括任何添加剂和/或黏结剂);

低比活度(LSA-1)砂、精矿、放射性物质 UN 2912;

硅锰合金(低碳);

硫黄,UN 1350(压块和粗粒);

矾矿石;

锌灰 UN 1435;

富含氧化锌的烟灰。

(3)当货物根据本规则的 MHB 试验和分类衡准没有表明具有任何自热、易燃或与水反应造成可燃性的危险时,则货物归入下列一般性的 B 组船运细目:

硫化金属精矿、硫化金属精矿、腐蚀品 UN 1759。

3. 未列于 IMSBC 规则的固体散装货物,但:

(1)应按照该规则的 1.3 对其进行评估;

(2)其应不具有该规则所界定的 B 组货物的危害;和

(3)装货港主管当局应已按照该规则的 1.3.2 向船长提供一份证书。

二、固定式气体灭火系统对之无效而应有提供等效保护的灭火系统的固体散装货物清单归入 IMSBC 规则中 B 组的下列货物

硝酸铝 UN 1438

硝酸铵 UN 1942(可燃物质总含量不超过 0.2%,其中包括任何有机物质,以排除了其他任何添加物质的碳含量计算)

硝酸铵基化肥(MHB)

硝酸铵基化肥 UN 2067

硝酸铵基化肥 UN 2071

硝酸钡 UN 1446

硝酸钙 UN 1454

硝酸铅 UN 1469

硝酸镁 UN 1474

硝酸钾 UN 1486

硝酸钠 UN 1498

硝酸钠和硝酸钾混合物 UN 1499

附录 3

IMO 防火控制图标识

此船舶防火控制图标识符号是国际海事组织 A. 952(23)号决议在 2003 年 12 月 5 日通过,要求船上应有固定展示的防火控制图作为对船上高级船员的指导,一套防火控制图或具有该图的小册子的复制品,永久性地置于甲板室外面有醒目标示的风雨密盒子里,以有助于岸上的消防人员。在 2004 年 1 月 1 日或之后建造的船舶上应用,而 2004 年 1 月 1 日之前建造的船舶可继续配备应用 A. 654(16)决议中所列标识符号的防火控制图。

			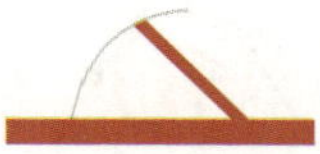	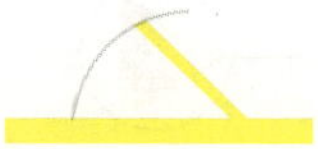
A 级分隔 A-class division	B 级分隔 B-class division	主竖区 Main verticalzone	A 级防火门 A-class hingedfire door	B 级防火门 B-class hingedfire door

A 级自闭式防火门 A-class hingedself-closing firedoor	B 级自闭式防火门 B-class hingedself-closing firedoor	A 级滑动防火门 A-class slidingfire door	B 级滑动防火门 B-class slidingfire door	A 级滑动式自闭防火门 A-class self-closing-slidingfire door
	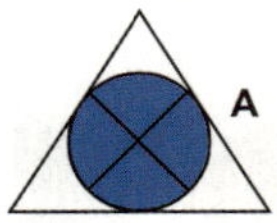	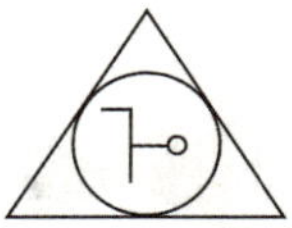	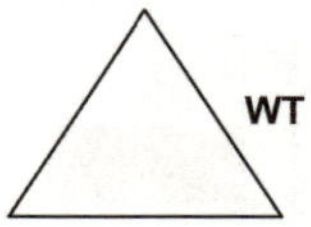	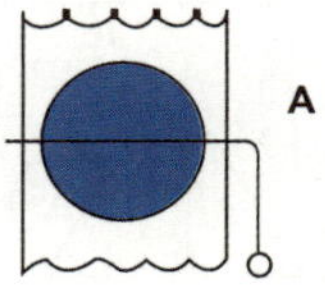
B 级滑动式自闭防火门 B-class self-closing slidingfire door	通风遥控装置 * ① Ventilationremote control orshut-off	天窗遥控装置 Remote control forskylight	水密门或防火门遥控装置 * ② Remote control for watertightdoors or firedoors	防火挡板 * ① Fire damper

（续表）

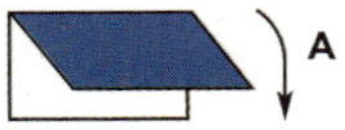	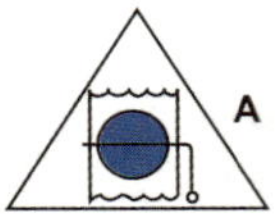	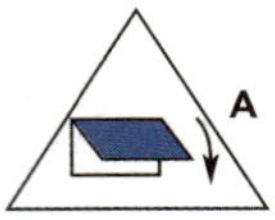	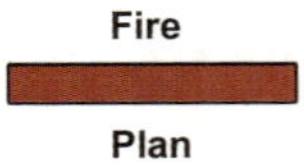	
通风关闭装置 Closing device for ventilation	防火挡板遥控装置 Remote control for firedamper(s)	通风关闭遥控装置 Remote control for closing device(s) forventilation	防火控制计划 Fireprotection appli- ances or structural fireprotection plan	消防泵遥控装置 Remote control for fire pump(s)
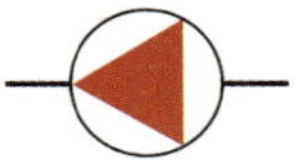		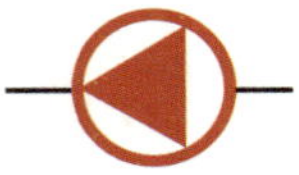	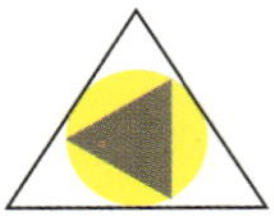	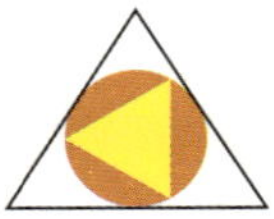
消防泵 Fire pump(s)	应急消防泵 遥控装置 Remote control for emergency fire pump	应急消防泵 Emergency firepump	燃油泵遥控阀 Fuel pump(s) remote shut-off	滑油泵遥控阀 Lube oilpump(s) remote shut-off
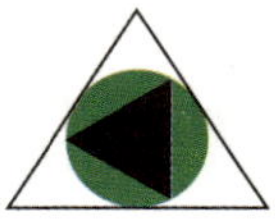	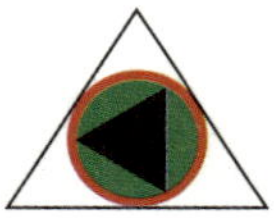	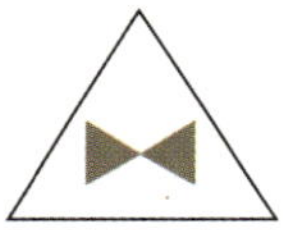	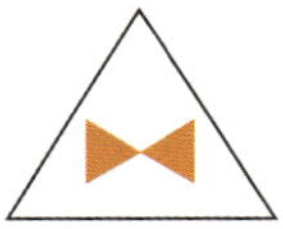	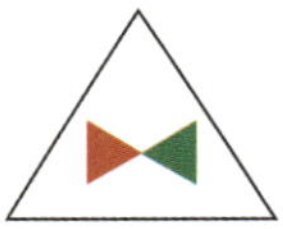
污水泵遥控阀 Remote control for bilgepump(s)	应急污水泵遥控阀 Remote control for emergency bilge pump	燃油遥控阀 Remote control for fuel oilvalves	滑油遥控阀 Remote control for lube oilvalves	消防泵遥控阀 Remote control for fire pump valve(s)
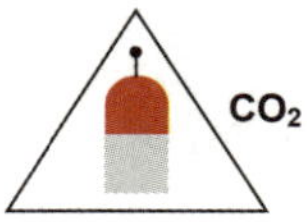	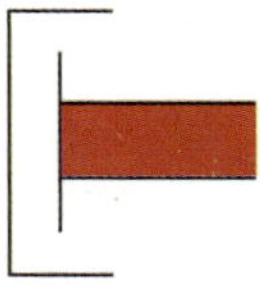	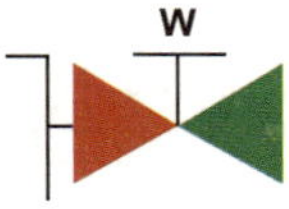	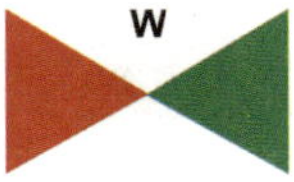	
灭火系统控制站 * ③ Remote release station	国际通岸接头 International shore connection	消火栓 Fire hydrant	消防总管分区阀 Fire main section valve	喷淋系统分区阀 Sprinkler section valve

（续表）

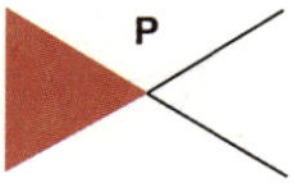	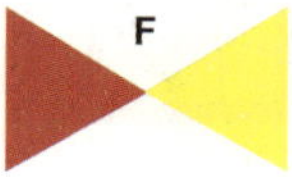	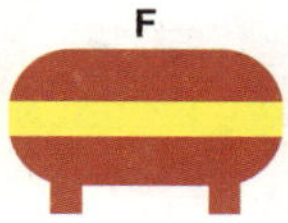	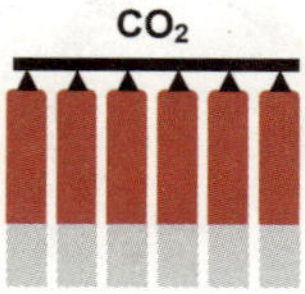	
干粉系统分区阀 Powder section valve	泡沫系统分区阀 Foam section valve	固定灭火装置 * ③ Fixed fire extinguishing installation	固定灭火装置（气瓶组）* ③ Fixed fire extinguishing battery	固定灭火装置（安置在被保护场所那）* ③ Fixed fire extinguishing bottle, placed in protected area
	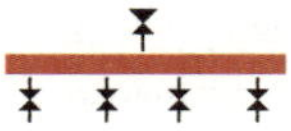			
高倍泡沫发生器 High expansion foam supplytrunk (outlet)	喷水系统阀 Water spray system valves	惰气系统装置 Inert gas installation	机械泡沫发生器 * ④ Monitor	消防水枪和水带 * ④ Fire hose and nozzle
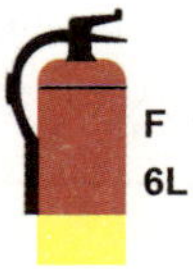	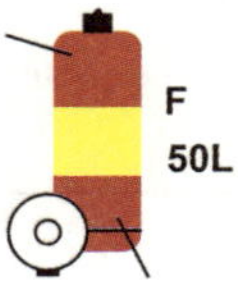		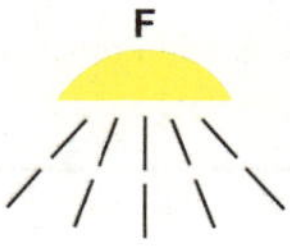	
手提式灭火器 * ④ Fire extinguisher	推车式灭火器 * ④ Wheeled fire extinguisher	消防设备储存处 * ⑤ Fire locker	固定灭火系统保护场所 Spaces protected by fire extinguishing system	便携式泡沫液桶 Portable foam applicatorunit or relevant spare tank(s)

（续表）

				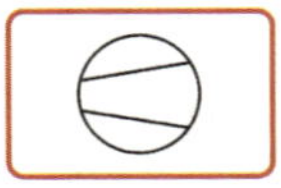
水雾发生器 Water fogapplicator	应急发电机 Emergency source of electrical power (generator)	应急电源(电池) Emergency source of electrical power (battery)	应急开关箱 Emergency switchboard	呼吸气瓶充气机 Air compressor for breathing devices
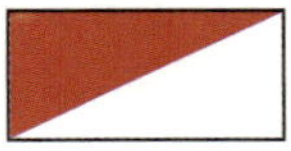				
失火报警显示屏 Control panel for fire detectionand alarm system	火警按钮/开关 Pushbutton/switch for general alarm	手动呼叫按钮 Manually operated callpoint	感烟探测器 Spaces monitored by smoke detector(s)	感温探测器 Spaces monitored by heat detector(s)

火焰探测器 Space or group of spaces monitored by flame detector(s)	气体探测器 Space monitored by gasdetector(s)	主脱险通道 Primary escape route	副脱险通道 Secondary escape route	应急呼吸器 Emergency escape breathing device(EEBD)

备注说明：

＊①：圈内颜色和右侧字母代表意思如下：

A＝蓝色，代表居住区；M＝绿色，代表机舱；C＝黄色，代表货舱。

＊②：WT 代表水密门，FD 代表防火门。

＊③：灭火剂颜色符号和右侧字母代表意思如下

灰色代表二氧化碳和氮气；褐色代表除二氧化碳和氮气外的气体。

＊④：灭火剂颜色符号和字母代表意思如下：黄色代表泡沫；白色代表干粉；绿色代表水。

＊⑤在标识符号右侧注明储存处编号和在图列说明中注明各处灭火设备的内容。

附录 4

客船火灾事故中主要人员的查询

在船舶发生火灾后，火灾事故调查部门要对船上人员及相关人员进行查询和调查，其查询内容如下表。

序号	证人	查询内容	证书、证明文件
1	船长	1. 船舶基本信息（包括船舶尺度、吨位、所有人、经营人、通信设备、航海仪器、防火探测器和救火设备等）； 2. 个人背景及航海资历（包括证书的取得、完整的培训记录、应对火灾事故的经验）； 3. 公司基本信息（包括船舶数量、每年乘客数量、船员管理程序、公司管理程序等）； 4. 公司、船舶的安全体系运行情况； 5. 本航次信息（航行计划、设备故障、工作人员的意外事故、乘客抱怨等）； 6. 日常航海值班程序； 7. 日常机舱值班程序； 8. 日常防火值班程序； 9. 船舶演习计划； 10. 应变部署表中针对火灾的职责和责任； 11. 船员信息（国籍、工作态度、对工作的抱怨、处理船员抱怨的程序、劳动争议、值班情况等）； 12. 船上救火人员组成； 13. 对火灾的回忆，包括：火情的发现、对火灾的应急反应、对乘客采取的应急行动、对火情的传达、与其他船舶和/或海事管理机构的通信联络、得到的外界帮助，包括岸上的消防队和船上的救火组织情况、控制火情的时间、火灾被扑灭的时间； 14. 火情发生时的当班值班员的能力和表现的评价； 15. 对火灾损失的描述	1. 船员证书； 2. 航海日志； 3. 车钟记录； 4. 夜航指令； 5. 火灾时的通信记录； 6. ISM 手册中的相关内容涉及防火巡逻队、紧急情况处置小分队、救火队； 7. 船舶 SOLAS 证书和等级证书的复印件； 8. 船舶火灾探测系统的操作手册； 9. 船舶火灾探测系统的结构图； 10. 火灾报警系统的操作手册； 11. 火灾报警系统的结构图； 12. 火灾报警和火灾探测系统运行中的输出内容； 13. 火势控制计划； 14. 紧急情况下的撤离计划； 15. 最近 3 个月内的火情探测系统和灭火系统设备的维护和修理记录； 16. 防火设备的年度服务报告； 17. 防火值班巡逻路线计划； 18. 防火巡逻队/值班员的指令； 19. 防火计划； 20. 船员名单； 21. 乘客名单； 22. 随机 300 位乘客的联系方式

（续表）

序号	证人	查询内容	证书、证明文件
2	值班驾驶员	1. 个人背景及航海资历（包括证书的取得、完整的培训记录、应对火灾事故的经验）； 2. 船员信息（以证实从船长处获取的信息）； 3. 岗位职责； 4. 应变部署表中针对火灾的职责和责任； 5. 对火灾的回忆（包括火灾被扑灭前 72 h 内的情况）； 6. 火情的通报及所采取的行动	1. 船员证书； 2. 海图； 3. 从航海用电子仪器上获取的数据； 4. 引航站的通信记录； 5. 甲板部值班日志； 6. 车钟记录的打印件； 7. 航向记录仪数据； 8. 夜航指令； 9. 航海设备的操作手册
3	轮机长	1. 个人背景及航海资历； 2. 船员信息（用于证实从船长处得到的信息）； 3. 岗位职责； 4. 应变部署表中针对火灾的职责和责任； 5. 救火的组织情况和轮机部人员的救火培训； 6. 培训过程； 7. 船舶信息（设备的维修情况、故障问题等）； 8. 岸上对船上发动机故障的技术支持； 9. 关于火情的回忆（包括火灾被扑灭前 72 h 内的情况）	1. 船员证书； 2. 轮机部值班日志； 3. 轮机部车钟记录； 4. 书面的值班记录； 5. 最近 3 个月内的维护和修理记录； 6. 各种相关的船用图纸，如电路分布图、通风系统、防火总管路、灭火系统； 7. 轮机部主要人员的工作情况评估
4	值班轮机员	1. 个人背景及航海资历； 2. 72 h 历史情况； 3. 职责和责任； 4. 与火灾相关事件的回忆	1. 船员证书； 2. 轮机部值班日志； 3. 轮机部车钟记录
5	防火巡逻、救火队长、救火队员	1. 个人背景及航海资历； 2. 培训/训练； 3. 72 h 历史情况； 4. 职责和责任； 5. 与火灾相关事件的回忆	1. 船员证书； 2. 培训证书
6	发现火情的人	1. 个人背景及海上经历 2. 与火灾相关的细节： 当时他（她）在做什么； 在相邻区域所采取的行动； 火情的起始迹象； 火焰/烟的位置； 火焰/烟的范围； 火焰/烟的颜色；	

（续表）

序号	证人	查询内容	证书、证明文件
6	发现火情的人	任何特别的气味； 任何特别的声音； 发现火情时还有其他什么人； 火情发现之前，在该区域有其他什么人； 火情发生时，没有合理原因在现场的人； 首先采取的行动； 随后采取的系列行动； 3. 让目击者巡视火灾现场，以便其指出重要区域	1. 船员证书； 2. 火灾区域略图
7	火情发生前最后一个离开起火船舱的人	1. 个人背景及航海资历； 2. 当时情况下的职责和责任； 3. 起火船舱的用途； 4. 通常进入船舱的频率； 5. 何人接近或进入船舱； 6. 当时在船舱区域看到的其他人； 7. 在船舱区域内看到的似乎没有正当理由在该处的人； 8. 船舱的环境：通风、照明、船舱清扫、通道设备、可燃或易燃材料、任何的异常事物	1. 船员证书； 2. 船舱略图（包括设备、通道、可燃物和其他重要特征的位置）
8	从火区域撤离的人	1. 个人背景及航海资历； 2. 他们在哪里发现以及看到迹象后采取何种行动的描述； 3. 描述第一眼看到的火灾情况； 4. 从火灾区域撤离情况的描述，包括：火灾烟雾、火焰、异常声音/气味、火灾通报情况、逃生线路的描述、其他人员的举止（是否恐慌？）、楼层灯光	1. 甲板部值班计划的常规安排； 2. 重要细节情况的手工绘制草案
9	受伤船员	1. 个人背景及航海资历； 2. 受伤程度； 3. 受伤原因； 4. 逃生经历； 5. 紧急医疗救治； 6. 随后的医疗救治	1. 船员证书； 2. 医疗记录
10	火灾救助的现场指挥人员	1. 个人背景及航海资历； 2. 报告； 3. 通信：与船上船员、与海事管理机构； 4. 对火灾的反应； 5. 策略是否妥当； 6. 发现的问题/得到的教训	1. 事故报告书； 2. 通信记录

附录 5

船舶火灾事故报告格式

1. 中文格式

船舶火灾事故报告格式

<table>
<tr><td rowspan="5">船舶
概况</td><td>船名：</td><td>船籍港：</td></tr>
<tr><td>呼号：</td><td>IMO 号码：</td></tr>
<tr><td>船型：</td><td>总长：</td></tr>
<tr><td>总吨位：</td><td>净吨位：</td></tr>
<tr><td>船东：
地址及联系方式：</td><td>船舶管理公司：
地址及联系方式：</td></tr>
<tr><td>火灾
事故
经过</td><td colspan="2">按照时间顺序叙述下列内容：
发现火灾的过程；发出火灾警报的时间；警报的起动；向船长报告的时间；火灾的位置和性质；到达现场的第一人；灭火的初始措施；使用的消防员装备；使用的消防器材；使用的人力；熄灭的时间与人员伤亡情况；
引起的全部损失；由灭火剂引起的损失；
火灾后的防火值班；船舶损失的程度</td></tr>
<tr><td>事故
的原
因与
分析</td><td colspan="2">火灾原因与分析应包括下列内容：
1. 按照火灾过程时间
2. 按照船员采取措施的时间
3. 有关火灾的事实
4. 灭火器材的状况
5. 实际参加灭火的人员
6. 使用的消防员装备和压缩空气呼吸装置</td></tr>
<tr><td>损失
情况</td><td colspan="2">包含内容：火灾损失；灭火剂造成的损失；船舶损失的程度</td></tr>
<tr><td>经验
与
教训</td><td colspan="2">对事实的分析和讨论；
结论；
避免同类事故再次发生的建议；
改变消防应急程序的建议</td></tr>
<tr><td>签
字</td><td colspan="2">船长：
签字：
日期：</td></tr>
</table>

2. 其他格式①

中国香港海事报告(节选)

Ⅰ. Particulars of the Vessel 船舶资料:

Name of Vessel (Block Letters) 船舶名称(正楷)	IMO / Official / Licence / C. O. O. No. or Call Sign * IMO / 正式 / 牌照 / 拥有权证明书号码或呼号 *	Nationality 国籍	Port of Registry 注册港口

Date of Construction 建造日期	Gross Tonnage 总吨位	Length and Breadth (metres) 长及宽(米)	Draught (metres) 吃水(米)	Type of Vessel 船舶类别	Area of trade 航区
(ddmmyyyy) (日月年)		Length Overall 总长: Extreme Breadth 最大宽度:	Fwd 前 : Aft 后 :		☐Worldwide 环球 ☐Coastal 沿海 ☐River-trade 内河 ☐Local 本地

Name and address of owner/operator/ship manager/agent * 船东/经营人/管理公司/代理人名称和地址 *	
	Tel. No. 电话号码:
	Fax No. 传真号码:
	E-mail 电邮:

Ⅱ. Particulars of the Incident 事故资料:

Please select one type of incident below 请选择以下其中一种事故:

Ship Incident 船舶事故

- ☐ Collision 撞船
- ☐ Contact / Striking with object 触碰 / 与物件撞击
- ☐ Stranding/Grounding 搁浅/触礁
- ☐ Foundering/Sinking 沉没/下沉
- ☐ Fire / Explosion 失火/爆炸
- ☐ Capsizing / Listing 翻覆/倾侧
- ☐ Structural Failure 结构故障
- ☐ Machinery Damage 机械损坏
- ☐ Damage to Equipment 器材损坏
- ☐ Heavy Weather Damage 恶劣天气损坏
- ☐ Vessel Missing 船只失踪
- ☐ Lifeboat Operation 救生艇操作
- ☐ Others (please specify):(for example : flooding, oil pollution, etc):其他(请注明):(如水浸、油污等)

① 摘选自中国香港海事处资料。

Marine Industrial Incident 海上工业事故 ☐ Cargo Handling 货物处理 ☐ Ship Repairing 船舶修理 ☐ Marine Construction 海上建造工程
Dangerous occurrence 危险事故 ☐(While some information requested in this form may not be applicable for the reporting of dangerous occurrence, please enter as much information as possible) 一些表格内要求填报的资料可能不适用于报告危险事故,请尽量提供有关资料
Incident involving personnel 事故涉及人员 ☐ (passengers, crew or other persons) (乘客、船员或其他人员)

Please give details below if there is any injury, death and missing of personnel arising from above incident:

如以上事故做成任何人员受伤、死亡或失踪,请提供以下资料:

No. of injury on own vessel 本船受伤人数			No. of death on own vessel 本船死亡人数			No. of missing from own vessel 本船失踪人数		
Crew (船员):	Passenger (乘客):	Other person (其他人员):	Crew (船员):	Passenger (乘客):	Other person (其他人员):	Crew (船员):	Passenger (乘客):	Other person (其他人员):

(Please complete Annex for the information of each of the above personnel as far as practicable)
(请尽可能填写附件内以上每名人员的资料)

Date and Time (local time) of the incident 事故日期和时间(当地时间)	Vessel position and/or name of port 船舶位置及或港口名称	Name of pilot on board, if applicable: 船上领港员姓名,如适用
(ddmmyyyy)(日月年):	(Lat/Long)(经纬度):	
(hh mm) (时分):	Name of port (港口名称):	

Departure 启航	Destination 目的地	Vessel in transit HK waters? 船舶是否途经香港水域	Had transit reported to HKMD? 过境时有否向中国香港海事处报告
Port / Country 港口/国家:	Port / Country 港口/国家:		
Date (ddmmyyyy) 日期(日月年)	ETA(ddmmyyyy) 预计到达日期(日月年):	☐ Yes ☐ No ☐ N/A 是 否 不适用	☐ Yes ☐ No ☐ N/A 是 否 不适用
State of Weather 天气状况	Wind Direction and Force 风向和风力	State of sea & swell 海面和涌浪状况	Visibility (nautical miles / metres *) 能见度 (海浬/米 *)
Damage to own vessel and / or cargo (Fill in IMO damage card if applicable) 本船及或货物的损毁情况 (如适用者,请填写国际海事组织的损毁报告) (Note : This part is only applicable to the reporting of shipping incident) (注 : 此部份只为适用于报告船舶事故)			

The particulars of any other vessel involved; and the damage to other vessel, cargo and/or property (pier, bridge etc.): 任何其他涉事船舶的详情和他船货物及或财产(码头、桥梁等)的损毁情况: (Note: This part is only applicable to the reporting of shipping incident) (注:此部份只为适用于报告船舶事故)

Was the vessel seaworthy in all respects? 船舶是否各方面均为适航	☐ Yes 是 ☐ No 否

Oil on board (tonnes) 船上油量(公吨)	Bunker fuel: 重油	Diesel oil: 柴油	Lube oil: 润滑油

Name and rank of the person in charge of the vessel at the time of the incident: 事故发生时船上负责人的姓名和职级

Name of Master/Coxswain * 船长姓名	Name of Chief Engineer / Engine Operator * 轮机长/轮机操作员姓名
Certificate No.: 证书号码	Certificate No.: 证书号码
Grade of Certificate: 证书级别	Grade of Certificate: 证书级别
Date and Place of Issue: 签发日期和地点	Date and Place of Issue: 签发日期和地点
Contact Tel. No.: 联络电话号码	Contact Tel. No.: 联络电话号码

Ⅲ. Account of incident 事故描述:

Please give a brief description of the sequence of events leading to the incident, and comment upon how similar incident might be avoided, and any safety factors arising from the events. For example: what improvement in supervision, training or maintenance had you made; what new safety equipment, safety measures, or safe working systems will you introduce or have been requested? 请简述导致事故的序列,并对如何避免同类事故发生和事件所引起的任何安全问题提供意见。例如:监工、训练、或维修上可作甚么改善;你将会引入或已要求改善那些安全设备、安全措施、或安全工作系统?(你可以参考附加的指导,完成本节

(*Use extra sheet of paper if the space is insufficient*)(如果空间不足,请使用额外的纸张)

Ⅳ. Signature & Stamp 签署和盖章:

Signature, full name, designation and address of person providing the above information
提供以上资料者的签署、全名、职位和地址:

Signature 签署	Vessel/Company Stamp 船舶/公司盖章	Full Name 全名	Designation 职位

Correspondence address:
通讯地址 ____________________

Contact Tel. No. : ____________________ Date : ____________________
联络电话号码: ____________________ 日期 ____________________

Signature and Title of officer completing this Form (if applicable)
填写这份表格人员的签署和职衔(如果适用)

________	________	________	________
Signature 签署	Vessel/Company Stamp 船舶/公司盖章	Full Name 全名	Designation 职位

Correspondence address:
通讯地址 ____________________

Contact Tel. No. : ____________________ Date : ____________________
联络电话号码: ____________________ 日期 ____________________

参考文献

[1] 国际海上人命安全公约(综合文本 2014).北京:人民交通出版社,2014.

[2] 1978 年海员培训、发证和值班标准国际公约马尼拉修正案.大连:大连海事大学出版社,2010.

[3] IMO.国际消防安全系统规则(综合文本 2016)。

[4] 国际航行海船法定检验技术规则(2014)及其通报.

[5] 船舶高级消防.大连:大连海事大学出版社,2012.

[6] 海事调查官手册.北京:人民交通出版社,2011.

[7] IMO 经修订的消防系统和装置的维护和检查导则(MSC.1/Circ.1432)

[8] IMO 经修订的固定二氧化碳灭火系统的维护和检查导则(MSC.1/Circ.1318)

[9] IMO 机舱和货油泵间防火措施导则(MSC.1/Circ.1321)

[10] 经修订 IMO 示范课程《高级消防》(2.03)

[11] ISGOTT 油轮及港口安全指导(第 4 版)

[12] UK P&I CLUB 风险聚焦:机舱失火

[13] ABS 船级社船舶消防系统指导(2017 版)